L. Febvre verpflichtet S. 239

Ursprünglich 1954 als Sammlung von acht aufeinander abgestimmten Essays in einem kleinen Verlag erschienen, blieb *Zeit und Geschichte* bis zu ihrer Wiederauflage im Jahr 1986 in einem großen Pariser Verlag nahezu vollständig unbeachtet.

Aus dem Inhalt:

- Ein Kind entdeckt die Geschichte
- Marxistische Geschichte und konservative Geschichte
- Der moderne Mensch und die Geschichte
- Die Einstellung zur Geschichte: Im Mittelalter
- Die Einstellung zur Geschichte: Im 17. Jahrhundert
- Die wissenschaftliche Geschichte
- Die existenzielle Geschichte
- Die Geschichte in der modernen Gesellschaft

Der Autor:
Philippe Ariès, geb. 1914, gehört zur französischen Historikerschule der „Annales", die Methoden der Soziologie und der Geschichte zu verbinden trachtet und sich um die Erforschung der „civilisations" und der „mentalités" bemüht. In deutscher Übersetzung erschienen die *Geschichte der Kindheit* (1975), *Studien zur Geschichte des Todes im Abendland* (1976) und *Geschichte des Todes* 1980. Philippe Ariès starb 1984.

Kurzinformation:
Zeit und Geschichte gilt als ein Beispiel für eine Geschichtsschreibung, die Philippe Ariès selber gelegentlich als „existentielle" bezeichnete.

Nach seinen international bekannten Werken *Geschichte der Kindheit* und *Zur Geschichte des Todes im Abendland* liegt dieses – in Frankreich mit großer Resonanz kürzlich wiederentdeckte – Werk des 1984 gestorbenen Historikers auch in deutscher Sprache vor.

Philippe Ariès

Zeit und Geschichte

Philippe Ariès

Zeit und Geschichte

Aus dem Französischen von
Perdita Duttke

athenäum

Titel der Originalausgabe: LE TEMPS DE L'HISTOIRE

CIP-Titelaufnahme der deutschen Bibliothek:

Ariès, Philippe:
Zeit und Geschichte / Philippe Ariès. – Frankfurt am Main:
Athenäum, 1988
ISBN 3-610-08494-4

Satz: Computersatz Bonn GmbH, Bonn
Druck und Bindung: Ebner Ulm
Printed in West Germany
ISBN 3-610-08494-4

Für Primerose

Inhalt

Erstes Kapitel

Ein Kind entdeckt die Geschichte

Jugendliche entdecken mitunter die Geschichte auf einem Umweg: durch ein zufällig gelesenes Buch, eine ohne Wissen des Lehrers erleuchtende Schulstunde oder eine Reise zu den Quellen der Vergangenheit. Es ist wie ein Weg nach Damaskus. So war es in ruhigen Zeiten, jedenfalls in dem außergewöhnlich ruhigen Jahrhundert von 1814 bis 1914, als unsere Vorfahren glauben konnten, ihr Schicksal verlaufe in einem neutralen Milieu, sie selbst würden darüber bestimmen. Dieses Sich-Abschließen gegenüber den kollektiven Belangen, diese Imprägnierung gegen die Wirren des öffentlichen Lebens bestand bei einigen, den Begünstigten, noch bis zu den Vorboten des Krieges von 1939 fort, sagen wir bis zum 6. Februar oder bis München.

Dagegen hatten die Generationen, die 1940 und danach um zwanzig Jahre alt waren, kein Bewußtsein mehr von der Autonomie ihres Privatlebens. Es gab in ihrem Dasein fast keinen Augenblick, der nicht von einer politischen Entscheidung oder einer öffentlichen Unruhe abgehangen hätte. Diese Kinder, diese jungen Leute steckten auf Anhieb mitten in der Geschichte und brauchten sie nicht erst zu entdecken; wenn sie sie dennoch ignorierten, dann so, wie man die nächsten Dinge der vertrauten Umgebung ignoriert.

Ich wurde nicht, wie sie, in die Geschichte hineingeboren. Bis zum Waffenstillstand 1940 lebte ich in einer vor den Sorgen der Außenwelt abgeschirmten Oase. Gewiß, man sprach bei Tisch über Politik; meine Eltern waren leidenschaftliche Royalisten und, seit deren erstem Erscheinen, eifrige Leser der *Action française*. Diese Politik aber war zugleich sehr nah und sehr fern. Sehr nah, weil sie eine Freundschaft, eine zarte Neigung war. Fürsten und ihre Familienchroniken wurden beschworen. Mit hingebungsvoller Bewunderung amüsierte man sich über die witzigen Einfälle Daudets, die spitze Feder Maurras'. Täglich wurde die Zeitung auseinandergepflückt und kommentiert. Aber so, wie man über Verwandte oder Freunde spricht.

Vor dem Krieg habe ich das öffentliche Leben nie als eine mein Privatleben beherrschende und es aufsaugende Fortsetzung empfunden. Es hieß zwar, alles gehe schlecht, aber konkrete Schwierigkeiten, spürbare Auswirkungen einer Gesetzgebung, einer Entscheidung des Staatsoberhaupts auf unser tägliches Leben wurden innerhalb der Familie niemals erörtert.

Nach dem Krieg war das anders. Lebensmittelversorgung, Inflation, Verstaatlichungen – ich nenne diese Beispiele nur zur Erinnerung – prägten das tägliche Leben. Mein Bruder sprach von Gehältern und beruflicher Situation in einem Alter, in dem meine Freunde und ich, in unserer Oase, Geldfragen und Sorgen eines Existenzkampfes nicht kannten. Einer meiner Brüder bereitete sich damals auf die Aufnahmeprüfung der Militärakademie Saint-Cyr vor. Ich legte die Staatsprüfung in Geschichte ab. Es hatte uns nie gereizt zu wissen, wieviel ein Offizier oder ein Lehrer verdienen. Wir lebten in unserer Oase. Und daß wir in ihr so lange verweilen konnten, lag sicher weniger an der Vermögenssituation unserer Eltern als an dem Prisma, durch das wir unseren Blick nach draußen, auf das Kollektive richteten. Der Lärm der Geschichte erreichte uns durch die vertraute Tageszeitung und durch Kommentare von Freunden, die, auch wenn sie sich auf das öffentliche Leben eingelassen haben mochten, doch derselben Oase angehörten wie wir.

So erklärt sich, warum ich nicht in die Geschichte hineingeboren wurde. Wenn ich darüber nachdenke, verstehe ich allerdings auch die Versuchung, die der historische Materialismus für diejenigen meiner Generation bedeutete, die nicht vor dem frühzeitigen Eintauchen in die Welt des Sozialen, des Kollektiven bewahrt worden sind. Es gab keinen freundschaftlichen Mittler zwischen ihnen und dem Geld, der Arbeitslosigkeit, dem Wettbewerb, der bitteren Suche nach Beziehungen, nach Einfluß. Für sie gab es keine Oase.

Da es für mich eine gab, lebte ich außerhalb der Geschichte. Aber gerade wegen dieser Oase war mir die Geschichte nicht fremd. Ich mußte sie nicht, wie durch eine frühe Berufung, erst entdecken. Seit meinen ersten Kindheitserinnerungen begleitete sie mich als die Sonderform, die das politische Bewußtsein in meiner Familie und meiner näheren Umgebung annahm. Aber war dies wirklich die Geschichte? Nein, es war nicht die nackte und feindliche Geschichte, die einen überfällt und mit sich schleift, die, in der man *ist*, draußen, vor dem zerbrechlichen Schutzbereich familiärer Traditionen. *Meine* Geschichte, ich gebe es zu, war eher eine poetische Verwandlung der Geschichte, ein Mythos der Geschichte. In jedem Fall handelte es sich um eine fortdauernde Intimität mit der Gegenwart der Vergangenheit.

Die Gegenwart der Vergangenheit: ist das etwas anderes als Geschichte? Man könnte darüber erstaunt sein, vergäße man, daß Geschichte zunächst an das Bewußtsein der Gegenwart gebunden ist. Also Romantik? Vorstellungen von malerischem und schillerndem Gepränge vergangener Zeiten? Das spielt sicher auch eine Rolle, aber in so geringem Maße, daß es sich kaum lohnt, darüber zu sprechen. Es geht um etwas anderes, etwas sehr Wertvolles und auch sehr Bedrohtes, gerade heute durch die Geschichte Bedrohtes.

Ich sagte, meine Familie war royalistisch. Royalisten und bedingungslose Anhänger der *Action française*, mit Fanatismus, jedoch erfüllt von einer Bilderwelt, die älter war als die doktrinäre Konstruktion von Maurras. Im großen und ganzen war es ein Gewebe aus oft legendenhaften Anekdoten über Könige, Thronanwärter, Heilige der königlichen Familie, Ludwig den Heiligen und Ludwig XVI., die Märtyrer der Revolution. Als ganz kleiner Junge führte man mich auf einem der bei Kindern so verhaßten Sonntagsspaziergänge zum Karmeliterkloster, wo die Septemberopfer umgekommen waren, und zur Sühnekapelle am Boulevard Haussmann, die unter der Restauration zum Gedenken an Ludwig XVI., Marie-Antoinette und die Schweizer des 10. August errichtet worden war. Bei meinen Onkeln, im Medoc, zeigte man mir jedes Jahr, während der Ferien, verschlüsselte Bilder aus der Revolutionszeit, auf denen, nach Art von Rätseln, die Gesichtszüge des Königs, der Königin, der Madame Elisabeth vom Blattwerk einer Trauerweide gezeichnet erschienen. Jedes Jahr rechtfertigte man erneut unter dem Porträt eines Priesters, der Opfer der Noyaden von Nantes gewesen war, den Widerruf des Ahnen, der als Bürgermeister von Bordeaux unter Napoleon den Grafen von Artois aufgenommen hatte: man ersetzte den konservativen und opportunistischen Bürger durch das Idealbild eines treuen und listigen Royalisten. Eine meiner Tanten erklärte mir voller Überzeugung, wie mein Ururgroßvater, General der Ersten Republik, glorreich bewiesen hatte, daß er sich unter der Uniform des Revolutionärs ein königstreues Herz bewahrte.

Meine gesamte Familie war begierig auf Memoiren, vor allem auf Memoiren aus dem 18. Jahrhundert und aus den Zeiten der Revolution, der Restauration. Man las mir Stellen daraus vor – entweder waren es bewegende Treuebezeugungen, oder sie förderten die Rührung über das Glück, in jener Epoche gelebt zu haben. Dieses Gefühl eines goldenen Zeitalters, das die Überlebenden der Revolution teilten, war meinen Eltern sehr vertraut. Es schloß sogar ein auf dem Speicher entdecktes Bidet ein, das hinreichend bewies, daß Hygiene keine moderne Erfindung war, wie boshafte Geister behaupteten. Das Wort Talleyrands über die Wonne zu leben, ist eines der ersten historischen Worte, die ich kennenlernte. Ich habe es von meinem Großvater, der an jenem Tag die Lektüre der *Histoire des ducs de Bourgogne* des Grafen von Barante ausfallen ließ, um mit mir auf den Quinconces (öffentlicher Platz in Bordeaux) spazieren zu gehen. Er war es, der mir die Ermordung des Herzogs von Guise erzählte, um mich zu warnen vor den gegen Heinrich III. gerichteten Anschuldigungen einer republikanischen und böswilligen Geschichtsschreibung.

Man kann sich nicht vorstellen, wie stark diese glückliche und allzu harmlose Vergangenheit des Ancien Régime in der Erinnerung meiner Eltern gegenwärtig war. In gewisser Weise *lebten* sie in ihr. Alle politischen Diskussionen über aktuelle Themen endeten mit einem Hinweis auf die glückliche Zeiten der französischen Könige. Gewiß, sie mochten Boulangisten oder Dreyfusgegner gewesen sein, aber ihr Sozialkonservatismus, der dem des zeitgenössischen Bürgertums glich, hatte einen ganz besonderen Anstrich: Heimweh nach dem alten Frankreich.

Diese royalistische Bilderwelt, die noch um 1925 lebendig war, mag einfältig und kindlich erscheinen: tatsächlich war sie das Werk von Frauen. Die Männer wahrten vor allem die Interessen ihrer Klasse; ihre Politik folgte der normalen Entwicklung des Bürgertums im 19. Jahrhundert. Diese übrigens ohne Fanatismus betriebene Politik machte vor der Haustür halt. Das Haus war die Domäne der Frauen. Und die Frauen hatten nie aufgehört, leidenschaftliche Royalistinnen zu sein. Sie ergötzten sich an den rührenden Erinnerungen aus alter Zeit; sie sammelten Anekdoten, ordneten nach eigenem Gutdünken die Geschichtskrümel, die sie in den Memoiren und den mündlichen Überlieferungen fanden. Sie beseitigten alles, was im Leben ihrer Ahnen als ein Bruch mit der Vergangenheit erschien, und diese Vergangenheit setzte sich über 1789 hinaus nur im Leben der Thronanwärter fort.

Schließlich gewann die Treue der Frauen Oberhand über den männlichen Opportunismus. Zusammen mit der radikalen Politik verflüchtigten sich bald die schwachen, meist nur anläßlich von Wahlen gezeigten liberalen Positionen der Männer, die sich unter Einflüssen, die hier nicht zur Debatte stehen, wieder der weißen Fahne der Familie anschlossen. Wahrscheinlich hatten sie einen kritischeren Verstand: Haben sie den »Ammenmärchen«-Aspekt der geschichtlichen Überlieferung etwas entkräftet? Gleichviel. Für die kindliche Wißbegier blieb das Bildhafte am wirkungsvollsten. Ich bin mir nicht sicher, ob es nicht auch das Wirklichste war.

Mir wurde jene Welt der königlichen Legenden fast mit in die Wiege gelegt. Ich finde sie bereits in frühesten Kindheitserinnerungen wieder. Sobald ich die Idee der historischen Zeit begreifen konnte, verband sich damit ein Heimweh nach der Vergangenheit. Ich nehme an, daß meine Schulfreunde bei unseren ersten politischen Streitgesprächen in Wut gerieten angesichts meines ständigen Bemühens, mich auf eine verklärte Vergangenheit zu beziehen – und derartige Diskussionen begannen recht früh und nahmen durch einen großen Gewissenskonflikt dramatische Gestalt an: die Verurteilung der *Action française* durch den Vatikan, die UNIGENITUS-Bulle meiner Kindheit.

Meine Vergangenheitszugewandtheit beschränkte sich nicht auf den ideellen Bereich der Unterhaltung oder der Träumerei. Sie fand ihren Ausdruck in dem Bemühen, an einem lebhafteren Bewußtsein vom goldenen Zeitalter teilzuhaben. Seltsamerweise wurde das Interesse an dem, was wir gewöhnlich Geschichte nannten (bei uns »liebte man die Geschichte«), nicht durch leichte oder anschauliche, zwangsläufig bruchstückhafte Lektüre gestillt. Ich mißtraute vor allem dem Fragmentarischen und Leichten. Während meiner Ferien am Meer – ich war kaum vierzehn Jahre alt – spazierte ich mit einem alten Schulbuch für Abiturienten am Strand entlang. Ich war sehr stolz, als eine Freundin meiner Mutter ihrer Verwunderung über eine derart undankbare Lektüre Ausdruck gab. In der Tat mußte ich mich sehr wohl anstrengen, diese Anhäufung von Daten und Fakten, die kein bißchen interessant waren, zu entziffern. Lassen wir einmal die kindliche Eitelkeit beiseite. Ich verspürte ganz dunkel: um die Gegenwart dieser wunderbaren Vergangenheit wiederzufinden, muß man eine Anstrengung auf sich nehmen, eine Schwierigkeit überwinden, kurz: sich einer Prüfung stellen. Ich wäre nicht in der Lage gewesen, dieses ganz und gar irrationale Gefühl zu erklären, nicht einmal, es klar zu erfassen; dennoch glaube ich nicht, daß ich es mir im nachhinein einbilde. Ich finde es unberührt in einem Winkel meiner Erinnerung wieder. Es erklärt, wie ich, ganz unbeeinflußt durch Eltern oder Lehrer (in den unteren Klassen der konfessionellen Schulen gab es keinen Geschichtsunterricht), leichtere und sicher aufschlußreichere Lektüre vernachlässigte, um zu anscheinend ernsten Lehrbüchern zu greifen. In der Nüchternheit und Mühsal versuchte ich jene Poesie alter Zeiten wiederzufinden, die so mühelos der familiären Umgebung entsprang.

Heute frage ich mich, ob diese naive Suche nach Prüfung nicht einer religiösen Erfahrung ähnelte, so wie sie von den noch klassischen Methoden der geistlichen Erziehung angestiftet wurde. Diese gründete auf dem Opfer-Begriff. Gemeint war weniger das göttliche als das persönliche Opfer, die notwendige Entbehrung: man führte Opferblätter, so wie man Krankenblätter führt. In meinem kindlichen Bewußtsein der Vergangenheit gab es eine verworrene, aber doch sichere Entsprechung zum religiösen Empfinden. Ohne irgendeine Objektivierung vermutete ich eine Verbindung zwischen dem Gott des Katechismus und der Vergangenheit meiner Geschichtsbücher. Beide gehörte demselben Gefühlsbereich an, ohne sentimentale Überspanntheit, mit einem Anspruch auf Trockenheit. Aus der Perspektive des zeitlichen Abstands muß ich übrigens gestehen, daß mir meine durch Lehrbücher vermittelte geschichtliche

Erregtheit von glaubwürdigerer religiöser Qualität erscheint als meine damalige, rein mechanische Gottesverehrung.

Von diesem Zeitpunkt an, so glaube ich, unterschied sich meine eigene Erfahrung vom Vergangenheitsempfinden meiner Familie; sie wurde zu einer Haltung vor der Geschichte. Meine Familie, die Frauen und, von ihnen angesteckt, auch die Männer lebten in aller Unbefangenheit aufgeschlossen gegenüber der Vergangenheit. Es störte sie kaum, daß ihre Sicht des Vergangenen nur bruchstückhaft war. Sie mußte sogar bruchstückhaft sein, denn für sie war die Vergangenheit ein klar umrissener Aspekt, die Sehnsucht nach einer ganz bestimmten Farbe. Sie lasen viel, fast ausschließlich historische Erzählungen, vor allem Memoiren, jedoch ohne das geringste Bedürfnis, ihre Wissenslücken zu füllen, einen Zeitabschnitt nahtlos abzudecken. Ihre Lektüre reicherte die ererbte und als endgültig definierte Bilderwelt an. Schon die Vorstellung einer Retusche oder Erneuerung verursachte ihnen Abscheu.

Merkwürdigerweise waren sie sich ihrer Lücken nicht bewußt. Weniger aus Nachlässigkeit oder Geistesträgheit, sondern weil es in ihren Augen keine Lücken gab: es mochten zwar Details fehlen, doch waren diese ohne Bedeutung. Sie teilten ganz selbstverständlich die naive Überzeugung, daß sie das Wesen der Vergangenheit besaßen, daß es im Grunde zwischen ihnen und der Vergangenheit keinen Unterschied gab: die Welt um sie herum hatte sich mit der Republik verändert, sie aber waren dieselben geblieben.

Das Bewußtsein ihrer Zeit, das die Generationen von 1940 mit schmerzlicher Gewaltsamkeit erlitten, existierte auch für sie, allerdings um mehr als ein Jahrhundert verschoben. Sie waren so in der Vergangenheit, wie wir heute in der Gegenwart sind, mit demselben Gefühl umfassender Vertrautheit, bei dem die Kenntnis von Einzelheiten nicht so wichtig ist, da man mit dem Ganzen übereinstimmt.

Mir gelang es nicht, mich mit diesem Aufgehen in einer als Gegenwart gelebten Vergangenheit zufriedenzugeben. Meine Abweichung wurde mir übrigens nicht ausdrücklich bewußt. Selbst heute finde ich sie nicht in lebendiger Frische wieder. Ich entdecke sie durch Analyse, weil sich mit ihr das geheime Motiv erklärt, dem ich folgte, wenn ich mich in die Lehrbücher vertiefte. Trotz aller Naivität vermochte ich nicht mit der Unbefangenheit meiner Eltern in der Vergangenheit zu leben.

Persönliche Anmaßung? Ich glaube nicht. Ungeachtet der familiären Traditionen, in die meine Kindheit gebettet war, lag die Vergangenheit für meine Generation schon zu weit zurück. Meine Mutter und meine Tanten waren in den Stiftsschulen Assomption und Sacré-Cœur erzogen worden, in denen Lehrerinnen und Schülerinnen der Welt entschieden den Rücken kehrten. So war es in der Pariser Jesuitenschule, in der ich meine höhere Schullaufbahn begann, nicht mehr. Es gab dort zu viele »Republikaner«, zu viele Probleme. Meine Eltern hatten in der Provinz gelebt und sogar auf den Antillen, die vom Bruch des Jahres 1789 kaum betroffen waren. Ich lebte in der großen, technisierten Stadt Paris, wo, sosehr man sich auch der modernen Welt verschloß, die Vergangenheit weniger gegenwärtig, das Zuhause isolierter war. Dort, in der Provinz, auf den Inseln, bildete diese Vergangenheit noch ein dichtes und komplexes Milieu. Hier, in Paris, war sie mehr eine Oase inmitten einer fremden, sich aber schnell ausbreitenden Welt.

Was meinen Eltern gegeben war, mußte von mir erworben werden. Ich mußte diesen verlorenen Garten Eden erobern und bedurfte daher einer Prüfung, um der Gnade wieder teilhaftig zu werden. Ich konnte mich außerdem – und darauf bestehe ich nachdrücklich – bei meiner schwierigen Erforschung einer ersehnten, aber fernen Vergangenheit nicht mehr mit Geschichtsfragmenten (so wertvoll sie auch sein mochten) zufrieden geben, die den Ansprüchen meiner Familie noch genügten. Von Memoiren, der bevorzugten Lektüre meiner Eltern, fühlte ich mich zugleich angezogen und abgestoßen. Sie reizten mich, weil ich in ihnen den Charme des Ancien Régime, die Nostalgie, die meine Wißbegier anregte, wiederfand. Sie schreckten mich ab, weil die daraus gewonnene Erkenntnis mich für die Schattenzonen am Rande empfindlicher machte: sie verdeutlichten mir meine Unkenntnis all dessen, was außerhalb meiner Lektüre lag. Und ich glaube, daß dieses Gefühl siegte. Das bedaure ich heute, und hätte ich geschichtsbegeisterte Kinder anzuleiten, so würde ich ihre Aufmerksamkeit gerade auf jene lebendigen Zeugnisse lenken. Ich weiß, daß diese Geschichtsfragmente mehr Geschichte, mehr totale Geschichte enthalten als alle noch so klugen Schulbücher. Damals aber lenkte mich niemand, denn in meiner Umgebung dachte man nicht daran, daß die Geschichte etwas anderes sein könnte als das, was man lebte. Im übrigen wollte ich keine Ratschläge. Und vielleicht liegt gerade in der Autonomie dieser meiner Entwicklung ihr eigentlicher Reiz.

Ich gab also die lebendige Lektüre auf zugunsten von Schulbüchern meiner und, wie es sich gehört, vor allem höherer Klassen. Trotz der trockenen Darstellung fand ich darin eine Befriedigung, die in meiner Erinnerung unversehrt erhalten ist. Ich hatte den Eindruck, mit der, wie mir schien, peinlich genauen Chronologie die gesamte Zeit abzudecken, Fakten und Daten durch Verbindungen von Kausalität oder Kontinuität so sehr zu verknüpfen, daß die Geschichte nicht mehr aus Fragmenten mit einer bestimmten Atmosphäre bestand, sondern zu einem Ganzen, einer Gesamtheit ohne Risse wurde.

In diesem Lebensabschnitt, in der Tertia und der Sekunda, war ich regelrecht besessen von dem Wunsch, die Geschichte in ihrer Gesamtheit kennenzulernen, lückenlos. Ich hatte noch keine Ahnung von der Komplexität der Fakten. Ich kannte nicht die großen Weltgeschichten, etwa die von Lavisse, und mein chronologisches Wissen schien an Grenzen zu stoßen. Im übrigen genügten mir die Schulbücher nicht mehr: ich hatte sie bereits auf Schaubilder übertragen. Ich erinnere mich an eine große, unendlich unterteilte Tafel zum Hundertjährigen Krieg: das Lehrbuch erschien mir zu analytisch, so, als ob die sukzessive Darstellung, Zeile für Zeile, Seite für Seite, dem Zusammentreffen der Ereignisse nicht gerecht würde, weshalb man sie auf einer horizontalen Ebene zusammenrücken müßte, um zu verhindern, daß sie entwischten, eigenständig würden. Ich kämpfte mit den Fakten, um sie in ein Gesamtbild zu zwingen.

Eines Tages glaubte ich, meine Neigung für die royalistische Vergangenheit mit meinem Bedürfnis nach Totalität verbinden zu können – anläßlich der Erstellung einer Genealogie der Kapetinger: von Hugo Capet bis Alfons XIII., dem Haus Bourbon-Parma und dem Grafen von Paris. Eine vollständige Genealogie mit allen Seitenzweigen, in der weder Heilige noch Bastarde fehlten. Das war eine Heidenarbeit angesichts der wenigen Materialien, die mir zur Verfügung standen: zwei große Geschichtslexika aus der Bibliothek meiner Eltern, dazu die Möglichkeit, die *Grande Encyclopédie* eines Abbé zu konsultieren. Selbstverständlich versuchte ich meine Dokumentation zu erweitern. Man hatte mir von einer *Généalogie de la Maison de France* eines Pater Anselm erzählt. Um diese einzusehen, betrat ich zum ersten Mal, in St.-Geneviève, eine große Bibliothek. Zunächst hatte ich alle erdenkliche Mühe, den Bibliothekar von meiner redlichen Absicht zu überzeugen. Ich mußte mit einer Ermächtigung meiner Eltern wiederkehren. Und selbstverständlich schaffte ich es nie, bis zum Werk des Pater Anselm vorzudringen, weil es entweder in den Mysterien des Katalogs unauffindbar oder im Magazin verschwunden war. Das Magazin nahm mir den Mut, und so fuhr ich mit meinen eigenen Arbeitsmitteln fort.

Die Wände meines Zimmers waren mit Zetteln gespickt, die sich in alle Richtungen aneinanderreihten. Ich wollte mit dem Auge alle Mäander der Abstammung verfolgen können. Je mehr sie sich in entfernten und überfrachteten Seitenzweigen verästelte, desto glücklicher war ich. Welch ein Geschichtsblock, von 987 bis 1929, breitete sich da auf meinen Wänden aus, und das, um bei König Jean zu enden, dessen Rückkehr wir mit dem Lied *La Royale* beschworen!

Die ganze Last der gegenwärtigen Politik, der Propaganda, der Flugblätter und Sprüche an den Wänden, all das wurde von meinem Stammbaum hinweggefegt. Die Schwierigkeiten des Franc oder der schwarze Sonntag der radikalen Wahlen, die Thema bei Tisch waren, erschienen mir fern und unbedeutend angesichts der Verzweigungen meines Baumes, der seine Wurzeln im 10. Jahrhundert hatte und Ungarn, Spanien, Portugal und Italien abdeckte.

Mein Hang zu Genealogie und Übersichtstafeln verfolgte mich lange Zeit. Es fiel mir schwer, mich davon frei zu machen. Ich war bereits Student der Sorbonne, als ich Schülern der dritten und vierten Klassen einer Privatschule Geschichtsunterricht erteilte. Bei meinen Aufzeichnungen benutzte ich die synoptische Methode nicht mehr. Mit einigem Bedauern übrigens, aber es wurde zu kompliziert, und die Verknüpfung der Fakten ließ meine Tafeln bersten. Als ich jedoch Kindern den Hundertjährigen Krieg erklären sollte, dachte ich, es gäbe keine einfachere und pädagogischere Methode. Ich sehe mich noch die Tafel mit geschwungenen Klammern überziehen, mit denen ich graphisch die Abfolge von Ursache und Wirkung symbolisieren wollte. Ereignisketten brachten die Hefte der fassungslosen Schüler zum Überquellen, und im Hintergrund des Klassenzimmers ließen die Mütter stumme, aber deutliche Mißbilligung erkennen. Schließlich mußte der Direktor dem Überschwang meiner Verknüpfungen ein Ende bereiten. Die Blamage, die ich damals empfand, hat mich für immer von meinen Übersichtstafeln kuriert. Sie hatten es schwer!

Genealogie, Chronologie und Synopse zeugten von einem ungeschickten Eifer, die Geschichte in ihrer Totalität zu erfassen. Allein die Unbefangenheit dieses Experiments verleiht ihm seinen Wert.

Ein Kind, versenkt in ein von der Vergangenheit geprägtes Milieu, versucht sich mit dieser Vergangenheit, die es nicht mehr vollständig, so wie die Eltern, erworben hat, in Einklang zu bringen. Die Vergangenheit erscheint ihm als etwas Andersartiges, aber unendlich Wünschenswertes, als ein Widerschein der Wonne zu leben, als ein Bild des Glücks. Das Glück liegt hinter ihm. Das Kind muß es wiederfinden. Die Suche danach nimmt sofort religiösen Charakter an: es ist die Suche nach Gnade. Es scheint sogar, als verschmölze das Wesen der Vergangenheit mit Gott. Die Gesten der Religionsausübung blieben eine oberflächliche Gewohnheit. Ich glaube nicht, daß Gott darin vorkam. Gott war in der Vergangenheit, mit der ich mich wieder zu vereinigen suchte. Ich bedarf keines besonderen Anstoßes, um in meiner Kommunion mit der Vergangenheit meine früheste religiöse Erfahrung zu erkennen.

Aus der immer intensiveren Suche nach der Vergangenheit wurde schließlich das Bemühen, sie in ihrer Totalität zu erfassen. Der poetische Inhalt dieser Vergangenheit wurde bewußt verdrängt, wie eine Versuchung. Er verblieb zwar im täglichen Leben, in den Unterhaltungen der Familie; er zitterte auch tief in meinem Innern. Aber ich ließ nicht gelten, daß er wirklich die Geschichte sei, weil er unvollständig war. Es kam fast so weit, daß ich die Geschichte ihres humanen Inhalts entleerte, sie auf eine Anstrengung des Gedächtnisses und ein graphisches Schema reduzierte.

Dennoch glaube ich, daß selbst das Übermaß von Zerpflükken und Zusammensetzen einen Eindruck davon vermitteln kann, was historische Erfahrung in ihrer Reinheit bedeutet. Treibgut aus Kultur und Politik überdeckt, versteckt und verzerrt sie. Man wird sie aus ihrer Beliebigkeit entführen, man wird sie für eine politische oder religiöse Apologetik bemühen. Man wird sie verweltlichen, um sie zur objektiven Wissenschaft zu erheben.

Aber an dem Tag im 20. Jahrhundert, an dem der Untergang aller besonderen Geschichten den Menschen brutal in *die* Geschichte stoßen wird, ohne Übergang, ohne Vermittlung, an diesem Tag wird jenes kindliche Bewußtsein von der Vergangenheit wieder auftauchen wie ein letzter Widerstand gegenüber der Geschichte, wie ein letztes Hindernis vor der blinden und animalischen Preisgabe an die Geschichte. Entweder ist die Geschichte eine elementare Bewegung, unbeugsam und ohne Freundschaft, oder aber es besteht eine geheimnisvolle Kommunion des Menschen mit der Geschichte: das Erfassen des in der Zeit versenkten Heiligen. Eine Zeit, die durch ihr Fortschreiten nicht zerstört wird, in der alle Zeitalter einander entsprechen. Ich frage mich, ob der moderne Historiker, am Ziel seiner Laufbahn, wenn er alle Versuchungen der Wissenschaft, die ihn austrocknet, und der Welt, die ihn fordert, überwunden hat, nicht zu einer Geschichtsvision gelangt, die derjenigen der kindlichen Erfahrung sehr ähnlich ist: Die Kontinuität der mit Existenz beladenen Jahrhunderte erscheint ihm ohne Tiefe, ohne Weite, wie eine Totalität, die man mit einem Blick erfaßt. Nur ist seine Vision nicht mehr die des Kindes, weil es dem Kind nicht gelingt, den gesamten Inhalt menschlicher Existenz zu erfassen. Seine Totalität ist falsch und abstrakt. Sie behält jedoch den Wert eines Hinweises, einer Tendenz. Sie läßt auch vermuten, daß geschichtliche Schöpfung ein Phänomen religiöser Art ist. In seiner Vision der zusammengerückten, vereinten Zeitalter empfindet der Gelehrte, seiner Objektivität entledigt, eine heilige Freude: etwas der Gnade sehr Verwandtes.

1946

Zweites Kapitel

Marxistische Geschichte und konservative Geschichte

Der Wandel von der frischen, unmittelbaren Erfahrung des Kindes zum geordneten Bewußtsein des Erwachsenen erfolgt nicht auf direktem Wege. Wir müssen zunächst die Prüfung eines Übergangs erdulden, der für viele kein Übergang, sondern eine Sperre ist: die Prüfung der Jugend. In der Jugendzeit werden die Erfahrungen der Kindheit nicht fortgesetzt, sie werden vorläufig unterbrochen und oft sogar zerstört. Es triumphieren jene über die Jugend, denen es in reiferem Alter gelingt, alte Wege wiederzufinden, vorausgesetzt, daß ihre Spuren, die eine Zeitlang verdeckt waren, nicht vollkommen verwischt sind.

Meine erste Begegnung mit der Geschichte erfolgte in der geschlossenen Welt der Kindheit, in der nackte Einsamkeit und intensiver familiärer Austausch nebeneinander bestanden: sehr verborgene Grübeleien und der Einfluß des Milieus, ein Bemühen um letztes Ergründen und das Heimweh nach dem Alten Frankreich. Heute aber sehe ich sehr genau, wie dieses persönliche und folglich authentische Bild von der Geschichte sich nach und nach gewandelt hat, unter dem Einfluß von strengeren, stärker objektivierenden Vorstellungen, die nicht mehr das Erbe meines ganz besonderen Milieus waren, sondern das Erbe einer abstrakten Ideologie, die sich der Geschichte als Instrument bediente und somit eine Präsenz, eine Kommunion, durch ein Werkzeug ersetzte. Ich verließ das Universum meines Sehnens und meiner Erinnerungen, um in das Reich einer Literatur einzudringen, der zwischen den beiden Weltkriegen ein beachtlicher Erfolg beschieden war: die Verwertung der Geschichte zu philosophischen und apologetischen Zwecken, die auf der Geschichte errichtete Konstruktion einer Philosophie des Staates, einer Politik. Dieses Phänomen verdient es, näher betrachtet zu werden: es handelt sich zum einen um Bainvilles Auslegung der Vergangenheit und zum anderen um die marxistische Interpretation.

Gehen wir von unserer eigenen Erfahrung aus, die eine Erfahrung der Rechten ist. Sie wird uns erlauben, die andere besser zu verstehen.

Ich finde in meinem Bücherschrank Bände von Jacques Bainville, die vom vielen Gebrauch ganz abgegriffen sind. Ich hatte sie in einer Zeit zu lesen begonnen, als ich noch meinem kindlichen Bild von der Geschichte verhaftet war. Ich las die *Histoire de deux peuples* parallel zu meinen Schulbüchern, die ich für erschöpfend hielt; ich bemühte mich, die eine Lektüre durch die andere zu vervollständigen und Bainville alles voranzustellen, was mein Schulbuch und mein historisch-biographisches Lexikon mir über die ersten Hohenzollern und die Kurfürsten von Brandenburg im Mittelalter sagten. Doch meine Gedanken galten bereits einer weiteren Sorge: nicht vollständig die Gegenwart durch die Vergangenheit aufzuklären, sondern meine Gegner – leibhaftige Kameraden oder erdachte Gesprächspartner – von der Wahrheit einer Politik zu überzeugen. Die Geschichte erschien mir nunmehr wie eine Sammlung von Argumenten.

Ich schlage eine Ausgabe der *Histoire de France* von 1924 auf, das Gebetbuch meiner frühesten Jugend. Sie ist voller Anmerkungen, und die für wichtig erachteten Textstellen sind unterstrichen. Die so hervorgehobenen Passagen kennzeichnen eine bestimmte Geisteshaltung: »Er war ein Mann, für den die Lehren der Geschichte nicht verloren waren, und er wollte sich nicht der Errichtung eines anderen Feudalsystems aussetzen.« Ich unterstrich diese taktvolle Lobrede auf den ewigen Staatsmann, der sich auf die stets gültigen Erfahrungen der Vergangenheit stützt. Es handelte sich um Ludwig den Dicken. Ludwig VI. interessierte mich nicht als Feudalherr, sondern weil er zu Beginn der kapetingischen Geschichte das Bild des klassischen Herrschers widerspiegelte, ein beständiges Modell des Volksoberhaupts.

Einige Seiten weiter, es geht um die Eroberung Englands durch die Normannen, diese Unterstreichungen: »Deutschland, England: zwischen diesen beiden Mächten müssen wir uns verteidigen, unsere Unabhängigkeit und unser Gleichgewicht finden. Das ist noch immer das Gebot unseres nationalen Daseins.« Es war mir ziemlich unwichtig, ob dieses England, dieses Deutschland des 11. Jahrhunderts sich vom England und

Deutschland des 20. Jahrhunderts unterschieden. Eine derartige Überlegung schien mir im Gegenteil ketzerisch. Ich antwortete meinen Kontrahenten oft – denn Polemik begleitete meine Lektüre, und meine Überlegungen nahmen das Ausmaß einer Debatte an –, daß die Zeit zugleich den Zähler und den Nenner ändere, ohne jedoch den Wert der Proportion zu verändern.

Und es gab einen auf *ne varietur* gestellten goldenen Schnitt, nämlich die gute Regierungsform, die sich immer gleichbleibt. Im Hundertjährigen Krieg wurden uns die Vorzüge des europäischen Gleichgewichts bestätigt. Hingegen sah ich mit den Generalständen die schlimmen Folgen des Parlamentarismus sprießen, bei dem unverantwortliche Politiker den königlichen Verwaltungsbeamten ersetzten und parteiliches Interesse an die Stelle des Gemeinwohls trat. Ich unterstrich den Satz: »Es war dies der Versuch einer parlamentarischen Regierungsform, und sofort trat die Politik auf den Plan.« Ich liebte diese Gleichstellung von Ständeversammlungen und gegenwärtigem Parlamentarismus.

Unterstrichen sind auch die Zeilen, die den revolutionären Mechanismus verdeutlichen. Sie beziehen sich auf die Kommune Etienne Marcels: »Revolutionäre Szenen, die 400 Jahre später eine so erstaunliche Wiederholung erfuhren.« Die Idee dieser Wiederholung gefiel mir. Welch eine Sucht, die Ähnlichkeit in den äußeren Anzeichen da suchen zu wollen, wo ich heute die unumstößlichsten Unterschiede feststelle!

Die *Histoire* von Bainville erlaubte mir, zusammen mit dem unseligen Parlamentarismus auch die Ursprünge des heimtükkischen Liberalismus zu entlarven – in der Person des Michel de L'Hospital. L'Hospital war mir ein Dorn im Auge, eine Vorwegnahme des Baron Pié, der legendären Figur meiner frühen Jugend, der Karikatur des Liberalen von Maurice Pujo. »L'Hospital«, unterstrich ich, »dachte, daß sich mit Freiheit alles regeln lasse; er entwaffnete die Regierung und bewaffnete die Parteien.«

Ich suchte in Bainvilles Buch mit der Lupe nach Hinweisen auf eine Beständigkeit der Zeiten, nach Wiederholungen einer gleichbleibenden politischen Kausalität. Ich brauchte nicht lange danach zu suchen, und das beunruhigt mich heute und mäßigt meine ehemalige Bewunderung. War ich ein guter Leser?

Es waren aus diesem Buch gewiß andere Lehren zu ziehen, doch die sah ich nicht. Ich hätte Spuren anderer Kontinuitäten finden können, die weniger mechanisch, einer bestimmten Gesellschaft eigentümlicher waren, Kontinuitäten außerhalb der Regierungsformen. So erkennt Bainville in Maupeou einen Wegbereiter des Wohlfahrtsausschusses und Napoleons I., einen Vorläufer der großen modernen Zentralisatoren; im Scheitern Maupeous sieht er die Unfähigkeit des Ancien Régime, dem Land Institutionen moderner Art zu geben. Dieses Schwanken zwischen zwei Arten von Institutionen in jener Zeit erschien wirklich als eine Sonderbarkeit der Geschichte. Die scharfe, doch im Grunde wenig systematische Intelligenz Bainvilles multiplizierte Beobachtungen, gewonnen an Dingen – hauptsächlich aus der neueren Zeit –, die nur eine einmalige Gültigkeit besaßen. Diese Beobachtungen, die heute den Reiz Bainvilles ausmachen, blieben jedoch unmaßgeblich für den großen Entwurf: Hinführung auf eine experimentelle Politik durch Wiederholung von Niederlagen und Erfolgen, die Möglichkeit, die Auswirkungen gefährlicher Ursachen zu vermeiden, indem man in der Geschichte analoge Zyklen von Kausalitäten aufspürt. Die Geschichte ist das Gedächtnis des Staatsmannes: ich bin mir nicht sicher, ob diese Formulierung nicht ein Zitat ist.

Daher entstellt die systematische und karikaturartige Unbeholfenheit des Jugendlichen nicht das Wesentliche. Ich hatte richtig verstanden. Die Feinheiten, die dank einer erweiterten Kultur und einer abgestufteren Darstellung hinzugefügt wurden, änderten am Kern der Sache nichts.

Eine ganze historische Schule gründete nun auf dieser Vorstellung, daß die Unterschiede der Zeiten eine Äußerlichkeit sind, daß die Menschen sich nicht verändert haben, daß ihre Handlungen sich wiederholen, und daß schließlich das Studium dieser Wiederholungen es erlaubt, die Gesetze der Politik zu erkennen. Eine alte und im Grunde sehr klassische Idee: nichts Neues unter der Sonne, die gleichen Ursachen erzeugen die gleichen Wirkungen; eine Idee, die aber diesmal mit völlig neuem Nachdruck und Talent zum Ausdruck gebracht wird, und zwar in einem historisch günstigen Augenblick. Die Bücher Bainvilles, besonders seine *Histoire de France*, gehörten zu den großen Erfolgen des Buchhandels, vergleichbar dem der Moderomane. Ich glaube nicht, daß vor dem *Louis XIV.* von Louis Bertrand und vor den Büchern Bainvilles ernsthafte Geschichtswerke je einen so schnellen Absatz gefunden haben. Ein breites Publikum öffnete sich der Geschichte, das nicht das traditionelle Publikum der Memoirenliteratur war oder der großen Serien nach Art von Thiers und Sorel, das heißt von freien, nicht akademischen Historikern, denn die Universität beschränkte sich lange Zeit auf ihre besondere Klientel von Gelehrten.

Gewiß, wenn man näher hinschaut, wird man bemerken, daß die *Histoire* von Bainville kein wirklicher Donnerschlag aus heiterem Himmel war, wie man glauben könnte. Ihr Erfolg war vorbereitet worden, insbesondere von Lenôtre, dessen erste Veröffentlichungen Ende des 19. Jahrhunderts erschienen. Mit den Untersuchungen Lenôtres zeichnet sich eine erste Erweiterung des Publikums für Geschichtsbücher ab. Ihre große Verbreitung setzt jedoch erst mit den Werken Bainvilles ein. Dieser eher strenge Schriftsteller, dessen nüchterner Stil die Leichtigkeit und Anschaulichkeit meidet, hat eine außergewöhnliche Begeisterung geweckt. Er trug bei zum Aufschwung einer literarischen Gattung, der populärwissenschaftlichen Geschichte. Diese Gattung erlebte zwischen den beiden Weltkriegen ihre Blütezeit. Die schnelle Erweiterung des Geschichtspublikums um das Romanpublikum hat eine zwitterhafte Annäherung von Geschichte und Roman bewirkt: man erinnere sich an die Beliebtheit der Serien mit Lebens- und Liebesromanen etc. Diese aber gehören an die untere Grenze der Gattung und zeugen lediglich von ihrer Anziehung und ihrer Ansteckungskraft. Die typische Reihe der »vornehmen« populärwissenschaftlichen Geschichte ist die, die ungefähr mit der *Histoire de France* von Bainville und dem *Louis XIV* von Louis Bertrand eröffnet wurde: die bei Fayard erschienene Reihe »Grandes Études historiques«. Ich spreche hauptsächlich von der Zeit vor 1939. Später folgte die Reihe dem Geschmack des Publikums, der sich seit etwa zehn Jahren verfeinert hat. Vor dem Krieg wären weder *La Gaule* von F. Lot noch *La Chine* von R. Grousset darin veröffentlicht worden. Die Einheit dieser Reihe ist gewährleistet durch die Prinzipien, die einen Aspekt des Bainvilleschen Werks bestimmen (es handelt sich nicht um den stichhaltigsten

Aspekt): das Gesetz der historischen Wiederholung, das Gesetz der die Ereignisse bestimmenden Kausalität.

Ein anderer großer Erfolg aus dieser Reihe, die *Revolution* von Gaxotte, hat das Interesse, das das Publikum dieser Geschichtskonzeption entgegenbrachte, bestätigt. Es entstand wahrhaftig eine Schule. Man täte Unrecht, sie nicht zu beachten oder sie gar zu verreißen mit der pedantischen Arroganz, die damals die Sorbonne in ihren Rezensionen in der *Revue historique* an den Tag legte. Im übrigen war die Nachfrage nach einer derart popularisierten Geschichte so groß, daß die Doktorhüte nicht lange widerstehen konnten. Mehrere Fakultätsprofessoren, die bisher lediglich Studien der Gelehrsamkeit oder Wälzer für den Hochschulunterricht verfaßt hatten, gaben dem Strom der öffentlichen Meinung nach und reihten sich bescheiden hinter Bainville und Gaxotte ein. Sie übernahmen die Regeln der Gattung mit der Unbeholfenheit von Anfängern. Ein typisches Beispiel für diese schülerhaften Aufsätze ist der *Charles V* von Calmette, der selbstverständlich in der klassischen Reihe der »Grandes Études historiques« erschienen ist. Ein Mitglied des Instituts, das mit Auguste Bailly zu wetteifern versucht: das ist gewiß nicht alltäglich! Sagen wir der Gerechtigkeit halber gleich, daß es ihm nicht gelingt. Aber daß ein Gelehrter, der in der speziellen Atmosphäre des Mittelalters lebt, auf den gewollten Anachronismus zurückgreift wie auf eine rhetorische Figur und den Versuch macht, über die Unterschiedlichkeit der Zeiten hinwegzumogeln, um dem großen Publikum der ehrbaren Leute zu gefallen, das ist es, was denn doch überrascht. In einem seiner wissenschaftlichen Lehrbücher verglich Calmette die Forderungen Etienne Marcels mit einer »nicht nur konstitutionellen, sondern auch parlamentarischen« Staatsform: »Unverantwortlichkeit der Krone, Verantwortlichkeit der Minister vor der Versammlung, eine Abgeordnetenkammer mit regelmäßigen Sitzungen«. Man könnte sich in den Zeiten von Guizot wähnen, und es ist genau diese anachronistische Verwirrung, die suggeriert werden soll.

Der Erfolg der populärwissenschaftlichen Geschichte, das heißt einer gelenkten und geregelten Popularisierung, kann nicht geleugnet werden. Er zeugt von einer ganz besonderen Tendenz innerhalb des Lesepublikums, und diese Tendenz stellt ein wichtiges soziologisches Faktum dar. Wie erklärt sich die Entstehung dieser neuen Gattung? Warum tauchte sie ausgerechnet in der Zeit zwischen den beiden letzten Kriegen auf? Ihr Erscheinen kennzeichnet den Augenblick, da die nichtakademische Geschichte nicht mehr einigen Amateuren vorbehalten ist: hohen Beamten, Offizieren im Ruhestand, Grundbesitzern mit viel Muße, also den Nachfolgern des aufgeklärten Bürgertums des 18. Jahrhunderts. Jetzt erreicht sie das gesamte Publikum der ehrbaren Leute. Wer auch nur ein klein wenig gewohnt war zu lesen, besaß schon die Neugier, wenigstens ein Geschichtsbuch zu überfliegen. Es ist kein Zufall, daß diese Ausbreitung im 20. Jahrhundert stattfindet. In der Romantik gab es bereits eine gewisse Schwärmerei für die pittoresken Zeitabschnitte der Vergangenheit: die gotische Kathedrale des *Geistes des Christentums.* Aber das war hauptsächlich eine *laudatio temporis acti.*

Wir spüren deutlich, daß es heute etwas anderes ist: eine allgemeine Neugier, die sich auf die gesamte Dauer der Geschichte bezieht – und nicht beschränkt ist auf gewisse farbenprächtige Epochen –, und vor allem ein Bemühen, diese Vergangenheit zu durchdringen, auf die Gefahr hin, sie wie einen Mechanismus auseinanderzunehmen.

Dieser Hang zur Geschichtsliteratur ist als das mehr oder weniger eindeutige Zeichen der großen Besonderheit des 20. Jahrhunderts zu erkennen: Der Mensch versteht sich nicht mehr als ein freies, autonomes Wesen, unabhängig von der Welt, die er beeinflußt, ohne sie zu determinieren. Er wird sich seiner selbst innerhalb der Geschichte bewußt, er fühlt sich eng verbunden mit der Verkettung der Zeiten und kann sich nicht mehr losgelöst von der Kontinuität früherer Zeitalter begreifen. Er ist neugierig auf die Geschichte wie auf eine Fortsetzung seiner selbst, eines Teiles seines Wesens. Er spürt mehr oder weniger deutlich, daß sie ihm nicht gleichgültig sein kann. Nie zuvor im Ablauf der Zeiten gab es in der Menschheit ein entsprechendes Gefühl. Jede Generation, oder jede Folge von Generationen, hatte es im Gegenteil eilig, die Besonderheiten der vorangegangenen Zeitalter zu vergessen. Heute aber bezieht sich jede unserer Überlegungen, unserer Entscheidungen mehr oder weniger bewußt auf die Geschichte. Kein Gewohnheitsmerkmal unterstreicht diese Tatsache klarer und einfacher als die Vorliebe für alte Möbel, eine Vorliebe, die sich parallel zur Verbreitung der populärwissenschaftlichen Geschichtsbücher entwickelt hat. In welcher Epoche, außer vielleicht im eklektizistischen Rom Hadrians, hat man denn gemeinhin Antiquitäten gesammelt, um in täglicher Vertrautheit damit zu leben? Trotz der Anstrengungen der modernen Innenarchitekten gelingt es den neuen Stilrichtungen nicht, aus den häuslichen Einrichtungen das Wohnzimmer im Louis-XVI-Stil und das Directoire-Eßzimmer zu verdrängen. Es handelt sich hier nicht um eine vorübergehende Mode, sondern um eine tiefgreifende Veränderung des Geschmacks: die Vergangenheit ist an die Gegenwart herangerückt, sie überdauert im alltäglichen Dekor des Lebens.

Dieses Gefühl, sich seiner selbst innerhalb der Geschichte bewußt zu sein, wie wir es hier in seinen spontanen und naiven Äußerungen erahnen, hat sich im 20. Jahrhundert gespalten. Es liegt der Entwicklung zweier Ideen zugrunde, die trotz ihrer fundamentalen Gegensätzlichkeit Analogien aufweisen, noch wenig beobachtete und doch sehr lehrreiche Analogien. Es handelt sich zum einen um den Historizismus Bainvilles und zum anderen um den historischen Materialismus von Marx. Diese Annäherung mag als ein geschmackloses Paradoxon erscheinen. Und dennoch sind beide Ausdruck ein und desselben Bewußtwerdens von Geschichte und zugleich Konsequenzen der gleichen Mechanisierung des Geschichtsverständnisses.

Über dieses doppelte Phänomen möchte ich hier nachdenken. Wir erwähnten bereits, auf welche Weise der Bainvillesche Historizismus als die Wahrnehmung des historischen Aspekts der Welt nach dem Ersten Weltkrieg erscheint.

Aber der Marxismus? Man wird zunächst erstaunt sein über seine Zuordnung zum 20. Jahrhundert: Marx gehört in das 19. Jahrhundert. Zweifellos. Aber wenn Marx ein Kind des 19. Jahrhunderts ist, der Epoche des Fortschritts, dann ist der Marxismus in seiner modernen Interpretation ein Produkt unseres Jahrhunderts, der Epoche der Geschichte. In den achtziger Jahren des 19. Jahrhunderts entwickelte sich der Marxismus hin zur Sozialdemokratie, ein Wort, das im übrigen älter ist als er. Es bedurfte neuer Elemente, die infolge des ersten weltweiten Konflikts an die Oberfläche traten, um den Marxismus zu verjüngen, ihn tatsächlich ein zweites Mal zu erfinden. Er entstand aufs neue durch die tiefgreifenden und weitreichenden Erschütterungen der bürgerlichen Gesellschaft. Eben diese haben das zuvor nur undeutliche, verschwommene und zaghafte Gefühl einer Solidarität mit der Geschichte, mit der Abfolge der Zeiten und der Weite des Raumes, freigesetzt und wiederbelebt. Der Materialismus hat diesem Appell wie ein Echo geantwortet; als was für ein Echo, das gilt es zu ergründen.

Man muß erkennen, daß am Anfang eine vollkommen authentische Erfahrung steht. Wie alle authentischen Erfahrungen ist sie nicht allgemein gültig, sondern spezifisch für eine bestimmte Gesellschaft, ein bestimmtes Milieu, ich würde sagen, für eine bestimmte Art, *geboren* zu werden: das historische Bewußtsein von Individuen, die nicht mehr den Schutz der ganz besonderen Geschichte einer gelebten Gemeinschaft erfuhren, *ihrer* Gemeinschaft; die also in keiner historischen Gemeinschaft mehr existierten, und man muß dem Wort »Gemeinschaft« einen eingeschränkten Sinn geben, nämlich den der kleinsten Gesellschaft, die der Mensch unmittelbar begreifen und spüren kann, des elementaren Milieus, das sein Verhalten prägt.

Keine historische Gemeinschaft. Halten wir fest, daß es sich deshalb nicht um sozial Benachteiligte, Elende, Proletarier, auch nicht um Deklassierte handelt. Manchmal sind es im Gegenteil sozial Überlegene. Nennen wir sie einfach Entfremdete und Heimatlose. Zum Beispiel jene, die kein sehr herzliches Familienleben kennengelernt haben, diejenigen, die durch Mobilmachung, Kriege, Ortsveränderungen, sozialen Aufstieg ihrer traditionellen Geographie entrissen worden sind. Losgelöst von der Geschichte ihres eigenen Milieus, fühlten sie sich als verlorene Atome in der undurchdringlichen Welt der modernen Technokratie, in der jeder eins wird mit der gesamten Menschheit des Planeten. Man befand sich tatsächlich, auf sehr konkrete Weise, der Geschichte gegenüber. Man spürte das geheimnisvolle, grundlegende Bindeglied, das die eigene Existenz vereinte mit der Aufeinanderfolge der Generationen im Laufe der Zeit und mit der Nähe der Menschen, als Brüder und als Feinde, im Raum. Der moderne Mensch argwöhnte, daß – jenseits der

Begleiterscheinungen des 19. Jahrhunderts, der Nationalismen, Kriege, Technokratien – die Conditio humana gerade im Innern der Gewaltsamkeiten und Uneinigkeiten, die sie zuvor zerstört hatten, wiedergefunden werden könnte. Man erriet, daß Konflikte, Haß, und Kriege möglicherweise nicht Grundlage der Geschichte waren; daß diese *Antagonismen, wenn sie nur lange genug ausgelebt würden*, sogar die Quelle einer menschlichen Freundschaft darstellten. Dieses Gefühl gab es, und es ist eine sehr große und sehr reelle Erfahrung. Mir scheint, daß man es in den Werken von Malraux und Koestler wiederfindet. Es ist die wahre Kommunion mit der Geschichte.

Indessen blieb dieses Bewußtsein von der umfassenden Geschichte nicht ungetrübt, und hier setzt der Marxismus an. Der Marxismus hat den Appell, dem er zu antworten schien, erstickt. Menschen, die keine besondere Geschichte hatten, empfanden das Bedürfnis, jene Antagonismen zu überwinden, deren Spiel die oberflächlichen Ereignisse der klassischen Geschichte bestimmt hatte. Der Marxismus schlug ihnen eine Geschichtsinterpretation vor, die diese Konflikte in die dialektische Bewegung der sozialen Klassen und der technischen Evolution übertrug.

So wurden die von ihm indoktrinierten Menschen abgelenkt von der Suche nach einer authentischen Überwindung der tatsächlichen Konflikte, einer Suche, die diese Konflikte, ohne sie verschwinden zu lassen, in eine aus Feindlichkeiten aufgebaute Freundschaft integriert hätte, in eine aus Unterschiedlichkeiten bestehende Solidarität.

Abgesehen von diesem Bedürfnis nach Überwindung haben zwei weitere Versuchungen die nackt der Geschichte ausgesetzten Menschen zum Marxismus geführt: die Masse und die Fatalität.

Das Ausmaß der ökonomischen und sozialen Bewegungen sowie die genauere Kenntnis, die man dank der gesteigerten Neugier, die sie erzeugten, von ihnen hatte, ließen die gewohnten Erklärungsweisen, mit denen man sich einstmals zufrieden gab, ungültig werden. Früher schaute man kaum über die Entwürfe der Staatsmänner, ihre Ambitionen, ihre individuelle Psychologie hinaus. Man übertrug die ungenauen Kategorien der klassischen Moral auf die nationalen oder sozialen Verhaltensweisen: der Ehrgeiz Napoleons I, der Egoismus Englands, die Habgier Deutschlands. Damit gab man sich zufrieden, weil es im Grunde nicht so wichtig war; die Geschichte war ein Luxus und nicht etwa eine Aufforderung zum Eingreifen in die Welt, in der man lebte. Heute sind diese traditionellen Interpretationen nicht mehr auf der Höhe der Ereignisse und vor allem nicht auf der Höhe dessen, was man nunmehr von den Ereignissen weiß.

Der Marxismus stellte die Geschichte nicht mehr als den Konflikt einiger weniger dar, sondern als das Spiel großer Massen, die, undurchdringlich und mächtig, einander durch ihr Gewicht vernichten. Er sprach in einer sehr verständlichen Sprache zu denjenigen, die diesem Druck der Massen, in die sie wohl oder übel eingeschlossen waren, unterlagen. Diese gleichermaßen grobe und epische Vereinfachung war eine Versuchung für jene, die keine persönliche und konkrete Erfahrung mit der Pluralität sozialer Gruppen hatten, mit der Verflechtung alter und neuer Gemeinschaften und ihrer Dynamik. So übten zum Beispiel die Begriffe »Masse« und »Klasse« große Anziehungskraft auf Menschen aus, die den viel genaueren Begriff »Milieu« nicht kannten.

Wegen dieser Unkenntnis der Milieus, der singulären und unterschiedlichen Geschichten, war man ohne weiteres geneigt, die Idee des Determinismus zu akzeptieren, das heißt eines unerbittlichen Werdens, dessen Verlauf man unterstützen, aber weder aufhalten noch umlenken könne.

Die gewaltigen Artikulationen der modernen Geschichte, die Vernichtung der individuellen Faktoren, der individuellen Psychologien durch die Phänomene und durch die Kenntnis der Phänomene, führten dazu, eine allgemeine Bewegung der Welt in immer derselben Richtung, einer genau determinierten Richtung, zu erwägen.

Außerhalb des Schutzbereiches der besonderen Geschichten (diejenigen, die in ihnen leben, kennen sehr wohl ihre Komplexität, ihre Trägheit, das Festhalten an alten, unvergänglichen Gewohnheiten und auch ihre Eigentümlichkeiten) fällt es schwer einzusehen, wie man angesichts der gewaltigen Kraftfelder der modernen Welt der Ergebenheit in ein Schicksal sollte entrinnen können: man muß sich dem Strom der Geschichte überlassen. Und der dialektische Materialismus lenkte diesen Strom so, wie die Geometrie einen Vektor bestimmt.

Überwindung politischer Konflikte, Gewicht der Massen, Idee eines determinierten Verlaufs der Geschichte: das etwa sind die Berührungspunkte zwischen Marxismus und einem reellen und konkreten Bewußtsein von der totalen Geschichte.

Für unseren Gesichtspunkt ist es jetzt wichtig zu untersuchen, wann der Marxismus aufhört, in der Geschichte zu leben, und der Geschichte den Rücken zukehrt; genauer: wann er aufhört, Bewußtsein der Geschichte zu sein, um zu einer Physik der Geschichte zu werden.

Die Erkundung der Vergangenheit hat Marx dahin geführt, die Geschichte auf wesentliche Gesetzmäßigkeiten zu reduzieren, auf Regeln einer Mechanik, die sich unerbittlich im Laufe der Evolution wiederholt. In der Sicht des Marxismus vernichtet die Klasse der Ausgebeuteten die Klasse der Ausbeuter und vertreibt sie von der Macht; diese Überwindung ist nicht an einen Willen zur Macht oder an eine moralische Reife gebunden, sondern an einen bestimmten Zustand der ökonomisch-technischen Entwicklung. Die Bourgeoisie verdrängt den Adel infolge der Ablösung der Domänenwirtschaft durch den Handelskapitalismus. Das Proletariat verdrängt die Bourgeoisie, wenn das soziale Eigentum an die Stelle des Privateigentums tritt.

Auf diese Weise läuft die Geschichte hinaus auf das Wechselspiel zwischen einer Konstanten und einer Variablen. Die Konstante, das ist die mechanisierte menschliche Gemeinschaft, die sich in ihrer Bewegung immer gleich zu bleiben scheint. Die Variable, das ist der ökonomisch-technische Stand der Welt. Die ökonomisch-technischen Bedingungen aber scheinen wie wissenschaftlich organisisierte Naturgewalten, etwa vergleichbar einer dauernden Änderung des Luftdrucks. Die Variable ist dem Menschen äußerlich.

So gelang es dem Marxismus, die menschlichen Unterschiede aus der Geschichte zu entfernen: Er konzentriert die Änderungsfaktoren außerhalb des Menschen. Heißt das nicht, das Problem verschieben, ohne es zu lösen? Ist es möglich, die ökonomisch-technische Entwicklung zu erklären, ohne auf den

Menschen zurückzugreifen, ohne zwischen *homo faber* und *homo sapiens* hin und her zu pendeln? Aber es geht hier nicht darum, den historischen Materialismus zu widerlegen, sondern ihn einzuordnen in die Geographie der Positionen gegenüber der Geschichte.

In dieser Hinsicht muß man klar erkennen, daß der aus einem authentischen historischen Bewußtsein entstandene Marxismus in eine mechanisierte Physik mündet, die sich sehr weit von der Geschichte entfernt. Sehr weit, denn sie zerstört die Veränderbarkeit der Geschichte, den Sinn der Unterschiede im Innern des Menschen selbst als eines zugleich religiösen, technischen, politischen und wirtschaftlichen Ganzen: die Unterschiede der Lebensarten.

Genau wie mein Bruder nicht ich selbst ist und ich ihm doch seltsam verbunden bin, ist auch die Vergangenheit, aus der ich komme, etwas anderes als meine Gegenwart. Philosophen, bemüht, den geschichtlichen Wert unserer Epoche herauszustreichen, haben gesagt, daß die Gegenwart selber der Vergangenheit angehöre und als solche zu verstehen sei. Man spürt wohl das Maß an Wahrheit, das diese Behauptung enthält, aber sie zerstört leider die gemeinsame Erfahrung der Gegenwart, die für das Vorhandensein einer geschichtlichen Neugier unentbehrlich ist. Bezogen auf meine Gegenwart erscheint mir die Vergangenheit als eine solche. Im Juli 1940 hatte ich das deutliche Gefühl, daß die Dritte Republik von nun an der Vergangenheit angehörte; wie man gemeinhin sagt: »Das ist schon Geschichte«. Es ist die Eigenart der Geschichte, zugleich etwas anderes und etwas Nahes, jedoch immer etwas von der Gegenwart Verschiedenes zu sein.

Für den marxistischen Historiker hingegen ist die Gegenwart eine Wiederholung der Vergangenheit, nur unter anderen ökonomisch-technischen Bedingungen. Er geht so weit, die Geschichte ausschließlich im Hinblick auf diese Wiederholungen zu untersuchen. Der letzte Versuch dieser Art ist diesbezüglich überzeugend. Daniel Guérin hat zwei umfangreiche Werke dem Klassenkampf in der Ersten Republik gewidmet (*La Lutte des Classes sous la Première République*), um die Revolution von 1792–1797 in das klassische Schema des Marxismus einzupassen. In seinen Augen verlaufen alle bekannten Revolutionen

Guérin

nach dem gleichen Muster. Eine nicht-proletarische Klasse, die Bourgeoisie, ergreift die Macht, weil die von ihr gelebte Zeit zusammenfällt mit einem erforderlichen Schritt der »objektiven Entwicklung« der Ökonomie. Im Verlauf eben dieser Emanzipationsbewegung bildet sich um Hébert und Chaumette eine Volksbewegung; sie will sowohl der fortschrittlicheren Klasse helfen, die sich an die Macht klammernde, zurückgebliebene Klasse zu vertreiben, als auch diese fortschrittliche und nichtproletarische Klasse überholen. Aber sie scheitert, jedesmal, weil die technische Entwicklung es ihr nicht ermöglicht, weiterzugehen, und verfällt wieder in ihre Starre, ihre Teilnahmslosigkeit. Ebenso scheiterte der Aufbruch des Volkes im Florenz der Ciompi, genau wie im Paris der Insurgenten, weil er der Entwicklung der Ökonomie weit voraus war. Er gelang 1917 in Rußland, weil der Stand der Technik es erlaubte.

Alle Anstrengung marxistischer Historiker richtet sich darauf, die Beständigkeit eines sich immer gleichbleibenden Klassenbewußtseins hervorzuheben und die Fortschritte dieser Klasse mit der »objektiven Entwicklung« der Ökonomie zu verbinden. Es wäre ganz und gar überflüssig, dieses Schema zu bestätigen oder zu entkräften. Gäbe man sich viel Mühe, könnte man mit gutem Willen den Anteil von Wahrheit und Irrtum herausarbeiten. Welche Wahrheit? Welcher Irrtum? Vergebliche Mühe, denn man würde über etwas nachdenken, das nicht existiert, über etwas, dessen Existenz den Wert der Geschichte vernichtete. Man würde nämlich über *Gesetze* nachdenken, das heißt über *Durchschnittswerte*. Und bei Gott, es ist ja möglich, daß sich die Dinge auf einem bestimmten Niveau der Verallgemeinerung so zutragen. Aber alles hängt vom Niveau der Verallgemeinerung ab, auf dem man stehenbleibt. Alles verändert sich, je nachdem, ob man es höher oder tiefer ansetzt.

Von dem Augenblick an, da man einen Durchschnittswert annimmt, verläßt man den konkreten Bereich des menschlichen Lebens. Vielleicht erlaubt uns unser intellektuelles Rüstzeug nicht, unverarbeitete Phänomene in ihrer ganzen Komplexität zu erfassen? Ich bin dessen nicht sicher, und großen Historikern wie Fustel de Coulanges und Marc Bloch ist es ja schließlich auch gelungen. Gewiß zwingen uns unsere Ausdrucksmöglichkeiten dazu, uns mit Hilfe von Durchschnittswerten auszudrücken. Aber von diesen Konventionen Gebrauch zu machen ist uns nur unter der Bedingung erlaubt, daß neben den Durchschnittswerten die lebendige Eigenart der Beobachtungen bewahrt bleibt. Die marxistische Geschichtsauffassung gründet nun aber auf *Durchschnittswerten* ohne Rücksicht auf die Besonderheiten des Zeitpunkts, es sei denn auf den Stand der ökonomischen Entwicklung. Diese Einschränkung ist wichtig, nicht weil sie die Einzigartigkeit des historischen Menschen wiedergäbe – denn sie verdrängt ja die Variablen aus der Welt des Menschen –, sondern weil dieser Rückgriff auf ein technisches, nicht menschliches Element es dem Marxismus erlaubte, die Geschichte zu mechanisieren. In der Tat ist es im Bereich der industriellen oder ökonomischen Techniken am legitimsten, von Durchschnittswerten zu sprechen. Man denkt über Produkte nach, die man in Serie produzieren kann, die leicht zu ordnen, zu klassifizieren, zu zählen sind. Eine Tonne Stahl kommt zu einer Tonne Stahl. Man spricht von einem monatlichen Durchschnitt der Getreideexporte. Ausgehend von der Statistik der Dinge gelangte der Marxismus zu den Strukturen der Menschen. Und trotzdem gibt es zwischen dem Produkt und dem Hersteller, dem Werkstück und dem Arbeiter den gesamten Unterschied von Dinglichem und Lebendigem. Das Werkstück ist tatsächlich mehr von den Eigenheiten des Arbeiters als der Arbeiter von der Unpersönlichkeit der Technik geprägt. Der Marxismus hat – so wie einseitige und ausschließliche ökonomische Lehren – die Kategorien der Ökonomie auf die Menschen angewandt, während die Geschichte vielmehr die unendlichen Verschiedenheiten des Menschen auf die Ökonomie übertragen würde.

Der dialektische Materialismus war die Verlockung eines globalen Bewußtseins von der Geschichte. Es gibt aber andere, weniger rohe und weniger unmittelbare Berührungen des Menschen mit der Geschichte. In diesen Begegnungen treffen die Menschen nicht direkt auf die Strumflut der Massen und des monumentalen Werdens. Bevor sie in die massive, unwiderstehliche und anonyme Geschichte eintreten, gehören sie kleinen, ganz besonderen Milieus an. Ihre eigene, besondere Geschichte schützt sie vor *der* Geschichte. Diese Menschen leben ganz in ihren Familien, in begrenzten und unnahbaren Gemeinwesen, in hermetisch abgeschlossenen Gruppen, die der eigenen Vergangenheit zugewandt sind, weil diese Vergangenheit ihnen gehört und sie in ihrer Eigenheit bestärkt: geschlossene Zirkel unseres Bürgertums, unseres Bauernstands, die sorgsam ihre Unterschiede pflegen, das heißt die Traditionen, Erinnerungen, Legenden, die nur ihnen gehören. Dies ist weniger eine Frage der gesellschaftlichen Bedingung als der Beständigkeit innerhalb dieser Bedingung und der Erinnerung an die eigene, ganz besondere Vergangenheit. Wir rühren hier an eine Differenz, die für das Verständnis unserer Epoche und ihrer Ansichten wesentlich ist.

In den Verwaltungsschulen und Jugendzentren der Vichy-Regierung hatte ich Gelegenheit, die Tiefe der noch vorhandenen Erinnerungen an die kleinen familiären oder regionalen Gemeinschaften zu ergründen. Man legte den jungen Leuten einen Fragebogen vor, um zu ermitteln, was sie von ihren Eltern und Vorfahren wußten. Die einen, von bisweilen bescheidener sozialer Herkunft, verfolgten ihre Abstammung ziemlich weit zurück. Sie erinnerten sich über mehrere Generationen hinweg an die Kleidung ihrer Ahnen, das anekdotische Leben ihrer Gruppe. Einige griffen zurück bis auf das 18. Jahrhundert. Viele setzten in den Jahren 1830–1840 an. Bauernsöhne aus dem Seine-et-Oise-Gebiet kannten die vollständige Geschichte ihrer Familie, die das Dorf seit dem 17. Jahrhundert nicht verlassen hatte, und nannten die Daten auf den Grabplatten. Diese Erinnerung an die Vergangenheit der Familie ist in den Berggemeinden der hochgelegenen Täler der Schweiz und des österreichischen Tirol stark ausgeprägt. So bewahrt die Familie des Kanzlers Dollfuß Ahnentafeln auf, die es erlauben, ihre Spur bis ins 16. Jahrhundert zu verfolgen: eine Tiroler Bauernfamilie.

Andere der jungen Leute konnten die Fragen nicht beantworten, sei es, weil sie tatsächlich nichts mehr von ihren nächsten Verwandten wußten, oder sei es, weil ihre Erinnerungen so geringfügig waren, daß es ihnen nicht einmal gelang, den Sinn dieser Fragen zu verstehen, so als wären sie in einer Fremdsprache formuliert.

Man staunt über die Schnelligkeit des Verfalls der Familienerinnerungen. Ein reicher Notabel alten Ursprungs, aus Bordeaux, bemerkte eines Tages bei seinem Notar ein standesamtliches Schriftstück auf den Namen L. Er war erstaunt, denn der Name L. war der seiner Großmutter. Der Notar entgegnete, es handele sich gewiß um eine Homonymie, denn dieser L. sei ein armseliger Totengräber auf dem großen städtischen Friedhof. Neugierig auf alles, was seine Familie betraf, begab sich der bordelaiser Bourgeois auf den Friedhof und begann unter irgendeinem Vorwand ein Gespräch mit L. Er stellte fest, daß dieser tatsächlich einer seiner Vettern zweiten Grades war, und seine Nachforschungen beim Standesamt klärten die Abstammung auf. Der unglückliche Totengräber aber hatte keine einzige Erinnerung mehr an seine Herkunft: innerhalb von drei Generationen war die Bindung an die Familie verlorengegangen.

Diese Unterscheidung von Personen mit einer Vergangenheit und Personen ohne Vergangenheit ist wesentlich. Sie deckt sich nicht unbedingt mit der gesellschaftlichen Gliederung: es gibt Familien innerhalb der alten Bourgeoisie, die in guten und vermögenden Verhältnissen leben, wo aber der Mangel an Einverständnis zwischen den Eltern, die Anforderungen des gesellschaftlichen Lebens und die Tyrannei des Wohlstands die Bindung an die Familiengeschichte immer mehr lockerten, das Interesse daran bei den Kindern schwächten und sie schließlich bei den jüngsten Generationen in Vergessenheit geraten ließen.

Dieser Unterschied ist keineswegs neu. Im 16. und 17. Jahrhundert existierte er noch viel ausgeprägter als am Ende des 19. Jahrhunderts. Die kinderreichen Familien des Ancien Régime schickten den Überschuß ihrer Fruchtbarkeit oft fort, und viele dieser Kinder verloren, fern der Heimat, die Erinnerung an ihre Herkunft.

Erst heute hat dieses Phänomen eine veränderte Bedeutung, da unter dem Ancien Régime das Bewußtsein von der Geschichte kaum vorhanden war, während es in unserer Epoche den gemeinsamen Nenner für unsere Sensibilität bildet. Durch das Fehlen oder das Vorhandensein einer eigenen, besonderen Vergangenheit unterscheiden sich außerdem zwei Arten, in der Geschichte zu sein.

Die einen, Marxisten, von denen wir gerade sprachen, erleiden ohne Übergang den feindlichen Einbruch der Jahrhunderte, massiv und furchtbar; die anderen dagegen erreichen die Geschichte nur auf dem Weg über ihre persönliche Vergangenheit, eine Vergangenheit, die, bevölkert mit vertrauten Gestalten und Legenden, immer freundlich ist, nur ihnen gehört.

Bei denjenigen, bei denen das Bewußtsein dieser besonderen Geschichte fortbesteht, hat es sich in unserer Zeit aufs höchste gesteigert, gleichsam als Verteidigung gegen die gigantische und anonyme Geschichte. Es kommt sogar vor, daß Menschen, ohne Geschichte geboren, das Bedürfnis verspüren, sich eine legendäre Herkunft zu schaffen, in der sie Schutz suchen und verweilen können. Davon steckt auch etwas im Kult um die Ahnen, gerade wenn man diese auf dem Flohmarkt kauft.

Und dennoch – und hier liegt das Paradoxon – verblieb diese »kleine Geschichte« der Erinnerung im Schatten der familiären Unterhaltungen, der mündlichen Überlieferungen, ohne daß irgendeine Anstrengung unternommen worden wäre, dieses für jede blutsverwandte Gruppe verschiedene, einzigartige Bewußtsein in die große kollektive Geschichte einzubringen. Von dieser Aufmerksamkeit für eine persönliche und familiäre Vergangenheit überdauerte nur ein Hang zur Vergangenheit im allgemeinen, ohne daß es letzterem gelungen wäre, sich in einer konkreten und lebendigen Kommunion mit der Entwicklung der menschlichen Existenz zu offenbaren und zu entfalten.

Eine Trennung vollzog sich zwischen der eigenen Erfahrung, die ein jeder aus seiner Vergangenheit zog, und dem spröden und abstrakten Bild, das er sich von der Vergangenheit der Welt machte. Denn seine besondere, zu enge Geschichte genügte ihm nicht mehr.

Diese Trennung erfolgte in zwei Richtungen, in Richtung auf die regionale Geschichte und in die Richtung dessen, was ich oben die vornehme Popularisierung zum Gebrauch des konservativen Publikums genannt habe.

Die Hinwendung zur regionalen Geschichte versteht man leicht: die »Gegend«, das geographisch enge und zusammengerückte Milieu, ist die natürliche Verlängerung der familiären Gruppe; es unterscheidet sich nicht von ihr. Das Geflecht aus Kindheitserinnerungen, Verschwägerungen, Abstammungen, Familienpapieren, mündlichen Überlieferungen dehnt sich ganz natürlich aus auf das Dorf, die Gegend, die Provinz. Aber durchblättert man die Veröffentlichungen regionaler Zirkel, so ist man verblüfft über die Trockenheit ihrer Referate, das Fehlen von Intelligenz und Einfühlung im Umgang mit den doch anregenden Dokumenten. Diesen Provinzgelehrten ist die gewaltige Leistung gelungen, die dichtesten Themen zu erschöpfen, die reichsten Beziehungen der Menschheit auszuloten: die der Menschen zur Erde, zum Handwerk, der Menschen untereinander auf der niedrigsten Stufe der Geschichte; will sagen: an jener Stelle der sozialen Architektur, wo die Beziehungen noch nicht die Reduzierung auf einen Durchschnittswert erlitten haben, diese unvermeidliche Verallgemeinerung nämlich, die die höher entwickelten sozialen und politischen Lebensweisen kennzeichnet.[1] Im Lehensgut, auf dem Bauernhof, in der Werkstatt ist die Unterscheidung zwischen privatem und öffentlichem Leben, zwischen menschlicher Bedingung und kollektiver Einrichtung noch nicht erfolgt.

Aber die Provinzgelehrten blieben diesem Appell des Lebens gegenüber sehr häufig gleichgültig. Entweder sind ihre Untersuchungen bloße Kataloge, denen es oft an Methode mangelt und die höchstens noch ein von ihnen unbeabsichtigtes Interesse erzeugen, oder sie sind farbige Beschreibungen von Festivitäten, vielleicht auch Ausschnitte aus der allgemeinen Geschichte: Ereignisse der Großen Geschichte, die in ihrer Gegend stattgefunden haben. All das ist so ziemlich verloren, wenn nicht für den Spezialisten, der darin etwas zum Sammeln findet, so doch für den modernen Menschen, der bemüht ist, sein Bewußtsein von der Geschichte zu erweitern.

Die Mitglieder der historischen, archäologischen und literarischen Gesellschaften, der Provinzakademien, kamen zum größten Teil aus jenem traditionellen Bürgertum, das selbst sorgfältig seine besondere Geschichte bewahrte, seine Ahnenforschung stets auf dem neuesten Stand hielt, beflissen für seine Erben die Familienerinnerungen aufzeichnete: kleine Hefte, überzogen mit einer regelmäßigen Schrift, schön geschrieben in schwarzer Tinte, die mit der Zeit verblaßt; Hefte, die man in den

1 Die Geschichte von unten und nicht von oben gesehen, sagt Lucien Febvre *(Combats pour l'Histoire)*.

Schubladen von Sekretären findet, rührend wegen des Gefühls, daß sie die Zugehörigkeit zu einer eigenen Vergangenheit aufdecken; aber auch wirkliche Geschichtsdokumente über die einzige Geschichte vielleicht, die es verdient, das Interesse der Fachleute zu wecken und festzuhalten. Es sind dieselben lebendigen Memoirenschreiber, die zugleich so unangenehme und beschränkte Gelehrte waren.

In den Großstädten, wo die Überreste der regionalen Vergangenheit sich verwischten, wo die Ereignisse der nationalen und internationalen Politik entscheidender, näher erschienen, kam der Sinn für die Vergangenheit in einer politischen und konservativen Geschichte zum Ausdruck. Die Familien mit einer besonderen Vergangenheit, ob nun mit royalistischer oder republikanischer Tradition, autoritär oder liberal, katholisch oder protestantisch, hüteten ein geschichtliches Erbe – ihre eigene Geschichte –, das sie vor dem Vergessen, vor Ansteckung bewahren mußten, um es der jungen Generation weiterzugeben. Unter den Bedingungen des modernen Lebens, oder wenigstens unter einigen dieser Bedingungen – der Einfluß der Großstädte, der Entwurzelung und Uniformierung (wie die Standardwohnung, das Seebad und das Wochenende) – wurden der Erhalt und die Weitergabe dieses Erbes schwieriger: man gewann den Eindruck, daß es keinen Sinn, keinen Nutzen, keinen Wert mehr hatte.

Keinen Sinn mehr: die Familientreffen wurden seltener, die um einen Grad entfernten Verwandten wurden zu Fremden. Keinen Nutzen mehr: die in der Vergangenheit geknüpften familiären Beziehungen wurden durch neue Beziehungen, Geschäftsbeziehungen, ersetzt. Trotzdem, auch wenn die jüngsten Generationen es versäumten, selbst legendäre Einzelheiten ihrer eigenen Vergangenheit kennenzulernen, so hüteten sie sich doch davor, die Existenz dieser Vergangenheit zu vergessen, und sie achteten darauf, deren soziale und politische Bedeutung zu bewahren. Überdies äußerte sich dieses Bemühen um Erhalt zwar nicht in einer Rückkehr zu den Traditionen der besonderen Gemeinschaften, aber in einer politischen Theorie der Tradition; diese Theorie stützte sich auf eine bestimmte abstrakte Geschichtskonzeption, nennen wir sie den konservativen Historizismus. Das ist offenbar die Gestalt, die das moderne Geschichtsbewußtsein in den Kreisen des städtischen Bürgertums angenommen hat: eine Art Kompromiß.

Der Eindruck der Bedrohung des historischen Erbes, ob es nun royalistisch oder jakobinisch war, hatte bei dessen Verwaltern eine konservative Reaktion zur Folge, eine Reaktion, die man in der gegenwärtigen Zeit auch bei den Mitgliedern der Linksparteien, außer bei den Marxisten, erkennen kann. Und diese historische Reaktion äußerte sich ganz natürlich in einem Heimweh nach dem Alten Frankreich, hier offen eingestanden und zur Schau gestellt, dort verschämter. Diese Rehabilitierung der royalistischen Vergangenheit begann mit der Gruppe, die R. Grousset die »kapetingische Schule des 20. Jahrhunderts« nennt; deren Initiator war Bainville (mehr Initiator als Lehrmeister, denn sein origineller Geist erlaubte ihm nicht, Schüler heranzuziehen, er hatte höchstens Nachahmer, die seine spröde und scharfe Manier bald aufgaben für eine farbigere und falschere Gattung). Aber der große Erfolg der in der Reihe »Grandes Études historiques« bei Fayard erschienenen Gattung weitete sich schnell über das royalistische Publikum hinaus auf breitergestreute Schichten aus – immer im Bereich dieses konservativen Publikums bedrohter Erben. Nach und nach machte das ungünstige Vorurteil gegenüber dem vorrevolutionären Frankreich einem günstigen Vorurteil Platz. Mit der Zeit erreichte dieses auch weiter links stehende Kreise. Ich hatte 1946 Gelegenheit, den Vortrag eines Hochschulhistorikers zu hören, eines Schülers von Mathiez mit Sympathien für Jaurès, der im allgemeinen keinen Hehl aus seinen fortschrittlichen demokratischen Neigungen machte. Sogar der breitkrempige Hut, den er trug, vervollständigte die Silhouette eines »Linken«. Es war in den Räumen eines alten Hôtel. Der Vortragende kam dazu, in groben Zügen die Anfänge der französischen Revolution, deren bester Kenner er heute ist, in Erinnerung zu rufen. Er sprach zu einem Publikum aus Leuten von Welt und ließ sich von seiner Improvisation hinreißen. Er bestand auf dem aristokratischen Charakter, à la Washington, dieser ersten Revolution, die Mathiez die adlige Revolution nannte. Und er hielt sich lange bei ihrem Mißerfolg auf. Nichts Neues. Aber der Ton änderte sich, nämlich dann, als der Vortragende sich erlaubte, diesen Mißerfolg zu bedauern: »Wie sollte man angesichts der düsteren Geschichte, die wir soeben gelebt haben«, sagte er ungefähr, »nicht den brutalen und blutigen Abbruch einer Evolution bedauern, die, weiter anhaltend und ohne Brüche, einen Verlauf genommen hätte, von dem uns die Geschichte der Vereinigten Staaten eine Vorstellung geben kann!« Auf den Ruinen des Abendlandes fand der alte Jakobiner mit dem großen Hut das Gespür für das Erbe wieder, für das überkommene Kapital, das ohne eine menschliche Regression nicht untergeht. Der Hochschulhistoriker litt, sicher unwillentlich, unter jenem Heimweh nach der Vergangenheit, das am royalistischen Ursprung einer historischen Gattung stand, die er im übrigen verachtete.

Ich zitiere diese Anekdote, um die Bedeutung der apologetischen Strömung zu unterstreichen, die die Konservativen, die immerhin ihre besondere Geschichte zu bewahren hatten, zur Rehabilitierung und nostalgischen Verklärung des Alten Frankreich trieb.

Jetzt gilt es zu untersuchen, zu welcher Haltung vor der Geschichte diese konservative Strömung führt, so wie wir es soeben bei der marxistisch-revolutionären Strömung versucht haben.

Ebenso wie die marxistische Strömung von einer konkreten und gelebten Erfahrung ausgehend, hat sie nicht aufgehört, sich von dieser zu entfernen, oder hat sich vielmehr abrupt von ihr abgewandt. Es gab keinen Übergang von der eigenen zur allgemeinen Geschichte: die regionale Geschichte hätte als Bindeglied dienen können, so wie sie es in England tat, wo die regionalen Bio- und Monographien einen bedeutenden Platz in der Literatur einnehmen. Wir wissen, wie es damit in Frankreich bestellt war: das konservative Publikum der Großstädte liebt nicht die regionale Geschichte, die Monographien, und die Verleger, die seinen Geschmack kennen, nehmen sich vor dieser Gattung sehr in acht. Der Bourgeois bevorzugt die auf Tatsachen beruhende politische Geschichte und sucht darin, abgesehen vom romanhaften und bildhaften Aspekt, eine gewisse Interpretation der Mechanik der Fakten, so wie in der *Histoire de France*, der *Histoire de deux peuples* und dem *Napoléon* Bainvilles.

Diese Geschichte ist vor allem eine Geschichte der politischen Fakten. Wäre sie ökonomischer Art gewesen, so wäre es dasselbe. Die Fakten, die sie ausmachen, sind nicht mehr einzigartig und konkret. Sie enthalten immer einen bedeutenden Anteil an Verallgemeinerung.

Nehmen wir ein Beispiel. Es gibt zwei Möglichkeiten, eine historische Bewegung, sagen wir die Kommunistische Partei, zu untersuchen. Man könnte die Geschichte der Partei schreiben. Im Lichte ihrer Archive wird man zunächst das Organisationssystem beschreiben, das ihr eine Einheit gegeben hat, eine politische Existenz, das heißt ihre Instanzen; danach die von diesen Instanzen gefällten Entscheidungen, das heißt ihre Politik. Wenn man so verfährt, schreibt man die Geschichte einer Institution und einer Politik. Aber man kann auch, mit Hilfe viel schwieriger zu sammelnder und zu interpretierender Zeugnisse, definieren, was einen Kommunisten von einem anderen Partisanen unterscheidet in seinem Empfinden, in seinem privaten und gesellschaftlichen Verhalten. Wenn man so verfährt, schreibt man die Geschichte von Verhaltensweisen.

Im ersten Fall ist der Gegenstand der Geschichte eine Architektur, in der die menschlichen Elemente ihre Individualität eingebüßt haben. Im zweiten Fall ist es die Eigenheit gerade der Menschen, die der Historiker festhält. Es sei zugegeben, daß es nicht eben leicht ist, diese besondere Eigenheit wiederzufinden, da sie sehr bald ihre ursprüngliche Frische verliert. Das, was am Anfang einzigartig ist, besteht nicht fort, und die andauernden Phänomene gewinnen im Bewußtsein und Gedächtnis der Menschen ihre Konsistenz nur durch Abschwächung ihrer ursprünglichen Originalität.

Der konservative Historizismus verdrängt teilnahmslos die Eigenheiten der Sitten und Gebräuche, um sich an die Allgemeinheiten der Institutionen und der Politik zu klammern. Von den Individuen wird nur der beispielhafte Mensch in Erinnerung behalten, der große Mensch: Alexander, Ludwig XIV., Napoleon. Diese Beschränkung in der Themenwahl ist eine der ersten Regeln der Gattung, die sich sowohl die seriösen Historiker, wie Bainville, als auch die mittelmäßigen populärwissenschaftlichen Schriftsteller, wie Auguste Bailly, auferlegen. Die einen wie die anderen führen dann das malerische Element wieder ein durch anachronistische Anspielungen auf die Modernität der Epoche, die sie beschreiben, und wenden so auf ihre Weise ihre zweite Regel an: es gibt keinen Unterschied der Zeiten.

Wie könnte dieser auch bestehen auf dem Niveau der Verallgemeinerung, auf dem diese Historiker sich zu bewegen belieben? Und das ist der tiefere Grund, weshalb sie mehr oder weniger bewußt alle Themen ausschließen, bei denen der Mensch einer bestimmten, auf andere nicht reduzierbaren Zeit in einem zu hellen Licht erscheinen würde.

Sie denken: »Wir machen uns über die Klassiker des Großen Jahrhunderts lustig, die Chlodwig mit einer Perücke Ludwigs XIV. putzten. Aber hatten sie denn unrecht? Die Fremdartigkeiten der Kostüme, der Moden, der Sitten, das sind oberflächliche Unterschiede. Es wäre wenig seriös, sich damit aufzuhalten, man verlöre nur seine Zeit. Die Rolle des Historikers ist es vielmehr, unter diesen verschiedenartigen Äußerlichkeiten den ewigen, sich immer gleichbleibenden Menschen auszumachen. Zum Beispiel die Mandarine von Voltaire, die wie Philosophen des 18. Jahrhunderts dachten. Die grundlegenden Empfindungen des Menschen haben sich nicht verändert: es sind immer die Liebe, der Haß, der Ehrgeiz ... Und dieselbe Übereinstimmung findet man im Dasein der Gemeinwesen wieder. Monarchie, Tyrannei, Aristokratie, Demokratie, Demagogie kennzeichnen die Herrschaftsformen seit Platon und Aristoteles bis hin zu Hitler und Stalin.«

Es ist seltsam, in unserer Zeit auf dem Grunde einer historischen Gattung jenes Gefühl zu finden, das ehemals die Schriftsteller, die für den Unterschied der Zeiten wenig sensibel waren, von der Geschichte gerade wegführte. So war es im Mittelalter, als die Zeiten teleskopisch waren, als Konstantin und Karl der Große, Vergil und Dante Zeitgenossen zu sein schienen. Genauso in der Renaissance, wo das Bestreben, es den Alten gleichzutun, den Lauf der Zeitalter auf den Kopf stellte, wo jede Anstrengung darauf hinauslief, die Gegenwart mit der Antike zu identifizieren. Man kennt die sonderbare Geschichte von der Galeere, dieser archäologischen Rekonstruktion anhand von griechischen und lateinischen Texten; die Humanisten, die diese Galeere bauten, waren am technischen Fortschritt der Seefahrervölker zur Zeit der großen Entdeckungen nicht interessiert. Bedeutende Kapitäne belagerten damals die Städte, indem sie sich bei alten Autoren Rat holten, und der König von Sizilien, Ferdinand, eroberte Neapel, indem er eine List des byzantinischen Strategen Belisar wiederholte. Ein Postulat der absoluten Gleichheit ihrer Zeit mit der Antike hat bei den Menschen der Renaissance den historischen Sinn für den Unterschied der Zeiten und der Menschen wieder getrübt, der bereits gegen Ende des Mittelalters aufgetaucht war, zur Zeit der florentinischen Chronisten und von Philippe de Commines. Die Anstrengung des ausgehenden Mittelalters, die Geschichte in ihrer Vielschichtigkeit zu erfassen, wurde unterbrochen durch den Triumph des Begriffs des klassischen Menschen, der bis zum 18. Jahrhundert beherrschend blieb. Erst dann kann man wieder ein – übrigens noch stark mit klassischem Humanismus durchsetztes – Bemühen um die Geschichte auftauchen sehen: von dem Augenblick an, da sich mit Montesquieu und Vico, mit den Reisenden und den Erforschern exotischer Länder die Idee einer Differenzierung der Menschen verbreitet. Aber das ist zunächst nur eine Tendenz, die sich erst später, in der Romantik, entwickeln wird. Der gute Wilde und der weise Mandarin sind noch Menschen aller Zeiten und aller Orte.

Die Historiker der konservativen Bourgeoisien haben dem Begriff des klassischen Menschen die Idee des Fortschritts, der Evolution entgegengestellt, die bereits eine Idee der Linken war. Genau so, wie man gegen Michelets Dynamik der Massen die Rolle der großen Persönlichkeiten à la Carlyle ausspielte, so begegnete man der Idee eines geistigen Fortschritts mit der einer Identität, manchmal auch einer zyklischen Wiederkehr.

Der klassische Begriff des ewigen Menschen, der das Entstehen eines historischen Bewußtseins um mehrere Jahrhunderte hinausgezögert hatte, wurde nun aber zur Grundlage einer historischen Interpretation der Welt. Es war der Augenblick, da die Erben des klassischen Geschmacks, die Schüler der Jesuiten und der schönen Wissenschaften, wohl oder übel auf den Kampfplatz der Geschichte hinabstiegen. Der Sog, der die Menschen des 20. Jahrhunderts zur Vergangenheit hinzog, war so gewaltig, daß man nicht mehr umhin konnte, einen Begriff zu historisieren, der im Grunde anti-historisch war. Diese geschichtliche Verkleidung des klassischen Humanismus endete in einer Sackgasse, in einer Mechanisierung der mannigfaltigen und mysteriösen Existenz der Menschheit. Die so verstandene Geschichte wurde zu einer Sammlung von Wiederholungen, die die Bedeutung von Gesetzen annahmen.

Auf dem Niveau der Verallgemeinerung, auf dem er sich befindet, urteilt der konservative Historizismus, ebenso wie der Marxismus, im Namen von Durchschnittswerten, sowohl im kollektiven als auch im psychologischen Bereich. Liebe, Ehrgeiz, so wie man sie bei den alten Moralisten, bei Plutarch oder Livius fand, sind als geschichtliche Begriffe nur Durchschnittswerte, ungenügend, um diese gewisse Liebe, diesen gewissen Ehrgeiz, wie sie sich bei einer bestimmten Person zu einem bestimmten Zeitpunkt äußern, genau zu beschreiben. Ebenso ist die Institution oder die Aktivität der Institution, die wir Politik nennen, nur eine Reduzierung auf den Durchschnitt der individuellen oder kollektiven Elemente, die die innere Struktur der Institution bilden.

Die Institution ist das Organ, das es einem Volk oder einer Gruppe erlaubt, seine Einheit zu erfahren und leistungsfähig zu leben. aber sie kennzeichnet nicht direkt eine Haltung, eine Seinsweise. Sie ähnelt vielmehr einem Schutzschirm, der notwendig ist zum Handeln, der sich aber zwischen den Historiker und die lebendige Komplexität schiebt. Indem sie sich bildet, verliert die Institution zwangsläufig die Eigenheit der Sitten und Gebräuche, die ihre Entstehung bedingt haben und die es ihr erlauben fortzubestehen (daher eine Verschiebung, denn meistens überlebt die Institution die Sitten). Sie gewinnt, indem sie sich von ihrem konkreten und persönlichen Ursprung entfernt, ein Maß an Verallgemeinerung, das sie allen anderen Institutionen ähnlich macht, die ihr vorangegangen sind oder die ihr folgen werden. Es ist dieses Maß an Verallgemeinerung, das Gegenstand des konservativen Historizismus wird.

Auf dieser durchschnittlichen Ebene sind die Hauptdarsteller nicht mehr verschiedene Menschen, sondern Funktionäre des Staates, der Partei, der Revolution etc. – stets Funktionäre einer Institution. Man fragt sich, warum diese Historiker, in der Tradition der alten Moralisten, fortführen, auf die derart von der Vernunft der Institution determinierten Menschen die psychologischen Kategorien anzuwenden, die für den privaten Menschen vorgesehen waren: Liebe, Haß, Ehrgeiz etc. Übrigens führte seine Unerbittlichkeit Jacques Bainville dazu, diese Rückgriffe auf die individuelle Psychologie aufzugeben und sich auf die einzigen Motive zu beschränken, die in der durchschnittlichen Welt der Institutionen überleben.

Diese Motive unterliegen nicht mehr den besonderen Bedingungen der Zeit und des Raums, die nicht miteinander zu vergleichen sind; vielmehr werden die Phänomene von Gesetzen gelenkt, die sich von ihrer Wiederholung im Laufe der Geschichte herleiten. Die Geschichte erlaubt es also, diese Gesetze zu entwickeln als notwendige Einleitung zu einer Philosophie des Gemeinwesens und einer experimentellen Politik. Daraus wird eine Physik, die auf anderen Forderungen gründet als der historische Materialismus, aber gleichwohl eine mechanistische Physik ist. Die eine tendiert zum revolutionären Umsturz, dank der ökonomisch-technischen Evolution, die andere zielt auf Erhalt, indem die Faktoren der Unterschiedlichkeit auf einen durchschnittlichen und konstanten Typus reduziert werden; beide aber ignorieren das wirkliche geschichtliche Interesse, so wie es am Ursprung in einem sei's globalen, sei's partikulären Bewußtsein von der Vergangenheit in Erscheinung getreten war.

Man mag sich fragen, wie jene, die eine konkrete und persönliche Erfahrung ihrer Geschichte hatten, sich mit einem derart deformierten und abstrakten Bild der Großen Geschichte zufrieden geben konnten.

Es gibt gewiß mehrere Ursachen für diesen Wechsel vom Konkreten zum Abstrakten. Zunächst überdauerte im Rahmen dieser Literatur ein vertrautes und lebendiges Element, das der Leser hinzufügte: das Heimweh nach der Vergangenheit, das Bedürfnis, in dieser nationalen und politischen Vergangenheit die persönliche und besondere Vergangenheit jeder Familie wieder zu Ehren kommen zu lassen. Der Bruch der Revolution von 1789 behinderte den Übergang von der besonderen zur allgemeinen Geschichte. Zwei voneinander ganz unabhängige Elemente liegen also dem konservativen Historizismus zugrunde: ein Heimweh, aus der familiären Folklore geschöpft, und eine Wissenschaft positivistischer Art, die Gesetze festzulegen sucht. Das Heimweh ermöglichte die Aneignung des Positivismus.

Aber es gibt auch einen weiteren Grund, der mit der Struktur eben dieser konservativen Gemeinschaften zuammenhängt, mit ihrer Verschlossenheit gegenüber einer als feindlich vorgestellten und, in der Tat, oft feindlichen Welt. Diese Gemeinschaften wurden sich ihrer historischen Existenz, die unmittelbar zu leben ihnen einst genügte, dadurch bewußt, daß sie sich gegen die modernen Kräfte wehrten, die ihre Besonderheit bedrohten. Also hörte diese Besonderheit auf, eine Aufgeschlossenheit zu sein; sie wurde zu einem Widerstand. Aus dem Innern ihrer Geschichte, wie aus einer Festung heraus, verweigerten sich die konservativen Gemeinschaften der Freundschaft der Geschichte. Sie haben nicht verstanden, daß ihre ursprünglichen Traditionen nur einen Wert hätten, wenn sie sie in die große, kollektive Geschichte einbrächten, wenn ihre Unterschiedlichkeiten unverändert mit allen anderen, alt überlieferten oder gestern entstandenen Traditionen zusammengefaßt würden, auch mit allem, was keine Tradition hatte, mit Abenteurern und Entwurzelten der Geschichte. Sie weigerten sich jedoch, all das, was ihnen fremd war, aufzunehmen und sich damit auseinanderzusetzen.

Diese Abkapselung im Schutze des Polsters der Erinnerungen und Gewohnheiten der Familie ist ein Phänomen der »viktorianischen« Epoche, das in Verbindung steht mit der Spezialisierung der gesellschaftlichen Klassen zu immer abgeschlosseneren und vor allem einander fremderen Untergruppen. Niemals, im gesamten Abendland, hat die eine Klasse von der anderen weniger gewußt als in der zweiten Hälfte des 19. Jahrhunderts. Man lebte in der Absicht, sich auf seine begrenzte Welt zu beschränken, in seinem Viertel, mit seinen Bekanntschaften, ohne irgendeinen Austausch mit den benachbarten Welten. Aber die kosmische Bewegung, die die Menschen, unter welchen Bedingungen sie auch lebten, in einen teuflischen Kreis von Krieg und Revolution zerrte, zwang diese konservativen Gemeinschaften, über die Schranken ihres Geheges hinauszuschauen, sich für das Leben der Nationen und Staaten zu interessieren. Dabei entfernten sie freilich jeden neuen Faktor aus der Geschichte, sofern er der Idee, die sie sich von der auf ihrem Niveau stehengebliebenen Vergangenheit machten, fremd war.

Der Lauf der Welt entsteht aus dem Konflikt der besonderen Traditionen, der absterbenden, der überlebenden, der neu entstehenden. Alle sind in gleicher Weise anziehend, weil sie Haltungen der Menschen gegenüber ihrem Schicksal sind: unter besonderen Bedingungen und zu einem gegebenen Zeitpunkt. Sie sind in gleicher Weise anziehend und, aus denselben Gründen, von Grund auf verschieden und nicht auf einen Durchschnittswert reduzierbar. Die konservativen Gemeinschaften, die an ihren Traditionen festhielten, weil sie diese als die einzig wertvollen erachteten, sogar als die einzig wirklichen, verweigerten die Konfrontation mit den Traditionen der anderen. Der Historizismus erlaubte es ihnen, in die Vergangenheit zu reisen und dabei taub zu bleiben für den Appell der Verschiedenheit der Traditionen, diesen besorgten Appell an eine Solidarität, die jene Unterschiede gleichwohl bewahrt hätte. Er betäubte die Geschichte, indem er ihr alle Farben nahm. Die Traditionen der Sitten und Gebräuche, die man unmöglich verallgemeinern kann, ersetzte er durch eine Mechanik der objektiven und durch Gesetze geregelten Kräfte. So konnte man, ohne sein Gehege zu verlassen, die Welt erklären. Das war bequem und nützlich: ähnlich wie das Lesen von Abenteuerromanen in Pantoffeln vor dem Kamin.

Ob aus dem einen oder dem anderen Grunde, der Appell der Geschichte, das muß man erkennen, ist nie unmittelbar und unverfälscht wahrgenommen worden. Das Dröhnen der öffentlichen Ereignisse: Krieg, Krise, Revolution, hat im 20. Jahrhundert das Leben der besonderen Gruppen erschüttert. Nicht immer zerstörte der Schock die Bindung dieser Gruppen an ihre eigenen Traditionen. Aber das jetzt geweckte Interesse für die großen kollektiven Strömungen stützte sich nicht auf eine konkrete Erfahrung vom sozialen Leben, die ein jeder in seiner eigenen kleinen Welt gemacht hatte. Mit der Geschichte konfrontiert, konstruierte man, sowohl links als auch rechts, sofort eine abstrakte Maschine, deren Gesetze zu kennen man vorgab.

Zwischen dem Heimweh nach der Vergangenheit oder der

Hingabe an die Kräfte der Zukunft – beides gelebte Erfahrungen – und der positiven Kenntnis der Geschichte gab es keine direkte Beziehung. Deshalb blieb die Geschichtsliteratur entweder eine oberflächliche Gattung oder ein Monopol der Fachleute, am Rande des Lebens der modernen Ideen. Deshalb auch gelten Geschichtswerke immer noch als entweder zu oberflächlich oder zu technisch. Sie rufen keine leidenschaftlichen Debatten in der intellektuellen Welt hervor, die trotz ihrer Sorge um die von unserer Situation gestellten Probleme ihnen gegenüber gleichgültig bleibt. Dem Historiker gelang es nicht, auf eine Beunruhigung zu antworten, deren Adressat eher der Philosoph, der Politiker, der Soziologe war.

1947

Drittes Kapitel

Das Engagement des modernen Menschen in der Geschichte

Man kann sagen, daß es von jetzt an kein privates Leben mehr gibt, das sich vom öffentlichen Leben unterscheidet, und keine für die Gewissensfragen der öffentlichen Moral unempfängliche private Moral. In ganz Europa, die Sowjetunion eingeschlossen, muß man mit vielen Millionen die Zahl der *displaced persons* beziffern, die ihrem traditionellen Lebensbereich entrissen, in Arbeits-, Gefängnis- und Vernichtungslager deportiert worden sind. *Displaced persons*: das ist ein neuer Begriff unserer internationalen Kultur. Viele Millionen: das ist eine Population, die sich mit der von Frankreich vergleichen läßt. Man denke an die Auswirkungen dieser Entwurzelung von Tausenden von Menschen bei denen, die geblieben sind, und dort, wo sich die Lager befinden. Seit 1940 ist die um 1850 mit der Eisenbahn eröffnete triumphale Ära abgeschlossen, die in der Geschichte einzigartige Epoche, in der die Menschen die Furcht vor dem Hunger vergessen hatten. Die Hungersnot ist in anderer Gestalt als zur Zeit der Hungerepidemien wiedergekehrt, in einer um so schärferen und qualvolleren Form, da eine Technik und ein Heimweh sie begleiten.

Und schließlich: die Politisierung des privaten Lebens ist nun endgültig vollzogen; das ist eine Tatsache von entscheidender Bedeutung.

Lange Zeit war das private Leben geschützt vor dem Druck des Kollektiven. Nicht so in der Antike: in den weit zurückliegenden archaischen Epochen vermuten die Historiker eine gesellschaftliche Struktur nach Alters- und Geschlechtsklassen, die die Familie auf den zweiten Rang verweist. Seit der Zeit allerdings, als die Familie zur wesentlichen und elementaren Zelle wurde, richtete sich das private Leben am Rande der Geschichte ein. Von da an blieb die große Masse für die kollektiven Mythen unempfänglich: die einen, am zahlreichsten vertreten, weil sie ungebildet waren, ohne politische Reife, wie fast die gesamte Arbeiterschaft vor der Gründung eines organisierten Gewerkschaftswesens gegen Ende des 19. Jahrhunderts. Die anderen, weil sie eine eigene Geschichte hatten, die sie schützte: die ihrer Familie, ihrer Bezugsgruppe, ihrer Klasse. Ein Bankangestellter konnte ohne allzu große politische Sorge leben und ohne am öffentlichen Leben teilzuhaben, es sei denn am flammenden Patriotismus anläßlich einer Kriegsdrohung oder als militärisches Opfer im Kriegsfall. Aber jeder weiß heute aus Erfahrung, daß in der Armee weder die Unterwerfung unter die härteste Disziplin noch die heldenhafte Haltung im Kampf das totale Engagement der Gewissen und Herzen bedeuten muß: der Soldat ist viel weniger leidenschaftlich als der politische Aktivist!

Es hatte im Laufe des 19. Jahrhunderts sehr wohl Ankündigungen von Krisen gegeben: die Dreyfus-Affäre zum Beispiel, mit der die politische Parteinahme in das Innere der Familien Einzug hielt. Ich möchte sagen, daß man dort, wo man sich bisher durch seine Veranlagung, seine Neigungen und Gewohnheiten abgrenzte, sich nun vor allem durch seine Zugehörigkeit zu einer bestimmten Politik zu charakterisieren begann. Für oder gegen Dreyfus. Uns näher, in Familien wie der meinen! *Action française* oder *Sillon*. Aber diese Politisierung der privaten Lebens- und Umfangsformen war noch recht oberflächlich und beschränkt; beschränkt auf ziemlich enge Kreise.

Nach 1940 mußten sich alle entscheiden, ohne Ausnahme; sich entscheiden oder so tun als ob, was für denjenigen, der Lebensgewohnheiten charakterisieren will, auf dasselbe hinausläuft. Man mußte für den Marschall oder für de Gaulle sein, für oder gegen die Kollaboration, für den Widerstand oder für Giraud, für London oder für Vichy oder für Algier. Es kam sogar der Augenblick, da, stärker als der ansteckende Druck der Meinungen, physischer Zwang die Wahl einer Seite auferlegte. Angesichts des Arbeitsdienstes hieß es entweder nach Deutschland zu fahren oder den Widerstand zu wählen; oder sich hinter einer privilegierten Stellung zu verstecken! Haltungen, die mehr oder weniger drei politische Richtungen bedeuteten.

Nach der Befreiung gab es Hunderttausende von Anschuldigungen, Denunzierungen, Hinrichtungen. Derartige Zahlen bezeugen ein in der Geschichte ganz und gar neues Maß an politischer Leidenschaft: unsere große Revolution erscheint winzig vor einer so mächtigen Bewegung der Interessen und Leidenschaften. Niemand ist teilnahmslos, das Risiko von Gefängnis und Hinrichtung wird einkalkuliert.

Im Schoß einer Familie geht es nicht mehr nur um private Beziehungen; die Politik trägt ihre Konflikte auch hier herein. Es kann gelingen, sie zu bewältigen, aber man muß sich Mühe geben, und es ist nicht mehr der ziemlich desinteressierte Liberalismus von einst, wo die Politik im Grunde kaum wichtig war, weil sie nicht gleich alles in Frage stellte.[1] Tatsächlich handelt es sich nicht mehr um Politik im klassischen Sinne des Wortes, sondern um einen ungeheuerlichen Überfall der Geschichte auf den Menschen.

Im Frankreich der letzten Jahre haben wir die Entwicklung dieses Phänomens miterlebt. Aber es gibt Länder, in denen diese Bewegung einer Politisierung der Lebensgewohnheiten in viel umfangreicherem und spannungsvollerem Maße stattgefunden hat.

In einem ausgezeichneten, kürzlich in den USA erschienenen kleinen Buch läßt Pearl S. Buck[2] eine nach New York geflüchtete Deutsche, die sie genauestens befragt, zu Worte kommen. Die Familie von Pustau lebte bis zum Jahre 1914 in einer Mischung aus familiärer Feindseligkeit und moralischer Einheit; ich will sagen, daß die Charaktere, die Temperamente aneinanderstießen, ohne daß die Unterschiede der politischen Traditionen eine Rolle gespielt hätten. Der Achtundvierziger-Liberalismus des Vaters, der »viktorianische« Konservatismus der Mutter bestanden schlecht oder recht nebeneinander. Aber nach der Niederlage, der Inflation zersplittert die gesamte Familie, sie zersplittert infolge der neuen politischen Oppositionen. Die Eltern schließen sich, trotz ihrer ehemaligen Meinungsverschiedenheiten, dem Nazismus an. Eine Tochter, die Erzählerin, heiratet einen sozialistischen Theoretiker. Eine an-

---

1 In vielen Familien des 19. Jahrhunderts waren die Männer antikirchlich, republikanisch, sogar sozialistisch gesinnt, und die Frauen blieben praktizierende Katholikinnen und königstreu.

2 Pearl S. Buck, *So kommt's dazu*, 1948.

dere sympathisiert mit dem feudalen Konservatismus der Junker. Und dieses politische Engagement nimmt den ersten Platz unter den Sorgen des täglichen Lebens ein. Es macht ein gemeinsames Leben unmöglich und verschlimmert den heimlichen Groll dort, wo die ehemalige Einheit, koste es was es wolle, gewahrt worden war, trotz der Unverträglichkeiten der Launen.

Heute ist man Faschist oder Sozialist oder Christdemokrat, genau so, wie man blond oder braun ist, dick oder dünn, sanft oder gewalttätig, fröhlich oder traurig. Die politische Haltung ist in unsere Struktur eingegangen.

Wie wir im vorhergehenden Kapitel sagten, haben in Frankreich um 1914 und zwischen den beiden Weltkriegen die ersten Appelle der Geschichte eine literarische Gattung hervorgebracht, den konservativen Historizismus. Heute befördert der endgültige Überfall der Geschichte den Aufstieg einer neuen Gattung: der Zeugenaussage. Man muß einen Augenblick dabei verweilen, denn dieses Auftauchen der Zeugenaussage ist das Merkmal unseres Engagements in der Geschichte. Was verstehen wir unter »Zeugenaussage«? Nehmen wir zunächst einige Ausschließungen vor.

Zeugenaussagen sind keine Memoiren. Man kann sagen, daß Memoiren Zeitzeugnisse sind ohne die unmittelbare und unabweisliche Beziehung der privaten Person zur Geschichte. Memoiren sind eine Gattung, die man deutlich als überholt und veraltet empfindet. Ein junger Schriftsteller, der einem seiner Ahnen einige Seiten vorlas, in denen autobiographische Absichten anklangen, mußte sich sagen lassen: »Sie sind eigentlich zu jung, um Ihre Memoiren zu schreiben.« Heute schreiben nur Staatsmänner oder alte Schauspieler ihre Memoiren. Caillaux, Poincaré, Paléologue, Menschen eines anderen Jahrhunderts. So zögert Paul Reynaud, ein Werk »Memoiren« zu nennen, das er noch vor zwanzig Jahren so betitelt hätte.

Schon früher gab es Memoiren von Staatsmännern: Plädoyers *pro domo* vor dem, was man damals den »Richterstuhl der Geschichte« nannte. Aber wie viele andere Leute, die ein wenig mit der Feder umzugehen wußten, begannen auf ihre alten Tage, ihre Erinnerungen, ihre Memoiren zu schreiben, sei es für ihre Nachkommen, sei es für die Öffentlichkeit.

Heute noch werden Verlegern, die auf diese Art von Publikationen spezialisiert sind, sorgfältig geschriebene Manuskripte in der alten Machart angeboten: Memoiren, die von Generation zu Generation überliefert wurden, seit manchmal anderthalb Jahrhunderten, und deren Veröffentlichung die Erben plötzlich wagen. Manchmal betreffen diese Memoiren die besondere Geschichte einer Familie, sie wurden zur Unterweisung der jungen Generationen geschrieben. Meistens aber schildern diese Memoiren die Aspekte des politischen Lebens, so wie der Memoirenschreiber sie gesehen hat, je nachdem, ob er als Zeuge oder als Handelnder darin verwickelt war: Kriege, Revolutionen, das Leben der Mächtigen, das Leben am Hofe usw. Es sind dies in Wirklichkeit Berichte von Reisen ins Land der Fürsten, der Staatsmänner, in Bereiche des öffentlichen Lebens.

So sind Memoiren unmittelbare Anmerkungen entweder zum privaten oder zum öffentlichen Leben, nie aber zur Beziehung von privatem und öffentlichem Leben. Der frühere Mensch, sagen wir genauer: der Mensch des Ancien Régime oder des 19. Jahrhundert, hatte unabhängig voneinander ein öffentliches und ein privates Leben. Nicht so der heutige Mensch.

Die Zeugenaussage ist auch nicht die Erzählung eines Zuschauers oder der Bericht eines Handelnden: ein Bericht, der genau, vollständig, objektiv sein will. Nicht jedes zeitgenössische Dokument eines Ereignisses ist eine Zeugenaussage.

Ein Bericht kann zutreffend, genau, sogar farbig sein; aber er legt kein Zeugnis ab, wenn er sich nicht als den bis in die kleinste Besonderheit beispielhaften Fall einer Lebensform in einem ganz bestimmten Augenblick der Geschichte erweist.

Ebenso gehören die klassischen Reportage und der traditionelle »Reisebericht« nicht zur Zeugenaussage. Sie ist keine farbige Schilderung, zum Vergnügen, wie es der Anspruch der gelungenen Reportage ist. Die ehemalige Form des Reiseberichts führte ihren Autor mitten durch fremde Lebenswelten und exotische Landschaften. Der Autor bemühte sich, den Leser zugleich zu entrücken und zu belehren. Das hatte etwas von Poesie und von Ethnologie. Allerdings ließ der Reisebericht das beiseite, was wir als das Wesentliche beurteilen: die Einführung in die Große Geschichte – in unsere –, nicht in die von exotischen Gemeinschaften, sondern von unserer Existenz in ihrer Besonderheit, die es wie einen Roman zu erzählen und zu entwickeln gilt. Der Reisebericht gibt nüchtern konkrete Beobachtungen wieder. Die Zeugenaussage begnügt sich damit, die Besonderheiten einer Existenz zu liefern, die weniger von außen beobachtet als mit Sympathie erlebt ist.

Vielleicht hat man an Hand dieser negativen Exegese schon erraten, was wir unter Zeugenaussage verstehen. Geben wir nun einige Beispiele.

In der französischsprachigen Literatur gibt es wenige. Vielleicht gehören die *Déracinés* von Barrès zu den Vorläufern dieser Gattung. Wir haben eine Tradition des klassischen Universalismus und der literarischen Preziosität (im Sinne einer Salonliteratur für Leute von Welt oder Menschen mit Muße, unberührt von dem mühsamen Ringen der Geschichte), die zur Innerlichkeit führt, die von der komplizierten Welt der menschlichen Beziehungen wegführt, hin zur inneren Welt der *Prinzessin von Kleve* oder des *Großen Meaulnes*. Der bürgerliche Leser der Städte hat lange Zeit hartnäckig darauf bestanden, von der Literatur etwas anderes zu verlangen als ein Bewußtmachen der Conditio humana innerhalb der Geschichte.[3]

Ich sehe in den Erzeugnissen, die unsere Krisen und unsere Kriege bis 1939 begleitet haben, kein den *Geächteten* (1930) von Ernst von Salomon vergleichbares Werk. Dieses meisterliche Buch, das auf die Generation, die 1940 zwischen 25 und 35 Jahre alt war, einen großen Einfluß hatte, scheint mir die Grundform der Zeugenaussage zu sein, die erste, denn sie ist an die nationalsozialistische Machtübernahme gebunden, und der Nazismus war, mit dem Kommunismus, die erste aufsehenerregende Offenbarung jener Politisierung des Menschen, die unsere Epoche kennzeichnet. Man kennt das Thema der *Geächteten.* Es ist die Geschichte junger Deutscher, die, zum Kampf abgerichtet, durch die Niederlage von 1918 zu schnell entwaffnet waren, die

3 Eigentlich ist dieser Zug unserer Geschichte eines der Merkmale des Klassizismus, und trotz der heute unterstrichenen Bedeutung der abstrakten, realistischen, barocken, romantischen Perioden ist es schwierig, darin nicht eine unserer französischen Beständigkeiten zu erkennen.

ihr Heimweh und ihre Verzweiflung mit sich schleppten in die Freikorps gegen die Sowjets nach außen und gegen die Kommunisten im Innern und schließlich hinein in Revolte, in Brutalität und Mord: die Ermordung von Rathenau. Es ist dies die tragische Zeugenaussage eines Präfaschisten: keine Darlegung der Motive, auch keine Rechtfertigung; keine analytische Erklärung einer politischen oder sozialen Aktivität. Nein: der bin ich und so lebe ich. Mein Wesen und mein Leben sind meine Rechtfertigung, weil ich in dieser Geschichte bin und lebe, die mein Drama ist, in dem ich liebe, leide, töte und sterbe.

Der Einfluß, den dieses Buch ausgeübt hat (obwohl es eine Übersetzung aus dem Deutschen war), bezeugt, welchen Reiz jenes persönliche Bewußtsein von der Geschichte für die jungen französischen Generationen hatte. Eine starke Tradition, nämlich die des konservativen Historizismus, hielt sie zurück. In den streng orthodoxen Kreisen der Action française mißtraute man den *Geächteten;* man befand zu Recht, daß ihnen der Geruch des Faschismus anhaftete.[4] Diese Zügel wirkten sich selbst auf diejenigen aus, die glaubten, ihnen zu entschlüpfen. Das sehr bewegende Tagebuch, das R. Brasillach im Gefängnis verfaßt hat, vor einem Urteil, das er im voraus kannte, hat nichts vom Ton eines Zeugen vor der Geschichte. Es ist das Drama einer empfindsamen und nostalgischen Jugend, nicht die Zeugenaussage eines französichen Faschisten. Es ist noch eine Beichte, ein intimes Tagebuch.

Dagegen liegt uns mit dem kürzlich erschienenen Werk David Roussets, *L'Univers concentrationnaire* und *Les Jours de notre mort*, die authentischste Zeugenaussage vor. (Halten wir fest, daß bis auf wenige Ausnahmen der Zeuge der modernen Welt wenn nicht ein Aufrührer, so wenigstens ein Held ohne Vergangenheit ist, von den antiken Traditionen der Kultur- und Gefühlswelt des christlichen Abendlandes abgeschnitten. Dieser Bruch hinterläßt rastlose Unruhe, Bitterkeit. Der Mensch,

---

4 Man kann sich fragen, warum sich der Faschismus im Frankreich der dreißiger Jahre nicht stärker entwickelt hat. Genau deshalb, weil er in den nationalistischen Kreisen, wo er bereits keimte, auf den Widerstand der *Action française* stieß, die ihn im Ansatz erstickte.

der noch im Innern seiner eigenen, besonderen Geschichte lebt, selbst wenn er für die Schwingungen der Großen Geschichte empfänglich ist, verspürt ein Gefühl der Sicherheit oder des Friedens; er kann besiegt werden; er ist jedoch ohne Unruhe, und keine Angstgefühle treiben ihn dazu, seine Zeugenaussage wie einen Appell herauszuschreien.)

Das Werk von David Rousset ist weder eine Reportage noch eine objektive Beschreibung der Konzentrationslager, so ehrlich es auch sein mag. Einige werden vorbringen können, daß das Bild unvollständig sei, daß insbesondere das religiöse Leben in Gestalt von innerer Unruhe oder Opfer fehle. Aber es ist gerade sein partielles und lückenhaftes Wesen, was diesem Werk den Charakter der Zeugenaussage verleiht: Ich beschreibe nicht als Beobachter oder von innen her, was ich gesehen habe, auch nicht alles, was ich gesehen habe; wichtig ist allein, inwiefern mein Leben in diesem Universum, in seinem täglichen, plattesten Verlauf von einer Teilnahme an einer bestimmten Seinsweise in der Geschichte zeugt. Und diese Seinsweise bestimmt eine bis zur Karikatur verzerrte Empfindung und Moral, die aber dennoch für eine totalitäre Welt zutreffend sind. Denn das Universum der Konzentrationslager ist im Grunde nichts als eine apokalyptische Präfiguration des Universums von morgen, und die Pflicht, es zu leben, selbst bis an die Grenzen des Lebens, offenbart mir mein Schicksal als Mensch in der heutigen Geschichte. Das, was nicht vorhanden ist, insbesondere die vollständige Gleichgültigkeit gegenüber religiösen Fragen und gegenüber Erfahrungen auf religiöser Grundlage, die es zweifellos gab, ist bezeichnend für diese Verhärtung des Bewußtseins im Angesicht der Offenbarung einer neuen Welt. Die gesamte ehemalige Moral, die, mehr oder weniger aus dem Christentum übernommen, auf einem Begriff der persönlichen Rettung und der mystischen Kommunion gründet, verschwindet angesichts einer internen Logik, die uneingeschränkt das Empfindungsvermögen und die Lebensweisen politisiert. Um diese Welt zu leben und leben zu lassen, ist es notwendig, die alten persönlichen Reaktionen des Mitleids und der Zärtlichkeit auszuschalten.

Der Arzt im *Revier* rettet einen Tuberkulosekranken nicht; er sichert das Überleben eines Kameraden – kein Freund, aber ein Kamerad seiner Partei oder Nation –, weil dieser Kamerad für den Bestand ihrer Partei oder Nation nützlich ist; täte er das nicht, so verschwände er selbst, der Arzt, in den Augen der anderen Parteien, der anderen Nationen oder der SS.

Macht man sich klar, welche Mißbilligung derartige Behauptungen zu anderen Zeiten erregt hätten? Man hätte sie nicht einmal schreiben können. Es versteht sich, daß diese neue Moral Polemiken hervorrief. Ehemalige Häftlinge haben protestiert und angeklagt: in Wahrheit gehörten sie nicht dem Universum der Konzentrationslager an; sie erduldeten es wie Gefangene und nicht wie diese alten deutschen politischen Häftlinge, die sich ihr Leben darin so weit eingerichtet hatten, daß sie bei dem Gedanken an eine Rückkehr in die Welt der freien Menschen eine gewisse Unbehaglichkeit verspürten. David Rousset ist Zeuge genau dieser Menschen, der einzigen authentischen »Konzentrationäre«, und es ist erstaunlich, daß die in diesem »Reagenzglas« entstandenen Moralvorstellungen nicht mehr gänzlich die Meinung der freien Menschen schockieren.

Dutzende, Hunderte, Tausende von Menschen haben also im Herzen des Abendlandes eine spezifische Soziologie erstellt. Abgetrennt von den anderen Lebenden, haben die Häftlinge die Geschichte von Null auf neu begonnen. Unter den ungewissen Bedingungen der Lager mußte der »Konzentrationär« die ehemaligen Gewohnheiten der partikulären Überzeugungen und der privaten Moral wie ein unnötiges Kleidungsstück ablegen: er mußte seine Lebensbedingung von Grund auf historisieren.

Von nun an ist das Universum des Konzentrationslagers ein Reich der Utopie, aber tatsächlich gelebt und wie ein Spiegel der Geschichte vorgehalten.

Und David Rousset macht sich zum Zeugen des authentischen, allerdings ohne Ritterlichkeit und Ehrgefühl gelebten Heldentums dieser Begründer des Universums, dieser Gestalt des modernen, der Geschichte ergebenen Helden.

Die Zeugenaussage, als wichtige, auflagenstarke Gattung, wird hauptsächlich in der englischsprachigen Literatur gepflegt. Dafür gibt es mehrere Gründe:

Man denke zunächst an die Vielzahl von Menschen auf diesem Planeten, die englisch sprechen oder lesen; außer den angelsächsischen Volksgruppen, die mehr als 200 Millionen Menschen zählen, der gesamte Ferne Osten. Indem er die englische Sprache wählt, versichert sich ein Autor des größten Publikums *in the world*.

Aber Englisch ist auch die Sprache der Asylländer. Im 19. Jahrhundert flüchteten Exilsuchende und Opfer von Regierungswechseln nach Paris. Heute umgeht der viel stärkere Strom der Exilsuchenden Paris, wo der Aufenthalt nicht mehr sicher genug erscheint, um die Neue Welt zu erreichen. Die wichtigsten Zeugenaussagen zu den europäischen Bewegungen sind in amerikanischen Verlagen erschienen, oft in sehr hoher Auflage. Das amerikanische Publikum interessiert sich also wohl ganz besonders für diese Art von Literatur, und das ist ein deutliches Anzeichen für seine Offenheit gegenüber der Geschichte. Der Amerikaner entdeckt seinerseits die Welt, und in seiner Unbefangenheit geht er geradeaus auf das zu, was am authentischsten ist, weniger auf die große, erschöpfende geopolitische Studie, vielmehr auf die authentische Zeugenaussage.

Ich möchte einige dieser Zeugenaussagen näher betrachten: für unsere Zwecke ist es unwichtig, daß gewisse dieser – amerikanischen – Texte die verdächtige Zusammenarbeit des Autors mit einem Journalisten durchscheinen lassen. Tatsächlich hat der Journalist mit seinen Kunstgriffen nur das Wesen dessen betont, was ich herausarbeiten möchte.

Kravchenkos Buch *J'ai choisi la liberté*, ins Französische übersetzt, ist typisch für die Gattung. Kravchenko erzählt sein Leben, angefangen mit seiner frühesten Kindheit bei seinem Vater, einem revolutionären Arbeiter, oder seinem Großvater, einem pensionierten Unteroffizier voller Respekt für Gott und den Zaren, bis hin zu seinem Fortgang aus Rußland als hoher sowjetischer Funktionär, Mitglied einer Handelsmission. Schließlich seine Flucht in amerikanische Hotels, wohin ihn ein Agent des NKWD verfolgte. Wie ich Kommunist geworden bin, Parteimitglied, Techniker und hoher Funktionär der Regierung, wie ich mich loslöste bis zum tiefen, obgleich heimlichen Bruch. Mein eigenes Leben zeugt, bis in die winzigsten Details seiner Umstände hinein, von der Farbe des Lebens in

Sowjetrußland, von täglichen Vorkommnissen im privaten und im öffentlichen Bereich.

Wie wir zuvor in bezug auf das Buch von Pearl S. Buck und Erna von Pustau bemerkten, gibt es in Rußland und im faschistischen Deutschland keine Unterscheidung mehr zwischen privatem und öffentlichem Leben. Die Politisierung des privaten Lebens ist total. Und dies ist eine ausgezeichnete Bedingung für den Wert und die Authentizität der Zeugenaussage: mein tägliches Leben, meine Freundschaften und mein heimlicher Groll zeugen von einer bestimmten Art der Beziehung des Menschen zu seinem Milieu. Ich könnte, nach Art der klassischen Historiker, die Wirkungsweise der Institutionen meines Milieus beschreiben. Aber ich hätte den Eindruck, etwas anderes zu beschreiben als diese konkreten Personen, diese konkreten Abenteuer, die meine Bestimmung, meine Freunde, meine Liebschaften, mein Schicksal determiniert haben. Statt dessen werde ich Ihnen ganz einfach von diesen Personen und Abenteuern, die einen Bezug zu meiner eigenen Erfahrung haben, erzählen; es geht nicht darum, Sie schulmeisterlich zu belehren, sondern Sie der existentiellen Wirklichkeit gegenüberzustellen, damit Sie diesen Lebensstrom nachempfinden können, der mich getragen hat und der mich noch trägt, um Ihnen mein Schicksal zu vermitteln, denn mein Schicksal ist nicht das irgendeines Menschen, ganz allein in seiner Privatheit. Es kann Ihnen nicht gleichgültig sein. Mein Schicksal, das ist eine bestimmte Art des Handelns innerhalb der Geschichte, die die Ihre sein kann, die die Ihre sein muß.

Deshalb ist eine Zeugenaussage niemals objektiv.

In den Vereinigten Staaten ist das Buch Kravchenkos kein Einzelfall. Ich denke im besonderen an die schöne Autobiographie von Jan Valtin: *Out of the Night.* Jan Valtin, ein Hamburger Matrose, der zum Zeitpunkt der Meuterei der deutschen Flotte vierzehn Jahre alt war, verschrieb sich sowohl dem Meer als auch der Komintern, für die er der wichtigste Agent der internationalen See-Sektion war: »die Seefront«. Er hätte sein Leben als Seemann mehrmals von seiner Parteiaktivität trennen können. Seine Frau drängte ihn dazu: eine entwurzelte, ein wenig anarchistische Bürgerliche. Er aber verwarf die Vorstellung eines Lebens ohne den Antrieb von Revolten, Streiks, Kameradschaft, der ihm unentbehrlich geworden war. Deshalb mußte nun seine Frau ihre Freiheit aufgeben, ihre Unabhängigkeit veräußern und in die Partei eintreten, um bald darauf ohne Überzeugung an gefährlichen Aufträgen mitzuarbeiten.

Dann kommt der Augenblick, wo Jan Valtin mit der Partei in Konflikt gerät; er wird von der Gestapo gefangen, die ihn, nach entsetzlichen Foltern, entläßt und ihm das Versprechen abnimmt, die alten Kameraden auszuspionieren. Er geht darauf ein, verständigt sich aber mit der Partei, die sich nach Kopenhagen zurückgezogen hatte, daß er der deutschen Polizei falsche Informationen liefern werde, um sie irrezuführen. Allerdings hatte die Gestapo seine Frau als Geisel zurückbehalten. Jan Valtin möchte, daß seine Parteigenossen sie außerhalb von Deutschland in Sicherheit bringen. Die Partei weigert sich, denn das hieße, ihn bei der Gestapo zu verraten und so einen interessanten Kontakt zu verlieren.

Da lehnt sich Valtin auf; er wird von der GPU so lange in Haft gehalten, bis ein sowjetisches Frachtschiff ihn in die UdSSR mitnimmt. Es gelingt ihm, sein Gefängnis in Brand zu setzen, zu entkommen und sich nach Amerika abzusetzen. Deshalb wird seine Frau in Deutschland hingerichtet, und sein Kind verschwindet.

Jan Valtins Geschichte ist spiegelgleich mit der von Ernst von Salomon. Auch er ist ein *Geächteter*. Seine Verwandten, von Beruf Seefahrer, waren auf unbestimmte Weise sozialistisch; aber das hatte kaum eine Bedeutung. Sie waren in erster Linie Männer, die zur See fuhren, Familien mit zahlreichen Kindern hatten und ihre Vergnügen in den Hafenbordellen fanden.

Die Niederlage, das Auseinanderbrechen der traditionellen sozialen Rahmen haben die Zufluchtsstätten, die das einzelne Schicksal vor der Großen Geschichte behüteten, niedergerissen. Ernst von Salomon war 1918 in einer Kadettenanstalt, Jan Valtin inmitten der meuternden Mannschaften. Sie schlugen von da an entgegengesetzte Wege ein. Beide aber verließen endgültig die geschlossene Welt der Familie und des Berufs, um in die Geschichte einzutreten. Ihr Leben, auch ihr intimes Leben, bestand nicht mehr, wie das ihrer Väter, darin, Kinder zu bekommen und ein Handwerk auszuüben, sondern Geschichte zu machen. Ihr Schicksal wurde gleichbedeutend mit dem Anstoß, den sie der Welt gaben.

Von nun an bezieht sich ihr innerer Konflikt nicht mehr auf den klassischen Einstand der Gefühle, an die uns mehrere Jahrhunderte Literatur gewöhnt haben, eine Literatur von Menschen, die vor der Geschichte geschützt waren. In ihrer politisierten Psychologie haben die Dramen eine geschichtliche Bedeutung gewonnen. Ihre seelische Unruhe ist an die Veränderungen und Bewegungen der Staaten, der Parteien und Revolutionen gebunden. Daher ihr Wert als Zeugen.

Jan Valtin bezeugt das Drama jener Geächteten, die sich bald erheben gegen die Verkrustung einer Partei, die aus einer Vereinigung von Aufständischen, wie sie es am Anfang war, zu einem Verwaltungsapparat, einer Polizei, einer Orthodoxie geworden ist. Er erlebte gewissermaßen diesen Übergang von einem allgemeinen Bewußtsein von der Geschichte hin zu einem System, zu einer Technik außerhalb des Lebens, wie wir es im vorhergehenden Kapitel untersucht haben. Seine Stimme ist die des echten Revolutionärs in den Banden einer verkrusteten Partei, die selbst nicht mehr revolutionär ist.

Alexandrov war zu Beginn der russischen Revolution noch ein Kind: Sohn eines Anwalts aus Sankt Petersburg. Von seiner Familie getrennt, verbrachte er fast ein Jahr mit Kinderbanden, die im Niemandsland zwischen den Kosaken und den Rotgardisten lebten: vom Mundraub, von Beutezügen, von der Ausplünderung toter Soldaten. Später, in Finnland, stieß er wieder auf seine Familie, aber er gehörte nicht mehr dazu. Sein Aufenthalt bei den verlorenen Kindern Rußlands hatte ihn endgültig seinem Milieu, seiner Herkunft entfremdet. In Finnland angekommen, zurückversetzt in Luxus und Komfort, verspürt er Heimweh nach Kälte, Hunger und Gefahr im Kreise seiner Kameraden und versucht nach Rußland durchzustoßen. Er nimmt den Gärtner seines Vaters mit, einen zwanzigjährigen Jungen, der, an der Grenze aufgegriffen, von General Mannerheims Soldaten erschossen wird.

Der Bruch ist endgültig und prägt ihn für sein Leben, für diese *Voyage through Chaos,* eine Aufeinanderfolge erstaunlicher Abenteuer, die er in Amerika veröffentlicht. Wie bei Ernst von

Salomon und Jan Valtin hat eine Art Trauma auch die Bindungen an seine kleine, besondere Welt, an seine Lebensgewohnheiten und an seine Autonomie zerstört, um ihn den gewaltigen kollektiven Bewegungen auszuliefern.

Bis 1938 führt Alexandrov im Exil ein schwieriges Abenteurerdasein, ohne zu versuchen, sich in einer privaten Innerlichkeit zu schützen. Er verkehrt als Fremder mit seinen französischen Klassenkameraden im Gymnasium von Fontainebleau, an dem er scheitert, nachdem er mit einem griechischen Paß aus einer deutschen Schule geflohen ist. Nichts hält ihn, außer eine Zeitlang in Griechenland eine antifaschistische Aktivität; aber er tritt nicht zum Kommunismus über, den er in der Zeit der langen Messer im faschistischen Deutschland kennengelernt hat. Um überleben zu können, erhält er, so wie andere von einer Arbeitslosenkasse, für einige Zeit Zuwendungen von den Kommunisten, von den Nazis. Er aber befindet sich ganz woanders, in einer viel freieren und unklareren Aktivität. Trotzdem sucht er nie den Schutz einer apolitischen Existenz. Sein Leben verschmilzt mit der pulsierenden Geschichte. Und in einem bombardierten Keller in Barcelona, in dem er für einen nach Paris geflüchteten Juden Waffenhandel betreibt, lernt er die amerikanische Journalistin kennen, mit der er 1938 in die Vereinigten Staaten fährt: ohne Vaterland, ohne Partei, und dennoch ein Parasit der Politik und der politischen Aktion.

Und hier ein letzter, vielschichtigerer und bewegenderer Fall. Unsere bisherigen Beispiele betrafen entweder Männer der Linken: Kommunisten, Antifaschisten, oder Revolutionäre der Rechten: Präfaschisten wie Ernst von Salomon. Jedenfalls immer Außenseiter, die vor dem Ruin ihrer eigenen Geschichte in die allgemeine Geschichte flohen.

Diejenigen, die in ihrer eigenen Geschichte verblieben sind, haben in geringerem Maß das Tragische einer Zeit verspürt, mit der sie nicht sofort und von Anfang an vereint waren. Ihre Dramen haben nicht die wirkungsvolle historische Mitteilbarkeit, die die Zeugenaussage auszeichnet, denn es sind persönliche Dramen, mehr oder weniger unabhängig von äußeren Anstößen. Dennoch kommt es vor, daß die Notwendigkeit, ihre Besonderheit zu erhalten, sie plötzlich dem Druck der

Geschichte aussetzt. Entweder müssen sie dann ihre traditionelle Seinsweise aufgeben und nunmehr, ohne auf ihre persönliche Vergangenheit zurückzuschauen, ohne Bedauern und ohne Erinnerung in die Geschichte eindringen, wie in ein unbekanntes, undifferenziertes Land. Oder aber sie widerstehen und bemühen sich darum, ihr Erbe, nämlich die Welt der Vorstellungen, Erinnerungen und Lebensgewohnheiten, die nur ihnen gehört, zu retten, indem sie dieses Erbe in die Große Geschichte einbringen: anstatt ihre besondere Geschichte zu historisieren, bereichern sie die Große Geschichte mit Besonderheiten, mit der ganzen Frische und Mannigfaltigkeit, die diesem monolithischen Monster fehlen.

Ein Beispiel, ein bewundernswertes Beispiel wird es uns ermöglichen, diesen wesentlichen Unterschied besser zu erfassen: das posthume Kriegstagebuch von Hugh Dormer, das 1947 in England veröffentlicht wurde.

In der Benediktinerschule des Klosters Ampleforth erzogen, wohin er gern in Uniform, mit seinen Männern, zum Gebet zurückkehrte, war Hugh Dormer ein junger Offizier, wie Saint-Cyr sie bei uns ausbildete. Er war verwurzelt in seiner religiösen, familiären und nationalen Vergangenheit, so wie sie sich zusammen mit der militärischen Tradition, der des 2. Bataillons der Irish Guards, entfaltete. Die Armee ist weder eine politische Berufung noch eine Gelegenheit, gefährlich zu leben, oder ein Sport. Sie macht es möglich, in Redlichkeit und Pflichterfüllung zu leben, gemäß den alten Gepflogenheiten des Abendlandes. Er war in der Armee wie in einem letzten Kern des Widerstands einer in Brüche gegangenen Welt, der seinen. Das erklärt er flüchtig in einer Aufzeichnung des Tagebuchs, das er für seine Mutter schrieb, denn er wußte von Anfang an, daß er nicht zurückkehren würde. »Die Ideen und Prinzipien, die noch niemals erschüttert worden sind, werden zum ersten Mal durch den wissenschaftlichen Zweifel in Frage gestellt. Die Traditionen der Armee, die Eintracht der Klassen und der Respekt des Menschen vor seinen Vorgesetzten, die religiösen Werte, selbst der heilige Charakter der Familie werden verletzt und ins Lächerliche gezogen.« Die Traditionen der Armee: es scheint, daß sich Hugh Dormer daran klammert, während alles andere zusammenbricht. Dennoch ist er ungeduldig und findet Gefallen am Abenteuer und an Leistung. Nach der Rückkehr aus Dünkirchen wird sein Bedürfnis nach Aktivität durch die langen Trainingsmonate »auf den friedlichen Hügeln« Englands unendlich gesteigert. Er bietet sich für einen Sonderauftrag in Frankreich an. Man fragt sich (der englische Herausgeber, in seiner britischen Diskretion, verrät uns nichts über die Ursprünge seiner Familie, die jedoch vermutlich von alter Herkunft ist), ob ihn nicht noch ein anderes, ganz besonderes Gefühl nach Frankreich zog, dorthin, wo die jesuitischen Missionare einst den Widerstand übten. Ich wünschte, man könnte auf französisch die Berichte über die beiden Expeditionen lesen, die unter seinem Kommando standen: die Sprengung einer Benzinraffinerie in der Nähe von Le Creusot, der Fallschirmabsprung, die Kampfhandlung, die Flucht vor den deutschen Polizeihunden, die Überquerung der Pyrenäen, Spanien und die Etappe Lissabon. Man wird darin seine Leistungsfähigkeit, Selbstbeherrschung und auch Freundlichkeit erkennen, sowie seinen Sinn für Humor und Komik.

Bei seiner Rückkehr nach England aber – als einer der wenigen Überlebenden dieses Abenteuers – schlagen seine Vorgesetzten ihm einen viel umfangreicheren Auftrag vor. Es handelt sich nicht mehr um eine genaue Operation wie die Zerstörung einer Fabrik oder eines strategischen Zieles, sondern um das Kommando über Kräfte des französischen Widerstands im Westen, die er anführen und trainieren soll vor der unmittelbar bevorstehenden Landung der Alliierten.

Wird er den Kampf um Frankreich, von dem der junge Offizier in Dünkirchen träumte, im Untergrund führen, als Freischärler, oder, gemäß den alten Kriegsbräuchen, in der britischen Uniform, in seiner Einheit mit der ruhmreichen Vergangenheit, gemeinsam mit seinen Kameraden, den *guardsmen* (er sagt *guardsmen,* wie ein Offizier bei uns *chasseur* sagen würde)? Er lehnt das Kommando im Untergrund ab, um in seinen Rang bei den Irish Guards zurückzukehren, in sein Bataillon, bei dem er sich gerne zwischen seinen Absprüngen in Frankreich entspannte. Diese Wahl wurde nicht ohne innere Auseinandersetzung getroffen. Es war für ihn, so schreibt er, »die wichtigste Kreuzung« seines Lebens. Zunächst nämlich hatte er zugestimmt: »Da diese Aufträge [in Frankreich] ganz und gar freiwillig waren, bot man mir noch einmal die Möglichkeit, diese Arbeit [im Untergrund] aufzugeben und zu meinem Bataillon zurückzukehren, und zum dritten Mal entschloß ich mich, wieder hinzugehen [nach Frankreich] und diesmal endgültig. Jedes Mal jedoch hatte mich mein eigenes Gefühl zu den Irish Guards getrieben, und heute um so stärker, da die Stunde des Kampfes sich endlich näherte. Ich wußte doch, wie ich mich im April letzten Jahres [nach seiner ersten Expedition als Fallschirmspringer] nach der Kameradschaft des Bataillons gesehnt hatte, zu dem ich immer wie zu meinem Zuhause zurückgekehrt bin.«

Er war von der Wichtigkeit seines Auftrags beeindruckt gewesen: dieser Hoffnungsbotschaft von jenseits »dieser undurchdringlichen Mauer, ebenso mysteriös und fern wie die eines anderen Planeten«. Und weil Hugh Dormer nicht einfach nur für diesen Appell der Geschichte empfänglich sein kann, ohne ihn mit persönlicher Zärtlichkeit zu versüßen: »Ganz wie in der romantischen Erzählung von der Gefangenschaft Richards I. war tief in meinem Innern die Idee, daß ich, wenn er irgendwo in Europa noch leben sollte, eines Tages Michel Marks wiedertreffen könnte« – Michel Marks, seinen ehemaligen Kameraden aus Oxford, der nach einem Luftangriff als vermißt gemeldet worden war.

»Ich spürte, daß es wichtig war zu zeigen, daß es auch unserer Klasse nicht an Mut und Ausdauer mangelte, als ich mich allein wiederfand inmitten einer Bande von Abenteurern und Besessenen, Männern der Fremdenlegion, Kommunisten und anderen. Einige hatten im spanischen Bürgerkrieg gekämpft, andere waren von den Deutschen in Nordafrika zum Tode verurteilt worden; das schien für die Brigade der Guards eine seltsame Gesellschaft zu sein.« (Das war anläßlich seines geheimen Grenzübergangs von Frankreich nach Spanien.)

Er wußte schließlich, daß dieser Krieg nicht so war wie der der königlichen Garden Georgs, kein soldatisches Vergnügen, sondern ein Drama der Geschichte: dieser Krieg hat mehr von einem Kreuzzug als die Kreuzzüge selbst. »Wir bekämpften bewußte und berechnende Anarchisten, die die nationale Zivilisation und Religion angriffen.«

Er würde also nach Frankreich zurückkehren, das war seine erste Eingebung. Aber er hielt sich nicht daran. »Bevor ich den Ärmelkanal zum dritten Mal überquerte, beschloß ich, die Gründe zu überdenken, die mich den Untergrund wählen ließen. Und genau in dem Augenblick, da er mir Taten und Ruhm eingebracht hätte, griff ich wieder zur Uniform der Irish Guards.«

Warum? Zunächst, weil es Sache der Franzosen ist, die Franzosen zu kommandieren. Und außerdem und vor allem: »Meine Pflicht war es, bei meinem eigenen Volk zu bleiben, als Soldat und als Offizier.«

»Ich bin überdies davon überzeugt, daß der Kampf des Soldaten in seinem Regiment in der ganzen Härte des Dienstes und dem physischen Grauen des Schlachtfeldes ein viel höheres und schwierigeres Dasein ist als das des verantwortungslosen Abenteurers. Einigen meiner damaligen Kameraden aus dem Untergrund fehlte es, das spürte ich deutlich, an uneingeschränkter Loyalität; einige hatten dasselbe Spiel bereits in Südamerika, in der Fremdenlegion, in Spanien gespielt [Männer wie Alexandrov]. Und dieses Leben ist an sich sehr egoistisch und appelliert viel mehr an den Feindeshaß als an die Vaterlandsliebe. Eine Gemeinschaft, die sich vornimmt, diesen Haß für ihre politischen Ziele zu organisieren und auszubeuten, läßt sich auf einen moralisch gefährlichen Weg ein. Der Guerillakampf erzeugt oft eine Rasse berufsmäßiger Söldner, die den Krieg lieben und nur in einer Atmosphäre der Gewalt, der Unruhe und Zerstörung leben können.

Und ein weiterer der Gründe, die mich dazu veranlaßten, zu meinem Regiment zurückzukehren, war die Furcht, daß man von mir Handlungen verlangen könnte, mit denen ich nicht einverstanden wäre. Während der Invasion einen Haufen hungriger und verzweifelter Männer hinter die Feindeslinien zu führen, jeder Einzelne angeheizt von Rachsucht gegenüber seinen politischen Gegnern und natürlich meiner Kontrolle entzogen: das war für mich ein Alptraum, der auf meiner Zukunft lastete. Bisher hatte ich genaue und abgegrenzte Aufträge erfüllt. Aber eine allgemeine Mission ohne genaues Ziel auszuführen, das war etwas ganz anderes. Die Initiative eines jeden könnte ihn bisweilen zu sonderbaren Entscheidungen führen nach dem heimtückischen Prinzip des totalen Kriegs und des Zieles, das alle Mittel heiligt.«

Dieser junge, wagemutige und sportliche Mann, der die Gefahr liebte, hat in den Verstecken des Widerstands, auf den Pfaden der Pyrenäen, das Leben der Desperados der Revolutionen der modernen Welt geteilt. Er lebte neben Männern, die Kravchenko, Jan Valtin, Alexandrov, Ernst von Salomon ähnlich waren. Er spürte die Versuchung, sein Leben einzusetzen in dieser dramatischen Geschichte, die in Spanien, in Südamerika und auch an der russischen Front und am Westwall ablief. Wäre er zum dritten Mal dem Ruf des Kontinents gefolgt, auf dem die dunklen Mächte der Welt keimten, so wäre er endgültig in dieses von der eigenen Vergangenheit losgelöste, vom Rhythmus der großen kollektiven Geschichte bestimmte Leben eingetreten.

Er hat widerstanden. Er wollte seine Eigenart bewahren, indem er zu seinem Bataillon zurückkehrte, in der Uniform der Guards starb, dieser Uniform, die einstand für die Genauigkeit der Regel, das Alter der Traditionen, die Disziplin des Soldaten und nicht für die Gewalttätigkeit des Kriegers.

Es ist seine eigene Welt und die seiner Vorfahren, die er heraufbeschwört, wenn er, auf seine Entscheidung bezugnehmend, an die Devise seiner Familie erinnert: »Ich will, was Gott will«, die er auf Italienisch zitiert, *»Cio che Dio vuole, io voglio«*, und dieses Italienisch führt uns, trotz der Diskretion des britischen Herausgebers, zurück in das England der Renaissance und beschwört eine ganze Familientradition, eine besondere Geschichte, die Hugh Dormer noch im klassischen militärischen Kampf, in der traditionellen Uniform bewahrte.

Er wußte allerdings, daß die Bedingungen des Krieges ihre ehemalige Ritterlichkeit eingebüßt hatten: »Ich begegnete dem Abenteuer«, schrieb er am Abend vor seinem Tod an der normannischen Front, »mit einer mäßigen Entschlossenheit, in der Überzeugung – da ich es spürte und auch wußte –, daß der moderne und gepanzerte Krieg die Hölle ist, die absolute Hölle, und nichts anderes, ohne Adel und ohne Schönheit, einzig voll demütigender Furcht.«

Sein Schicksal aber versöhnte den Gegensatz zwischen seiner eigenen Geschichte und der großen Geschichte. Durch seine

Teilnahme an diesem Kampf, getreu dem Stil, der ihn mit den traditionellen Gewohnheiten seiner Rasse verband, löste er die Geschichte aus ihrer Massivität. Er entpolitisierte sie, indem er einerseits die ganze Vielschichtigkeit seiner eigenen Vergangenheit, seines eigenen Lebens in sie einbrachte und sie andererseits sakralisierte. Wenn man ihn liest, ahnt man, über den Konflikt zwischen geschichtlichem Werden und dem Widerstand der gelebten Eigenheiten hinaus, die Spur einer geheimnisvollen Einheit.

Die Zeugenschaft Hugh Dormers ist sehr wichtig, denn sie bezeugt ein Überwinden der Geschichte innerhalb der Geschichte; sie zeugt von einer Existenz, die der massiven Gegenwart nichts schuldig bleibt und dennoch die Teilhabe an den Andersartigkeiten der Vergangenheit bewahrt, um sich vor der Politisierung der modernen Welt zu retten. Sie ist charakteristisch für die Form der Auseinandersetzung, die heute die Gewissenskonflikte annehmen, selbst dort, wo ein inneres Leben, widerspenstig gegenüber der Reduzierung auf die Geschichte, fortbesteht.

Diese wenigen Beispiele sollen genügen, um zu veranschaulichen, was wir unter Zeugenaussage verstehen, ohne daß es nötig wäre, tiefer einzudringen. Sagen wir zusammenfassend, daß Zeugenschaft *gleichzeitig* dies ist: eine persönliche, eng den großen Strömungen der Geschichte verbundene Existenz, und ein Augenblick der Geschichte, der erfaßt wird in seiner Beziehung zu einer besonderen Existenz. Das Engagement des Menschen in der Geschichte ist so geartet, daß es keine Autonomie mehr gibt, auch keine Idee von Autonomie, aber das sehr klare Gefühl eines Zusammentreffens oder eines Widerspruchs zwischen seinem persönlichen Schicksal und dem Werden seiner Zeit. Deshalb ist die Zeugenaussage nicht der distanzierte Bericht eines Beobachters, der aufzählt, oder eines Gelehrten, der aufzeigt, sondern eine Vermittlung, eine leidenschaftliche Anstrengung, den anderen, die mit an der Geschichte tragen, seine eigene Erschütterung durch die Geschichte spürbar zu machen. Man denkt dabei an das Bedürfnis, sich anzuvertrauen, das ein von großem Schmerz oder großer Freude bewegter oder ein von Sorge geplagter Mensch empfindet.

Und bei dieser Mitteilung an die anderen handelt es sich nicht um eine theoretische Demonstration, sondern wirklich darum, mein Leben in eure Leben eingehen zu lassen, es im Licht eurer Leben zu brechen, und nicht nur meine dogmatischen Ideen von der Gesellschaft oder vom Staat, oder von Gott, sondern vor allem meine Art, zu sein und zu fühlen, so wie sie sich im Innern einer Zivilisation geformt hat.

Daher ist die Zeugenaussage ein geschichtlicher Akt. Sie hat nichts von der kalten Objektivität des Gelehrten, der aufzählt und erklärt; sie setzt an bei der Begegnung eines besonderen und inneren Lebens, das auf keinen Durchschnittswert zu reduzieren ist und sich gegen jede Verallgemeinerung auflehnt, mit den kollektiven Schüben der sozialen Welt.

1948

Viertes Kapitel

Die Einstellung zur Geschichte: im Mittelalter

Die im 19. Jahrhundert entstandenen Wissenschaften haben bei ihrer Taufe entweder gelehrte Namen erhalten: die Biologie, die Physiologie, die Entomologie usw., oder traditionelle, aber von ihrem ursprünglichen Sinn entbundene Namen: die Physik, die Chemie. Zwei alte Wörter haben in der modernen Terminologie ihre Aktualität bewahrt, sie bezeichnen die konkreteste und die abstrakteste der Kenntnisse: Geschichte und Mathematik.

Bei der Mathematik versteht sich diese Beständigkeit von selbst. Aber bei der Geschichte? Sie ist mit ihren Methoden, ihren Prinzipien erst im 19. Jahrhundert wirklich entstanden, ist damals aufgetaucht ohne irgendeine Verwandtschaft mit den »Geschichten« der Vergangenheit, die lediglich wie literarische Texte, Kunstwerke oder wie ein Rohstoff, eine dokumentarische Quelle erhalten geblieben waren. Der Historiker fühlte sich dem Biologen näher als Mézeray! Er war ein neuer Mensch und hatte dennoch seinen alten Namen behalten, trotz der Zweideutigkeit, von der er sich nie ganz befreien konnte. Auch heute verstehen wir unter »Geschichte« eine moderne Wissenschaft und eine ehrwürdige literarische Gattung. Warum?

Weil das Bestreben, die Erinnerung an Namen und Ereignisse zu bewahren, ein zu wichtiges Merkmal unserer abendländischen Zivilisation ist, als daß das Wort sich hätte abnutzen können. Vielleicht sind wir uns, aus Mangel an Vergleichsmaßstäben, nicht ausreichend über die Originalität unseres Geschichtsverständnisses im klaren. Aber denken wir an die unermeßliche Welt Indiens, die bis zur Eroberung durch die Engländer ihre Zivilisation außerhalb der Geschichte entwickelt hat. Es bedurfte der Ankunft der Europäer, um sogleich den Versuch einer Wiederherstellung der »Geschichte« der Hindus zu unternehmen. Der Europäer des 19. Jahrhunderts kann keinen geschichtsfreien Raum zulassen: überall, wo er hinkam, wurde er zum Schöpfer von Geschichte. Aber worauf ich an dieser Stelle hinweisen möchte, das sind die chronologischen Verwirrungen, mit denen sich die zeitgenössischen Hinduisten herumschlagen. In dieser hochentwickelten Kulturwelt haben sich durch die jahrhundertelange Abwesenheit von geschichtlichem Interesse Schwierigkeiten angehäuft. Wären unsere abendländischen Gesellschaften ebenso teilnahmslos gewesen, so wären die modernen Historiker auf dieselben Hindernisse wie die Orientalisten gestoßen; ihre heutige Wissenschaft ist dem unermeßlich großen Dokumentenbestand, der dank der Neugier unserer Ahnen angesammelt wurde, verpflichtet. Eine aus der Art geschlagene, leichtgläubige, kindliche Neugier ... aber es genügt, daß sie existierte. Und diese Neugier, zumindest die bis zu diesem Grad gesteigerte Neugier, ist kein gemeinsamer Zug der menschlichen Spezies. Man kann sich nach ihrem Ursprung fragen. Ein umfangreiches Thema. Wir werden uns damit begnügen, es hier lediglich zu überfliegen.

Wir haben gesagt, daß es Völker ohne Geschichte gibt: vor Entstehung der Schrift die gesamte Vorgeschichte, nach Entstehung der Schrift die Welt des indischen Gangesgebietes. Aber es gilt eine andere, weniger offensichtliche Beobachtung zu machen. Im Zentrum der Welten der Geschichte, in unserem Geschichten erzählenden, Annalen verfassenden Abendland, haben beachtliche Völker, wenn nicht ganz ohne Geschichte, so doch sehr weit von der Geschichte entfernt gelebt: die ländlichen Gemeinschaften bis zur Mitte des 19. Jahrhunderts. Sie lebten in der Folklore, das heißt in Beständigkeit und Wiederholung; Beständigkeit derselben Mythen, derselben Sagen, die ohne wissentliche Verfälschungen über Generationen hinweg weitergegeben wurden. Wiederholung derselben Riten im Zyklus der jährlichen Feierlichkeiten. Ohne über die Herkunft der Themen voreilig entscheiden zu wollen, wird man zugeben, daß die folkloristischen Gemeinschaften eine Fortsetzung der vorgeschichtlichen Gesellschaften waren: Begebenheiten, die ihren Mythen fremd waren, interessierten sie nicht, und wenn sie dennoch gezwungen waren, selbige einzuräumen, beeilten sie sich, sie ihrem Sagenstoff einzuverleiben. Sie lehnten die Geschichte ab, weil die Geschichte für sie der Mann oder das Ereignis waren, die unvorhersehbar, unerwartet kamen und niemals wiederkehren würden. Die Geschichte widersetzte sich der Gewohnheit. So lebte die an Gewohnheiten orientierte Welt lange Zeit am Rande der Geschichte.

In dem Maße, in dem sie sich vom zeitlosen Mythos trennt, taucht die Geschichte an ihrem Ursprung als Sache der Fürsten und Schriftgelehrten auf, und zwar in dem Augenblick, da die Staaten sich über den durch die Gewohnheit regierten Landgemeinden herausbilden.

Diese Staaten organisierten sich um den Fürsten, den Kriegsherrn und den Schreiber, der die Taten der ersteren in der Schrift fixierte. Das Dasein der ersten Reiche besteht aus außergewöhnlichen Ereignissen, die einzigartig sind: gewonnene Schlachten, feindliche Eroberungen, Errichtung von Städten, Tempeln und Palästen, lauter Geschehnisse, die es verdienen, in Erinnerung zu bleiben, weil sie als einmalig und ohne die Hilfe der Wiederholung schnell in Vergessenheit geraten würden, und weil die Erinnerung an sie den Ruf von Fürst und Reich sichert. Man muß auf den unveränderlichen Stein, auf Papyrus oder auf Tafeln schreiben, daß dieser Ramses in diesem Jahr seiner Herrschaft, und in keinem anderen, das Meer überquert hat, jenen Feind zerschmettert und jene Gefangenen heimgeführt hat. Und diese Großtaten werden immer bekannt bleiben und gefeiert werden müssen.

So ist die Geschichte für die politischen Gesellschaften das, was der Mythos für die ländlichen Gemeinwesen ist; wie man den Mythos weitergibt, so erzählt man die Geschichte und sichert durch das Wort das Überleben der Dinge. Der Mythos aber wird wiederholt, während an die Geschichte nur erinnert wird. Daraus erklärt sich die politische Aufgabe der Geschichte, und warum die Geschichte so lange Zeit politischen Themen, Berichten von Kriegen und Schlachten verhaftet geblieben ist: seit den ersten Berichten der Pharaonen bis hin zum 19. Jahrhundert, einige Jahrtausende lang.

Man kann sich in der Tat mit Erstaunen fragen, warum man bis ins vorige Jahrhundert darauf warten mußte, daß die Geschichte das Netz der oberflächlichen Ereignisse aufriß und sich dem Menschen in seinen Lebensgewohnheiten und seinen alltäglichen Institutionen widmete.

Unterhalb des Staates und seiner »Revolutionen« im alten Sinne des Wortes gab es die dichte Struktur der familiären, inländischen oder städtischen Gemeinschaften. Unterhalb der Geschichte des Staates – einer Folge von außergewöhnlichen und schwer zu erinnernden Geschehnissen – gab es die Menge der Sprichwörter, Erzählungen, Sagen, der rituellen Zeremonien. Wenn man so will und um abzukürzen: unterhalb der Geschichte gab es die Folklore. Bemerkenswerterweise hat die Geschichte ungefähr zu dem Zeitpunkt aufgehört, allein politisch zu sein, um tiefer in unser Handeln und unsere Sorgen vorzudringen, als die Folklore von der Invasion der Technik überrollt wurde. Die Geschichte wäre also an die Stelle der Sage getreten, um zum Mythos der modernen Welt zu werden.

In Wirklichkeit ist der Gegensatz zwischen der Geschichte und der Sage natürlich nicht so kraß, denn es sind dieselben Menschen, die bald in der Geschichte, bald in der Sage leben. Das gilt für das Epos des Mittelalters, wir werden sogleich darauf zurückkommen. Es gilt ebenso für das klassische Griechenland, jedoch mit neuen Zugaben, die dazu bestimmt sind, bis in unsere Tage die Geschichte als eine literarische Gattung zu charakterisieren: das Phantastische und das Moralische.

Nehmen wir Herodots Reise nach Ägypten als Beispiel. Sie ist ein gutes Zeugnis für die Neugier des abendländischen, des griechisch-römischen Menschen, diese immer wache Neugier des Reisenden, zugleich auf die Geographie und die Geschichte gerichtet, deren Nachlese eine reiche Materialquelle für den modernen Wissenschaftler darstellt.

Herodot ist zunächst ein Tourist, oft ein schneller, der ebenso die Geschichten der Fremdenführer wie seine eigenen Beobachtungen wiedergibt. Allerdings versteht er es, nebenbei auch Dinge zu bemerken, die ihn in Erstaunen versetzen, Dinge, die einen Unterschied zwischen der Lebensart des Landes, das er besucht, und den Gewohnheiten seines Volkes erkennen lassen. Er staunt darüber, daß in Ägypten die Männer in der Hocke und die Frauen im Stehen urinieren. Er verfügt also über jenen Sinn für die Besonderheit, der genaugenommen der moderne Geschichtssinn ist im Gegensatz zur erzählenden, politisch-literarischen Art der klassischen Tradition. Aber man sollte keine voreiligen Schlüsse ziehen. Bei Herodot beeindruckt uns diese Besonderheit, weil sie in den alten Texten selten ist und wir Modernen sie mit der Lupe verfolgen; sie ist unsere Lieblingsbeute. Doch sie stellt bei weitem nicht das Wesentliche des Werkes dar. Es genügt anzumerken, daß sie nicht fehlt, daß sie nie fehlt. Der Hang zur Beobachtung und zum typischen Detail kommt hier und da zum Vorschein und erleichtert so die Arbeit der modernen Historiker, die für andere, nicht-mediterrane Zivilisationen nicht immer diese Hilfsmittel haben, wenn der geschriebene Text ihnen nichts vermittelt, wenn sie auf die bruchstückhaften Lesarten der Archäologie angewiesen sind.

Es ist also wichtig, diese Einschränkung zu machen, bevor man zeigt, wie der alte Autor, der klassische Autor vor allem, der Besonderheit den Rücken kehrt. Er verzichtet in seinem Bericht auf sie, ohne daß es ihm jedoch gelänge, sie vollständig zu übergehen.

Er verzichtet auf sie. Bei Herodot beschränkt sich die Besonderheit auf das anekdotische und zufällige Detail, auf das, was nicht so wichtig ist Sobald das eigentliche Wesen des Menschen berührt wird, geht das historische Bemühen um die Besonderheit verloren. Der Schriftsteller zwingt sich vielmehr dazu, Sonderbarkeiten abzuschwächen und Ägypten zu hellenisieren. Er vermutet nicht, daß es zwischen den beiden Menschheitstypen einen grundlegenden Unterschied geben könnte. Die ausgefallenen Dinge sind ihm durchaus aufgefallen, aber die wesentlichen, zivilisatorischen Unterschiede hat er nicht gesehen, weder im Raum noch in der Zeit. Die Nilreligion verliert ihre Eigenheit und wird nach griechischem Vorbild ausstaffiert. Isis und Osiris werden mit Demeter und Dionysos verwechselt. Die Priester von Memphis sind angehalten, ausführlich die Entführung Helenas zu erörtern. Die Jahrtausende ägyptischer Geschichte werden glattweg ineinandergeschoben: es gibt keinen Unterschied zwischen Cheops und Chephren, den Pharaonen des Alten Reichs und Amasis aus dem 6. Jahrhundert. Die Geschichte hat den klassischen Weg der Universalität und der Konstanz des Menschengeschlechts eingeschlagen. Sie erhält seitdem einen unterhaltsamen und erbaulichen Wert. Herodot ist der Sage noch ganz nahe. Er befindet sich an der Nahtstelle von Geschichte und geschriebener Sage; die nicht geschriebene Sage wird weiterhin mündlich überliefert, bis in das 19. Jahrhundert. Man würde ihn allerdings zu Unrecht für einen unkritischen Geist halten. Er weiß oft, daß das, was er erzählt, eine Posse ist: »Das erscheint mir unglaublich«, aber er erzählt es dennoch, weil die märchenhafte Erzählung ihn amüsiert. Sein

Märchen von den geflügelten Schlangen beispielsweise ist ebensowenig ägyptisch wie griechisch. Es genügt, daß es wunderbar ist. Die Geschichte wird zu einem prächtigen Kaufmannsladen voller phantastischer Anekdoten, ohne Lokalkolorit, aber unterhaltsam.

Phantastische Anekdoten, aber auch moralische Lehren. Aus den verschiedenen Perioden der ägyptischen Chronologie hebt Herodot keine anderen Unterschiede hervor als den des Wohlstands, der die Guten belohnt, und des Elends, das die Bösen bestraft. Die Geschichte wird zu einer Sammlung moralischer Lehren. Sie wird nun nicht mehr als eine fortlaufende Entwicklung gesehen. Lediglich einige Fakten und einige außergewöhnliche Helden tauchen, ohne Angabe von Zeit und Ort, aus einem Dunkel, einem Nichts auf. Diese Ausnahmefälle sind aus der Zeit gelöst. Sie haben ihren Ursprung ausschließlich im Menschen, weil sie eine Konstante der menschlichen Natur veranschaulichen: der Stolz im Unglück, die Maßlosigkeit im Erfolg, die Verheerung durch Leidenschaften etc., und die Geschichte nähert sich den klassischen literarischen Gattungen an. Oder sie sind der Vorwand für eine noch schlichtere Moral, und – wie so oft bei Herodot – die Geschichte gleitet zum Märchen hin, wir kommen zurück zum Phantastischen.

Wenn die Geschichte sich trotz dieser zweifachen Versuchung durch die Moral und durch das Phantastische erhalten konnte, dann deshalb, weil trotz der Sorge um einen universellen Humanismus eine Neigung zur Beobachtung fortbesteht, in der Gegenwart und quer durch die Vergangenheit, die im klassischen Mittelmeerraum verbreiteter ist als in den indischen Zivilisationen.

Wenn der heilige Augustinus neben dem heiligen Hieronymus vom 11. bis zum 14. Jahrhundert einer der am meisten zitierten und verehrten Meister des Mittelalters war, dann dank seinem Werk *De civitate Dei*; es gibt davon mehr als 500 Manuskripte in europäischen Bibliotheken, und es zählt zu den ersten Büchern, die gedruckt erschienen sind. Ohne jeden Zweifel hat es das Denken und Fühlen des Mittelalters angeregt. Nun, es handelt sich um eine *Geschichtsphilosophie*, die erste, die erdacht und aufgeschrieben worden ist. Diese Anmerkung ist von großer

Wichtigkeit: das Mittelalter öffnet sich dem Versuch einer Interpretation der menschlichen Evolution in ihrer Gesamtheit. Es wird immer von dieser geschichtlichen Sicht der Welt geprägt bleiben, einer Sicht, die in der Antike unbekannt ist.

Rührt Augustins entscheidende Bedeutung für die Geschichte der Geschichte und die Geschichte der Geschichtsphilosophie daher, daß sein *Gottesstaat* den nunmehr aufgedeckten Gegensatz zwischen mittelalterlichem Christentum und römischem Heidentum verkündet? Eine oberflächliche Betrachtung könnte dazu veranlassen, ein unmittelbar in die Geschichte gesetztes Christentum und eine im Ganzen außerhalb der Geschichte stehende Antike anzunehmen. Die griechische Geschichtsliteratur greift Themen von poetischer Ausschweifung, politischer Beweisführung, moralischer Belehrung auf. Ihr fehlt der Sinn für Dauer: Nichts ist erstaunlicher als die Gleichgültigkeit Herodots hinsichtlich der Unendlichkeit der ägyptischen Chronologie. Augustin dagegen umspannt die Gesamtheit des menschlichen Werdens, um es mit einigen allgemeinen philosophischen Ansichten über das Handeln Gottes in der Welt seiner Vorsehung zu erklären. Von Augustin ist der Weg zu Bossuet nicht weit. Und dennoch: so neu, so revolutionär das Geschichtsverständnis Augustins gegenüber dem antiken Denken erscheinen mag, es steht noch in der römischen Tradition.

Es ist in der Tat kein Zufall, daß der erste Versuch einer Geschichtsphilosophie am Anfang des 5. Jahrhunderts zu Tage trat, als die lateinische Welt über die Plünderung Roms durch Alarich entsetzt war. Vielleicht wurde gerade in diesem Augenblick selbst im traditionellen Heidentum wenigstens im Heidentum römischer Tradition, das Geschichtsverständnis, das bereits augustinische Geschichtsverständnis, wachgerufen.

De civitate Dei ist für uns von großem Interesse, weil dieser Text uns erlaubt, zwei Geschichten miteinander zu vergleichen: die eine auf die Vergangenheit gerichtet – der römische Mythos –, die andere zukunftsorientiert – die Offenbarung Gottes in der Welt. Gewiß sind beide Geschichten verschieden. Aber sie sind weniger gegensätzlich, als Augustin uns glauben machen will; denn beide sind eine Form der Geschichte.

Wenn *De civitate Dei* die erste von der Vorsehung bestimmte

Geschichtsphilosophie ist, so gehört sie gleichwohl zu den letzten Theorien über die Dauer Roms und seines Imperiums.

Wir wissen, vor allem dank Jean Hubeaux' Buch *Les Grands Mythes de Rome*, daß Rom immer um seine Dauer besorgt war, mit einer Beharrlichkeit und einer Beunruhigung, die den griechischen Staaten unbekannt waren. Tatsächlich gibt es für Hubeaux fast nur einen zentralen Mythos, der alle anderen anregt: die Dauer Roms. In seinem Buch verfolgt er die unterschiedlichen Antworten, die die Römer im Laufe ihrer Geschichte, von Ennius und den ersten Annalisten bis hin zu Augustin, auf diese quälende Frage gefunden haben: wieviel Zeit oder besser wie viele Jahre haben die Götter Rom gewährt? An welchem Punkt dieser genau berechneten Zeit befindet man sich? Man schwankte, je nach der Periode, zwischen einer kurzen Chronologie, die in Jahresjahren zählte, einer mittleren Chronologie, die in Jahrhundertjahren zählte, und einer langen Chronologie, die bei Cicero bis zu einem astronomischen Jahr ging. Gleichwohl vermochten auch die optimistischsten Interpretationen, wie die der Hofpoeten des Augustus, die Drohung eines Endes von Rom nicht vollkommen zu ignorieren; dabei handelte es sich nicht um jene metaphysische Dekadenz, die gemäß dem Zyklus der griechischen Moralisten den vom Glück begünstigten Epochen folgen sollte, sondern um das Ende, das eine chronologische Rechnung ermitteln kann: das angekündigte Ende der römischen Geschichte. Mit Erstaunen stellt man fest, daß derselbe Augustus, der den Aeneiden durch die Sibylle das *imperium sine fine* versprechen ließ, auch 2 000 Exemplare einer klandestinen Schrift (gewiß jüdischer Herkunft) beschlagnahmen ließ, in der über das Ende Roms Mutmaßungen angestellt wurden. Drei Jahrhunderte später, zur Zeit Augustins, wiederholte der General, der das von Alarich bedrohte Rom verteidigte, diese Geste mit dem Unterschied, daß er es diesmal auf keine geheime Literatur abgesehen hatte: Stilicho ließ die offiziellen sibyllinischen Bücher verbrennen, die seit der republikanischen Epoche ehrfurchtsvoll auf dem Kapitol aufbewahrt wurden, denn er fürchtete, daß man sie im Hinblick auf ein Ende Roms interpretieren könnte, und das zu einem Zeitpunkt, da die Stadt das kritische Alter von 1 200 Jahren, d. h. ihr erstes Jahrhundertjahr erreicht hatte.

Die Plünderung Roms durch Alarich führte zu einer Überreizung dieser tausendjährigen Unruhe. *De civitate Dei* war von Augustin geschrieben worden, um das Christentum gegen die Ansicht zu verteidigen, es sei das Werkzeug zum Untergang Roms, und um außerdem der Vorstellung entgegenzutreten, das Ende Roms sei zugleich das Ende der Welt und folglich das Ende der Kirche Christi. Die Christen waren im übrigen versucht, auf ihre eigene Gemeinschaft die Kalenderrechnung der römischen Geschichte anzuwenden, die gebräuchlich war, seit dem Romulus zwölf Geier erschienen waren und die Rom zugestandene Dauer eines Jahres angekündigt hatten. Aber was für eines Jahres? Augustin brandmarkt einen Glauben, der von den heidnischen Kreisen um Julian Apostata verbreitet wurde, daß nämlich der Apostel Petrus zu magischen Praktiken gegriffen habe, um zu erreichen, daß der Name Christi 365 Jahre lang angebetet werde: eine Frist, nach deren Ablauf der Kult sofort ein Ende nehmen müsse. Das Christentum sollte also ein Jahr von Jahren dauern, eine kritische Frist, die Rom ein erstes Mal mit Camillus (zweiter Romulus) überstanden hat, ein zweites Mal mit Augustus (dritter Romulus), während der Jahrhundertspiele, die die magische *renovatio* Roms zelebrierten. Es ist seltsam, daß man der Kirche die Dauer einer kurzen, Rom vorbehaltenen Chronologie einräumte. Aber diese sonderbare Ansicht hatte ihre Anhänger. Augustin muß sich einige Mühe geben, um zu beweisen, daß die 365 Jahre abgelaufen sind, daß die Kirche noch immer lebt, sogar um die Zahl der Zögernden erweitert, die, so sagt er, »von der Furcht zurückgehalten wurden, diese angebliche Prophezeiung in Erfüllung gehen zu sehen, und die sich entschlossen haben, den christlichen Glauben anzunehmen, als sie sahen, daß die Zahl 365 vorbeigegangen war«.

Die Bedeutung und das Überleben dieser chronologischen Spekulationen sind aufschlußreich. Sie bezeugen ein sehr lebendiges Bewußtsein von einer römischen Geschichte, die einen Anfang hatte, sich ohne Brüche fortsetzte und ein Ende haben würde, das es vorherzusehen galt, denn das war für alle von großer Wichtigkeit. *Man muß vom Ende Roms sprechen, so wie man später vom Ende der Welt sprechen wird. Man kann nicht in derselben Weise vom Ende Athens oder Spartas oder Korinths, a fortiori, vom Ende Griechenlands sprechen*. Diese Bemerkung scheint mir für unsere Frage nach der Einstellung gegenüber der Zeit wesentlich zu sein. Sie zielt darauf ab, das Gelenk zwischen der modernen Welt – die sich geschichtlich versteht – und der antiken Welt – die der Geschichtlichkeit entbehrt – nicht zwischen Rom und dem Mittelalter zu sehen, sondern zwischen Rom und Griechenland, auch dem hellenistischen Griechenland. In *De civitate Dei* spricht Augustin als ein von der Bibel inspirierter Christ, aber auch als Römer, der gewöhnt ist, in einer fortlaufenden, durch eine Endkatastrophe bedrohten Zeit zu leben.

Man müßte, um dies zu verdeutlichen, die Analyse weiterführen. Doch hier ist nicht der richtige Ort dafür. Begnügen wir uns damit, diesen Vergleich zwischen dem Ende Roms und dem Ende der Welt zu vervollständigen durch den Gegensatz des religiösen Gefühls in den Christenheiten des Abend- und des Morgenlandes. Nur zwei Anmerkungen:

Zunächst das abendländische Bestreben, das antike Rom der christlichen Tradition einzuverleiben: die Prophezeiungen der Sibylle, die Rolle Vergils in der *Göttlichen Komödie*. Im Gegensatz dazu dringen in Konstantinopel, trotz der bedeutenden humanistischen Kultur des Klerus, die griechischen Mythen nicht in die Orthodoxie ein. Unter dem Einfluß des Mönchstums bemächtigt sich der orthodoxen Kirche vielmehr nach und nach eine asketische Strenge, die den Gegensatz zwischen Gott und der Welt stark betont. Die Orthodoxie steht den ihr vorausgegangenen griechischen oder orientalischen Mythen viel ferner als der Katholizismus den antiken Überresten.

Zweite Anmerkung: Es ist nicht richtig, von der Unbeweglichkeit der orthodoxen Kirchen zu sprechen. Sie hat ein kompliziertes und vielschichtiges Dasein. Dennoch, so fragwürdig die Rede von der Unbeweglichkeit sein mag, spürt man dunkel und möchte sagen, daß das Wort »Geschichte« in der Orthodoxie und im Katholizismus nicht die gleiche Dichte hat. Die Orthodoxie hat eine Geschichte, eine empirische Geschichte, die für sie nicht von grundlegender Bedeutung ist. Im Gegensatz dazu ist die Geschichte ein wesentliches Element der Spiritualität der römischen Kirche. Obwohl es in der unermeßlichen patristischen Literatur umfangreiche Abhandlungen zur

Geschichte in griechischer Sprache gibt, ist die erste Geschichtsphilosophie einem Lateiner zu verdanken, dem hl. Augustinus.

So haben, trotz der Identität von Glauben und Dogma, die Orthodoxie und der Katholizismus zwei verschiedene Wege eingeschlagen, und es ist vor allem das Geschichtsbewußtsein, das sie getrennt hat, ihre Konzeption einer Kirche, die in der Geschichte das Werk Christi fortsetzt.

Kann man nicht der Versuchung erliegen, diesen Unterschied des Zeitempfindens zurückzuverfolgen, bis weit vor das Christentum, bis zur gegensätzlichen Einstellung zur Geschichte in Rom und im Hellenismus?

Es bleibt deswegen nicht weniger wahr, daß die klassische Antike die existentielle Sorge um die Geschichte nicht kennt. Sie lebt seit ihren Ursprüngen und bis in die jeweilige Gegenwart in keiner kontinuierlichen Geschichte. Sie schneidet aus der Zeitdauer bevorzugte Abschnitte heraus, deren Kenntnis nützlich ist: die heiligen Mythen der Ursprünge oder solche Geschehnisse, die der moralischen Erbauung und dem politischen Streit um die beste Regierungsform dienen. Abgesehen von diesen bevorzugten, nicht zusammenhängenden Abschnitten erstreckt sich eine abstrakte Nacht, als wäre in der Zwischenzeit nichts geschehen oder nur Unbedeutendes. Die klassische Antike hat, außer in Rom in dem begrenzten Maße, in dem Rom dem hellenistischen Einfluß entkam, nicht das Bedürfnis nach Kontinuität verspürt, das den gegenwärtigen Menschen mit der Kette der Zeiten seit dem Ursprung verbindet.

Der eigentliche Beitrag des Christentums ist die Vorstellung einer engen Abhängigkeit zwischen dem Menschen und der Geschichte. Wenn man sich Mühe gibt, findet man immer christliche Wahrheiten vor Bestehen des Christentums, in der antiken Weisheit. Aber niemals zuvor kannte man diese geschichtliche Entwicklung des Heiligen in der Zeit, angefangen bei den Ursprüngen (die übrigens im Zustand isolierter, zeitloser Mythen verblieben sind) bis zur Geburt Christi: ein Tag der Herrschaft des Kaisers Augustus, als Herodes Statthalter von Galiläa war. Und das Leben Christi wurde, im vollen Lichte der Geschichte, zur zentralen Episode des christlichen Übernatürlichen: die Erlösung und das Erscheinen einer neuen, wiedergeborenen Menschheit, wobei die Kirche die Gegenwart des Geistes sichert. Jeder Augenblick des christlichen Lebens ist an diese erhabene Geschichte gebunden.

Nichts ist so seltsam wie die Anstrengung modernistischer und kritizistischer Historiker, unter der äußeren Gestalt des Urchristentums die Spuren viel älterer Mythen aufzudecken: jedes Mal müssen sie den geschichtlichen Charakter vom christlichen Zeichen abbeizen. Das Christentum mag aus Mythen gemacht sein, dann aber aus historisierten Mythen.

Die Historizität war im lateinischen Christentum des Mittelalters noch weitaus beherrschender. Sie schwächte sich in der Folgezeit zu Gunsten eines Dogmatismus und eines Moralismus etwas ab. Diese Entwicklung zum Dogmatismus hin gestaltete sich in zwei wichtigen Schritten: der eine mit dem Thomismus im 13. Jahrhundert, der andere, viel bedeutendere mit dem Konzil von Trient. Noch heute liefern uns viele Predigten mittelmäßiger Prediger mit ihren rückständigen Themen ein Bild der bürgerlichen Frömmigkeit am Ende des 19. Jahrhunderts: ein Dogma, eine Moral, Exerzitien. Demokratische Geistliche fügen die kühnsten gesellschaftlichen Analysen hinzu! Das ist fast niemals eine Geschichte. Die Geschichte hat eine teuflische Vergeltung genommen, indem sie die christliche Demokratie in einen verrückten Lauf nach der verlorenen, der diesmal wirklich verlorenen Zeit verwickelte. Die christliche Demokratie glaubt die Geschichte unter dem irreführenden Anschein des Fortschritts wiederzufinden. Im Mittelalter hatte die katechetische Theologie, vor den Augen der Massen der Gläubigen, noch nicht diese geschichtliche Perspektive auf das Werk Gottes und seiner Kirche im gesamten Verlauf der Zeit verdunkelt. Die Neigung zu symbolischer Interpretation lief mehr darauf hinaus, die Geschichte der natürlichen Ereignisse durch eine Geschichte der mystischen Zeichen zu verdoppeln.

Diese historisch-theologische Perspektive gibt es immer noch, aber sie ist von den Gläubigen vergessen; man muß sie rekonstruieren, indem man, mit Hilfe von Archäologen, die Figuren aus Stein und aus Glas in unseren Kirchen des 12. bis 14. Jahrhunderts entziffert. Bewegt findet man dort die wunderbare Geschichte der Welt wieder, die damals die Christen überstrahlte. Ihr ikonographischer Katechismus verband ihr gegenwärtiges Leben mit der Kette der Zeiten; es gab eine direkte Linie vom letzten Bischof über den Heiligen mit seinen verehrten Reliquien bis zum ersten Menschen, vorbei an den Ereignissen der Kirche und der beiden Testamente, die auf den Mauern und Glasfenstern ausgebreitet sind. Denn, das lehrt die gotische Ikonographie, die heilige Geschichte endet weder mit dem Pfingstwunder noch mit den ersten Aposteln; vielmehr wird diese Geschichte, die ohne Unterbrechung ihren Gang geht seit der Erschaffung der Welt, von der immer offenen Geschichte der Kirche übernommen. Die Bischöfe, die Apostel, die Patriarchen: an diese Abstammung erinnern immer wieder die ikonographischen Themen, etwa das der Entsprechung von Christus und Adam, von Ekklesia und Synagoge ... Die Fenster des Chors und der Apsis der Kathedrale von Reims zeigen die Apostel, wie sie auf ihren Schultern die Patriarchen tragen, während darunter oder daneben Bischöfe mit ihren Kirchen und Könige mit Schwert und Krone aufeinanderfolgen. Die Wände der Kirchen verraten uns mehr über die Natur der mittelalterlichen Frömmigkeit als die gelehrte Theologie oder selbst die volkstümliche Literatur, die lokalen Praktiken gewidmet ist. Diese Frömmigkeit ist zunächst hingebungsvolle Achtung vor einer Geschichte. Dem Übernatürlichen der Folklore, den jahreszeitlichen Mythen des bäuerlichen Paganismus fügt die christliche Frömmigkeit einen geheiligten Sinn der Geschichte hinzu: *in illo tempore*.

Überdies gründete das gesamte mittelalterliche Leben auf dem geschichtlich Früheren, der Erinnerung an das Vergangene: nichts außer dem Gewesenen ist etwas wert; ein Verstoß gegen den alten Brauch ist eine gefährliche Neuerung. Keine menschliche Gemeinschaft knüpfte je ihre gegenwärtige Bedingung in diesem Maße an die Vorstellung, die sie sich von der Vergangenheit machte. Und dennoch kannte diese derart rückwärtsgewandte Welt nicht die literarische Geschichte eines Thukydides oder eines Tacitus, des Hellenismus, in dem das tägliche Leben keine so mächtigen geschichtlichen Wurzeln hatte. Wir stoßen hier wiederum auf die Zweideutigkeit des Wortes Geschichte, das zugleich eine positive Kenntnis und einen existentiellen Bezug zur Vergangenheit bezeichnet.

Eine positive Kenntnis: das ist der Fall bei den moralistischen Historikern der Antike und bei den wissenschaftlichen Historikern des späten 19. und des 20. Jahrhunderts. Ihre geschichtliche Rekonstruktion mag so genau sein, wie es ihr technisches Werkzeug erlaubt, es fehlt ihr »der Hauch der Zeit«.

Ein existentieller Bezug zur Vergangenheit: das ist der Fall des Mittelalters, das der Erinnerung eine lebenswichtige Bedeutung beimaß, obgleich es sie alsbald verzerrte. Aber das ist auch heute der Fall im täglichen Leben der kleinen elementaren Gemeinschaften, wenn man sie vor ihrer Einbeziehung in eine komplexere und abstraktere Struktur betrachtet. Diese Gemeinschaften orten sich selbst in der Zeit, in einer sogleich verzerrten Zeit. Wir können dieses Gefühl in unseren Familien erproben, an dem Bewußtsein, das sie von ihrer eigenen Geschichte haben. Es gibt zwar die Genealogie, die an positiver Kenntnis teilhat. Aber das sind quasi wissenschaftliche Dokumente, die nur in den weit auseinanderliegenden Augenblicken auftauchen, wo man sie zu Rate zieht. Neben der Genealogie gibt es, bruchstückhaft, die mündlich überlieferte Tradition: von den Alten zu den Jungen, von den Ahnen zu den Nachfahren, ohne Zusammenhang, nach der Laune der Umstände, der Gedankenverknüpfungen, der erweckten Erinnerungen. Es handelt sich um einen Schatz von Anekdoten, Porträts, Erzählungen, vage datiert durch den Verweis auf eine Generation oder ein großes historisches Ereignis wie die Revolution oder das Jahr 1870. Dieser Schatz ist gleichwohl nicht ohne Kohärenz: obwohl nie wirklich zu einem Ganzen zusammengefaßt, besitzt er doch eine tiefe Einheit, die in der gelebten Gegenwart gründet. Denn diese familiäre Geschichte untescheidet sich nicht von der familiären Existenz. Nicht jeder wird sich ihrer wie einer Geschichte bewußt, in dem Sinn, wie es eine Geschichte Frankreichs gibt. Deshalb wird sie so selten aufgeschrieben. Sie gehört vielmehr zu dem Gewebe des Familienlebens. Es gibt kein Familienleben ohne dieses Gleiten jedes Augenblicks hin zur Erinnerung.

Diese Vergangenheitsfrömmigkeit ist niemals eine objektive Rekonstruktion. So nah man ihr auch bleibt, die Erinnerung ist immer legendenhaft, und selbst ausgezeichnete Personen, bekannt für ihre Gewissenhaftigkeit, sind die ersten, die unbekümmert kleine geschichtliche Fälschungen begehen, durch welche die Fakten in den Geist ihrer Legende eingehen. Die ehrwürdigen Fälscher, die Autoren der Konstantinischen Schenkung oder der falschen Dekretalen, handelten kaum anders!

In der Tat ist die Art und Weise, in der jede Familie spontan ihre Geschichte konstruiert, wie wir heute feststellen können, eine Form der kollektiven Erinnerung, die dem mittelalterlichen Begriff der Zeit sehr nahe kommt: sie bewahrt seine Emotionalität, seine Ungenauigkeit, seine Illusion.

Gewiß hat der Verweis auf eine legendäre Vergangenheit in den Familienverbänden schon immer bestanden. Aber es handelte sich dann mehr um einen mythischen Ursprung als um eine fortdauernde Tradition, mehr um ein entferntes Früher als um ein Gestern oder Vorgestern. Das Mittelalter hingegen hat eine neue Art, die Zeit zu leben, hervorgebracht, die sich danach in den komplexeren sozialen Strukturen abnutzte, sich aber gleichsam als eine Bedingung der familiären Existenz erhielt. Tradition, Brauch, Gewohnheit . . . vage und zweideutige Begriffe wegen der juristischen und dogmatischen Bedeutungen, die ihnen später beigelegt wurden. Dennoch haben sie einen ganz besonderen Klang, den man vor dem Mittelalter nicht vernehmen konnte.

Verweilen wir einen Augenblick, um zu sehen, was nun im Mittelalter aus der Geschichte, diesmal in ihrem engeren Sinne, geworden ist. Fragen wir uns, genauer gesagt, wie man schließlich dazu kam, das zu entwerfen, was später die Geschichte Frankreichs wird. Dies wiederum führt dahin, die Ursprünge der traditionellen bis zum Ende des 19. Jahrhunderts üblichen Gliederung nach Regierungszeiten zu untersuchen. Die zeitgenössische Wissenschaft hatte viel Mühe, diese so geläufige Aufteilung, die sich auch in der Terminologie der Kunststile erhalten hat, wie ein Unkraut auszurupfen. In der Geschichte ist die Unterscheidung der chronologischen Perioden von großer Wichtigkeit, nicht nur für die Methode, sondern auch für den Geist, die Philosophie. Man charakterisiert auf diese Weise, *nolens volens*, eine Einstellung zur Zeit. Die neuen, umfangreicheren und allgemeineren Rahmen der zeitgenössischen Geschichtsschreibung zeugen ebenso von einer Sicht der Welt wie von einem Stand der Kenntnisse. Deshalb ist es nützlich, auf die Gliederung nach Regierungszeiten zurückzukommen und auf ihren Ursprung im Mittelalter.

Weder der Hellenismus noch selbst die Latinität kannten die Idee einer universalen Geschichte, die in einem einzigen Ganzen alle Zeiten und Räume erfaßt. Im Kontakt mit der jüdischen Tradition entdeckte die christianisierte römische Welt, daß das Menschengeschlecht eine solidarische Geschichte, eine universale Geschichte hat: ein entscheidender Augenblick, in dem man den Ursprung des modernen Geschichtsverständnisses erkennen muß; er fällt in das 3. Jahrhundert unserer Zeitrechnung. Die heiligen Bücher des Judentums und des Christentums waren nicht nur Orakel, Gebote oder mythische Erzählungen und noch weniger metaphysische Meditationen. Es waren vor allem Geschichtsbücher. Sie führten, in chronologischer Ordnung, eine gewisse Zahl von Ereignissen auf, die einen mythisch, die anderen mehr historisch, aber alle in gleicher Weise mit einer heiligen Sinngebung versehen. Keine andere Religion, weder im Okzident noch im Orient, definierte sich, ihren wichtigsten Texten zufolge, als eine Geschichte.

Die patristische Interpretation des Alten Testaments hat diesen Aspekt noch unterstrichen, indem sie in den Annalen des jüdischen Volkes nach Hinweisen auf die Ankunft Christi und die Mission der Kirche suchte: Gott hat sich nicht sofort und vollkommen offenbart. Er hat sich nach und nach eröffnet in der Zeit, die von nun an ein wesentliches Element der Offenbarung wurde. Mit der Bibel setzte sich diese religiöse Denkweise, trotz ihrer revolutionären Neuheit, in der mediterranen Welt durch. Die Vergangenheit hörte auf, ein Gegenstand bloßer Neugier zu sein. Die Ereignisse wurden zum Mittel Gottes, sich dem Menschen zu offenbaren. Aber die humanistischen Christen konnten den religiösen Wert der Geschichte nicht anerkennen, ohne ihn über Israel hinaus auf ihre eigene klassische Tradition auszudehnen, auf die ganze Vergangenheit Roms und des Hellenismus. So sammelten sie schließlich alle Teilgeschichten, um sie in einer zusammenhängenden Geschichte zu vereinigen. Wir ahnen heute kaum, wie großartig und gefährlich dieses Vorhaben war. Die Schwierigkeiten lagen zugleich in der Originalität des Unterfangens und in der Ungenauigkeit der Chronologien. Niemals zuvor hatte man die Geschichte als *eine* betrachtet; die ansehnliche Dokumentation verlor sich in bruchstückhaften Gegebenheiten, die nicht nur der Synthese trotzten, sondern auch der einfachsten chronologischen Nebeneinanderstellung. Wie konnte man diese Texte ohne ein verbindliches Datierungssystem vereinen? Es gab die Zeitrechnung *ab urbe condita*, die Bezugnahme auf die Olympiaden, die Jahre des Konsulats oder des Archontats, die Listen der Könige Ägyptens, Assyriens, Babyloniens. Dies alles war erschreckend verwickelt. Noch nie hatte jemand versucht, eine Ordnung hineinzubringen, weil niemand je die Idee einer tiefgehenden Verwandtschaft zwischen all diesen besonderen Geschichten gehabt hatte.

Die Universalgeschichten des 3. Jahrhunderts sind also synchronisierte Chronologien. Sie zeugen von dem rührenden Bedürfnis, die bruchstückhaften Chronologien zu synchronisieren, um die Übereinstimmung zwischen jeder von ihnen und der durch die Bibel überlieferten Heilsgeschichte herzustellen. Wenn man diese Konkordanzen zwischen Israel seit Abraham, Assyrien und Ägypten, oder zwischen Israel, den Olympiaden, den makedonischen Königen und der römischen Chronik betrachtet, spürt man das Bestreben, die ganze Welt im Rhythmus der göttlichen Offenbarung leben zu lassen: eine Art rückwirkendes Apostolat, das die Geschichte im nachhinein evangelisiert.

Zahlreiche Texte aus dem 4. und 5. Jahrhundert beweisen die Beständigkeit und die Stärke dieses Bemühens um eine Gleichzeitigkeit zwischen der Bibel und der Vergangenheit der Heiden. Da gibt es zunächst die *Chronik* des Eusebios von Cäsarea, der in griechischer Sprache die Weltgeschichte von der Schöpfung bis in das Jahr 324 unserer Zeitrechnung zusammenfaßt. Sie wurde vom hl. Hieronymus ins Lateinische übersetzt und bis zur 290. Olympiade fortgeschrieben, im Jahre des Herren 381, im dreizehnten Jahr von Valentinian und Valens. Aber das Werk des Eusebios und des hl. Hieronymus steht nicht allein. In den *Monumenta Germaniae Historica* hat Mommsen kurze Dokumente veröffentlicht, die vom gleichen Bemühen zeugen: der altrömische Kalender, auf dem man die Jahre der Gründung Roms, die Namen der Konsuln und die Orientierungsdaten der christlichen Geschichte (das Jahr 754 von Rom: erstes Jahr post Christum natum) den Listen der Päpste mit ihren Daten entsprechen läßt. Hinter dem Verzeichnis der Stadtpräfekten findet man die *Depositiones episcoporum romanorum*; die Namen der Sternzeichen mit ihren Attributen, ihren Fasti, gehen dem Festkalender der römischen Kirche voraus: 8. Calendae des Januar, *natus Christus in Betleem*. In diesem Kalenderwust findet man zwischen den Namen der Kaiser, den abgekürzten Hinweisen auf Provinzen, auf Stadtviertel Roms und ihre sehenswerten Monumente, auf Gewichte und Maßeinheiten einen *cursus paschalis*, Fragmente einer Universalgeschichte, eine Art Memento der Chronologie: von Adam, dem ersten Menschen, bis zur Sintflut, die Noah erlebt, zählt man so und so viele Jahre. Von der Sintflut bis zu Ninus, dem ersten Assyrerkönig, 898 Jahre. Dann erstellt der Abbreviator, unter Berufung auf die Autorität des hl. Hieronymus, die Listen der Könige Assyriens und Latiums. Er fährt fort mit den Königen Roms, den Konsuln, wobei er nun Hieronymus durch Livius ersetzt. Er zählt *ab urbe condita* bis in das Jahr 753 und dann, nach Christus, bis in das Jahr 519, wo er abbricht.

Ein anderer Autor einer solchen Epitome (*Epitoma chronicon)* schreibt: *Romulus regnavit anno XXXVIII. Ejusdem autem regni achaz* ... Ständig herrscht das Bedürfnis nach Synchronität und Universalität, wie auch ein weiterer großartiger Titel bezeugt, ebenfalls in den Dokumenten Mommsens: *Liber generationis mundi*.

Das frühe Mittelalter kannte von der Geschichte kaum mehr als diese Literatur der chronologischen Übereinstimmung. Lange Zeit haben die Chronisten nicht geglaubt, daß sie etwas anderes zu tun hätten, als das Werk des hl. Hieronymus fortzusetzen. Im Gegensatz zur antiken Konzeption gibt es für sie keine besondere Geschichte. Sie halten sich lediglich für Abbreviatoren und Fortsetzer. Nehmen wir als Beispiel Gregor von Tours, der gegen Ende des 6. Jahrunderts seine *Historia Francorum* schrieb, damit in einer Zeit, »wo die Neigung zur schönen Literatur verlorenging, die Erinnerung an die Vergangenheit den zukünftigen Generationen zur Kenntnis gelange«. Man könnte glauben, er beschränke sich auf die Darlegung von Fakten, deren Augenzeuge er war oder von denen er in seiner

Umgebung gehört hatte, Fakten, die sich nirgendwo sonst wiederholen würden; aber nein, er widmet sein ganzes erstes Buch einer Zusammenfassung des hl. Hieronymus, von der Schöpfung Adams und Evas bis zur babylonischen Gefangenschaft, zu den Propheten und zum Christentum. Dann macht er eine Pause: »Um zu zeigen, daß unsere Kenntnisse sich nicht auf das hebräische Volk beschränken, erinnern wir *(memoramus)* an die anderen Reiche, *vel quali Israelitorum fuerint tempore*«.

Und man liest Sätze dieser Art: »Zu der Zeit, als Amon über die Juden herrschte, als sie in babylonische Gefangenschaft gerieten, herrschte über die Makedonier Argie, über die Lydier Gyges, über die Ägypter Vafres; als Babylonien Nebukadnezar zum König hatte, war Servius Tullius der sechste römische König.«

Ein anderes Mal hält er inne, um zu bemerken: »Hier endet der Heilige Hieronymus, das Folgende wurde von dem Priester Orosius geschrieben.« Und er schließt mit einer Addition der Jahre: »Hier endet das 1. Buch. Es umfaßt eine Periode von 5 546 Jahren, die mit der Schöpfung der Welt beginnt und mit dem Tod des Heiligen Martin endet.« Nebenbei bemerkt: wenn man die Rechnung des Gregor von Tours mit dessen eigenen Zahlen wiederholt, stellt man fest, daß er ungefähr 1 000 Jahre zu viel gezählt hat.

Noch im 12. Jahrhundert beginnt der normannische Historiker Ordericus Vitalis, der gegen 1140 schreibt, seine *Historia ecclesiastica* mit einer Zusammenfassung des hl. Hieronymus und des Orosius; diesen Quellen fügt er die Bibel, Trogus Pompeius, Beda Venerabilis und Paulus Diaconus hinzu: »Ihre Berichte sind uns ein Genuß!« Da ist zunächst die Heilsgeschichte bis zu Pfingsten; dann die römische Geschichte von Tiberius bis Zeno. Dann fährt er mit den Kaisern von Byzanz und den Merowingern fort. Man könnte noch weitere Beispiele liefern für diese Ansicht, daß es keine getrennte Geschichte gibt, daß man immer in der Zeitenfolge verbleibt.

Diese Schwäche für die Geschichte erzeugte jedoch keinen wirklich geschichtlichen Geist. Und dies aus zwei Gründen, die Marc Bloch in seiner *Société féodale* ausgezeichnet beschrieben hat.

Der erste liegt gerade in dem Übermaß an Solidarität zwischen dem Einst und dem Heute, um den Ausdruck Marc Blochs aufzunehmen: »Die viel zu zwanghaft gestaltete Solidarität zwischen dem Einst und dem Heute verschleierte die Gegensätze und schob sogar das Bedürfnis, sie zu erkennen, beiseite!« Daraus folgt eine Art Teleskopie der Geschichte. Der Mensch des 13. Jahrhunderts stellt sich Karl den Großen, Konstantin und Alexander mit den Zügen und mit der Psychologie eines Ritters seiner Zeit vor. Der Bildhauer, der Glasmaler oder der Bildwirker kam nicht auf die Idee, die Kleidung zu unterscheiden. Das ist nicht immer Unwissen: die Heimsuchung Mariä am westlichen Portal der Kathedrale von Reims zeigt recht gut, daß man gelegentlich zu rekonstruieren wußte und nach der antiken Mode zu kleiden verstand. Die Künstler finden sehr wohl Wege, ihre Personen zu spezifizieren, wenn sie es wollen: so unterscheiden sie Christus und die Apostel durch ein konventionelles, anscheidend von der antiken Kleidung hergeleitetes Kostüm. Wenn sie nicht spezifizieren, dann deshalb, weil sie es nicht für nötig halten. Sie spüren die Solidarität der Zeiten mehr als ihre Unterschiede: das ist ihre Art, der Geschichte zu begegnen. Sie interessiert uns um so mehr, als sie im Gegensatz steht zu der heute am meisten verbreiteten Haltung.

Das ist die erste Konsequenz aus dem Erbe des hl. Hieronymus, das vom Mittelalter ehrfürchtig übernommen und gepflegt wurde: eine Solidarität der Zeitalter, die mit einer vorher unbekannten Dringlichkeit spürbar ist. Unter diesem Gesichtspunkt handelt es sich um eine sehr wichtige Entdeckung, selbst wenn sie im Bereich der Geschichtsschreibung ergebnislos geblieben ist. Die zweite Konsequenz ist weniger fruchtbar. Die patristische Konzeption der Universalgeschichte, ob sie nun eine chronologische Gestalt wie bei Hieronymus oder eine philosophische Gestalt wie bei Augustin annimmt, mündet in einer von der Vorsehung bestimmten Exegese. Die Ereignisse und ihr Verlauf sind als solche weniger interessant als ihre mystischen Zeichen, ihre moralische Bedeutung im Plan des göttlichen Regiments. *De Gubernatione Dei* ist der Titel einer Abhandlung von Salvianus, um 450. Wir erwähnten bereits die Bedeutung von Augustins *De Civitate Dei* für die geschichtliche Ordnung des Abendlandes bis hin zu Bossuet, bis zu den Apologeten des

19. Jahrhunderts wie Dom Guéranger. Die Geschichte, die *eine* ist, hat auch *einen* Sinn, einen theologischen Sinn, der im Fall der Heilsgeschichte besonders eindeutig erscheint, aber schwieriger auszumachen ist, wenn es sich um Ereignisse handelt, die aus nicht inspirierten Quellen geschöpft sind (aber ist die Geschichte nicht immer inspiriert?), und einen moralischen Sinn. Dem Historiker obliegt es, hinter der äußeren Erscheinung die Lehre des Ereignisses offensichtlich zu machen, indem er es in die göttliche Ordnung der Welt einfügt. Denn wie es scheint, hat Gott den providentialistischen Historikern hinsichtlich seiner Absichten besondere Erleuchtung verliehen. Das Beispiel *De Civitate Dei* ist uns bereits bekannt. Zitieren wir, um es zu bekräftigen, den sehr ähnlichen Fall des Salvianus, der zeigen will, daß der Sieg der Barbaren ein Zeichen der göttlichen Rache war, die sich, wie einst gegen Israel, nun gegen die pflichtvergessene römische Gesellschaft richtete: »Warum hat unser Gott die unermeßlichen Reichtümer der Republik und die wohlhabendsten Leute römischen Namens der Macht unserer feigsten Feinde überantwortet? Geschah es nicht dazu, um uns erkennen zu lassen, daß diese Eroberungen mehr Frucht der Tugend als Frucht der Stärke sind; um uns zu erniedrigen und zu bestrafen, indem er uns den Feiglingen ausliefert« (Salvianus bewundert die Barbaren nicht und gesteht ihnen keine ethnische Überlegenheit zu); »um die Schläge der göttlichen Hand augenscheinlich zu machen, indem er uns zu Herrschern nicht die tapfersten unserer Feinde, sondern die am wenigsten Mutigen gibt.«

Dieses Bemühen, den Sinn der Geschichte herauszufinden, wird lange anhalten. Es ist noch heute lebendig. Joseph de Maistre hat es neu belebt, als er es auf die französische Revolution anwandte, die er als ein Werkezug der göttlichen Rache sieht. Es hat in keinem geringen Maße dazu beigetragen, die Geschichte zu politisieren, die zu einem Arsenal von Pro-und-contra-Argumenten in großen theoretischen Diskussionen wurde. Schließlich eigneten sich die moralischen Ausblicke, auf die diese Philosophie der Geschichte hinauslief, recht gut für rhetorische Ausführungen. Außerdem ist jede »Renaissance« von einer Entfärbung der Geschichte begleitet, weil der Sinn des Lebens in der Zeit verlorengeht. Die Menschen des Mittelalters verstanden es, gute Beobachter der Sitten und der Dinge zu sein.

Die Bildhauer, die Miniaturenmaler, die epischen Dichter sind Beweis genug. Aber diese Lebendigkeit der Zeit fehlt in den eigentlich geschichtlichen Texten, insoweit ihre Autoren darin eine moralische Lehre entwerfen oder auf den Spuren der klassischen Autoren wandeln wollten. Es ist nicht nötig, auf das 17. Jahrhundert zu warten. *Das Leben Karls des Großen* von Eginhard stammt aus dem 9. Jahrhundert. Wenn man das Werk überfliegt, kann man es in seiner Beschreibung ehrfürchtig und getreu finden. Aber sein letzter Herausgeber, L. Halphen, hat bewiesen, daß Eginhard die Augustus-Biographie von Sueton plagiiert und ungeschickt transponiert hat, anstatt einfach das zu erzählen, was er gesehen hatte.

Dennoch besaß das Mittelalter an seinem Ursprung den Sinn für die universale Geschichte und für die Solidarität der Zeitalter in einer von Gott geordneten Welt. Davon mußten wir ausgehen, um die Kurve seiner Haltung vor der Zeit nachvollziehen zu können.

Zweiter wichtiger Begriff: das Datum des Osterfestes als letzter Überrest des Kalenders im großen Debakel der positiven Werte der Zivilisation, vom 6. bis zum 8. Jahrhundert.

Der Begriff der Dekadenz hält der geschichtlichen Analyse selten stand. Bei näherem Hinsehen gewinnt man den Eindruck, daß er ein falsches Fenster ist, das die Symmetrie der Architektur der klassischen Geschichte stört. Die Klassiker betrachten den Lauf der Zeit als eine Abfolge von Zeiten der »Größe« und der »Dekadenz«. Wir haben noch heute viel Mühe, uns von dieser Sichtweise freizumachen, die eine Quelle der Irrtümer und Sinnwidrigkeiten ist. Eine als dekadent bezeichnete Epoche ist, nach dem Wort von D. Halévy, eine Epoche, in der die Geschichte sich beschleunigt, in der die Anzeichen für den Übergang von der einen in die andere Zivilisation sich vervielfältigen und sich dem bloßen Auge der Gegensatz zweier Strukturen auftut. Man bezeichnet auch die Augenblicke als Dekadenzepoche, in denen die Gesellschaften sich von den klassischen, durch den Hellenismus – oder durch die Idee, die man sich vom Hellenismus macht – definierten Kanons entfernt haben. Man müßte diesen Ausdruck aus der Terminologie verbannen.

Es gibt jedoch eine Periode, und nur eine einzige unter den historischen Zeitaltern, in der dieser ungenaue Begriff der Dekadenz eine konkrete und sehr dramatische Bedeutung findet: die zwei oder drei Jahrhunderte des frühen Mittelalters zwischen der Invasion der Barbaren und der karolingischen Renaissance. Damals hatte man sehr wohl den Eindruck, daß alles vom Verschwinden bedroht sei, der Schatz der Jahrhunderte und sogar der Jahrtausende. Valéry sagte, die Zivilisationen seien sterblich. Aber andere entstehen aus ihren Ruinen und aus ihrem Blut. Es hat niemals einen völligen Bruch gegeben, ein schwarzes Loch, wo man sich an nichts mehr erinnert, nichts schreibt, nichts weitergibt. Niemals außer während dieses frühen Mittelalters, wo fast alles zu versinken drohte, bis hin zur Zeitrechnung – was für unser Vorhaben interessant ist. Kann die Idee der Geschichte fortbestehen, wenn man das Gespür für eine wie auch immer geartete Aufteilung der Zeit verloren hat? Es ist bemerkenswert, daß Eusebios von Cäsarea und Hieronymus bei ihrem großangelegten Vorhaben einer Universalgeschichte zunächst zählen wollten. Die Rechnung konnte falsch sein, aber die Absicht war vorhanden, und sie genügte, um dem Geist diese Dimension des Einst, diese Tiefe, die es ohne chronologische Anhaltspunkte nicht mehr gibt, zu vermitteln. Das nämlich war der Fall bei den Schwarzen Afrikas, als der Islam es versäumte, eine Chronologie und ein Datierungssystem, die Hedschra, einzuführen: nunmehr handelt es sich nicht mehr um eine ausschweifende Solidarität der Zeitalter, wo die Elemente der Unterscheidung abgeschwächt sind, sondern die Vergangenheit verflüchtigt sich, sie verschwindet aus dem Bewußtsein der Menschen und wird aufgefangen von einer Folklore, die, so denke ich, wie jede Folklore zeitlos ist.

Das frühe, barbarische Mittelalter erreichte diese Grenze nicht. Es wußte in der allgemeinen Verwirrung die Zeitrechnung zu erhalten. Die liturgische Notwendigkeit, das Datum von Ostern genau festzulegen, bewahrte die Techniken der astronomischen Berechnung, die andernfalls verschwunden wären. Es war von entscheidender Bedeutung, daß Ostern zum richtigen Zeitpunkt gefeiert würde, denn sonst wäre der liturgische Zyklus durcheinandergeraten. Ohne jeden Zweifel war zu diesem Augenblick der Kirchengeschichte die Liturgie (noch ganz nah ihren lebendigen Ursprüngen) die wichtigste Form der religiösen Andacht; es konnte ihr sogar ein Formalismus anhaften, der modernen Geistern abergläubisch erscheinen mag. Die der Liturgie, ihrem Sinn zugewiesene Bedeutung – er war damals der einzige Katechismus – erklärt das Interesse an der Festlegung des Osterdatums, die eine Quelle lebhafter Kontroversen war. Die damaligen Menschen fürchteten, ihre Religion könnte Schaden nehmen, wenn es in bezug auf dieses wesentliche Fest einen Irrtum gäbe.

Nun, die Gleichschaltung von Ostern – Fest jüdischen Ursprungs, das durch den jüdischen Mondkalender geregelt ist – mit dem im Abendland gebräuchlichen julianischen Kalender bereitete wirklich Schwierigkeiten. Man mußte Spezialisten zu Hilfe rufen oder, um die Frage ein für alle Male zu klären, für mehrere Jahrhunderte im voraus aufgestellte Konkordanztabellen aufbewahren. Jede Seite einer Tabelle umfaßte neun Jahre, so daß es nach 28 Blättern ein Zusammentreffen des hebräischen Mondzyklus mit dem römischen Sonnenzyklus gab.

Die religiösen Gemeinschaften, besonders die Abteien, besaßen diese Ostertabellen, die für den Ablauf eines regelmäßigen liturgischen Lebens und infolgedessen für das ganze religiöse Leben unentbehrlich waren. Diese Ostertabellen haben den Begriff der Zeit vor dem Debakel der Werte der Zivilisation gerettet. Denn die Abteien sind, entgegen der geläufigen Meinung, zumindest in Gallien nicht dem Vergessen entronnen, in dem das Erbe der Vergangenheit versank. Die Schrift- und die Schulreform unter Karl dem Großen wurde in der Furcht unternommen, daß die schlechte Handschrift der Kopisten und ihre Unkenntnis des Lateinischen nicht mehr die getreue Überlieferung der heiligen Texte gewährleisteten; man wäre ihrer Authentizität nicht mehr sicher gewesen. Das nämliche große Problem wie bei der Berechnung der Zeit. Ohne regelmäßige Ostern, ohne authentische Bibel würde man ins Nichts versinken; Gott würde die Welt verlassen. In den Gesellschaften des 7. und 8. Jahrhunderts spielten die Ostertabellen eine ebenso bedeutenden Rolle wie der konsularische Kalender in Rom. Die Herrscherjahre der Barbarenkönige hätten die der Kaiser fortsetzen können, die oft mit den Konsulaten durcheinandergerieten. Aber es genügt, Gregor von Tours oder den Pseudo-

Fredegar und seine ersten Fortsetzer durchzublättern, um die praktische Unmöglichkeit einer derartigen Zählweise einzusehen: »Das dritte Jahr des Königs Childebert, welches das siebzehnte des Chilperich und des Gontran war ...«

Der Pseudo-Fredegar zählt die Jahre Childeberts von seiner Ankunft in Burgund an, ohne sich um seine Herrschaft in Austrasien zu kümmern: »Das vierte Jahr Childeberts in Burgund ...« Der Chronist ist also in Burgund. Wenn sein Fortsetzer sich hingegen nach Austrasien begibt, vernachlässigt er die burgundische Chronologie, um diejenige Austrasiens fortzusetzen. Nach dem Tode Dagoberts zählt er die Jahre nach Sigebert, der König in Austrasien ist, während sein Bruder Chlodwig über Neustrien und Burgund herrscht. Diese Chronologien werden zu verworren und zu kompliziert für Geister, die sich gegen die Abstraktion der Ziffern sperren, für Menschen, die buchstäblich nicht zählen können. Außerdem verzichten sie auf ein genaues System der Herrscherjahre, sogar als die politische Lage sich mit der Thronbesteigung Pippins des Kurzen geklärt hat. Der Teil des Pseudo-Fredegar, der Pippin gewidmet ist, plaziert die Ereignisse in der Zeit ohne Präzision und mit Unterbrechungen. Er zählt nicht mehr nach Königsjahren. Es gibt diesbezüglich sogar einen Rückschritt im Vergleich mit Gregor von Tours. Er sagt: »das folgende Jahr« oder »zur selben Zeit« oder »während dies geschah«. Manchmal ist er genauer: »im folgenden Jahr, das ist im elften seiner Herrschaft«, um danach fortzufahren mit »im folgenden Jahr ...«, bis zum Tode Pippins. Dort endet der Bericht mit einer Zusammenfassung, in der man das Bemühen um eine chronologische Bilanz, wie bei Hieronymus, wiederfindet: »Er hatte 25 Jahre regiert«, was im übrigen nicht richtig ist: nur 16 Jahre, und selbst wenn man in die Rechnung seine Zeit als Hausmeier mit aufnimmt, macht dies 27 und nicht 25 Jahre. Kurz, man findet sich nicht zurecht. Das stört den Chronisten kaum. Er hält es nicht für nötig, die ungewisse und komplizierte Rechnung der Regierungszeiten durch ein einfaches System der Zeitzählung zu ersetzen. Es ist wahr, daß die Sammlung des Pseudo-Fredegar zum Zwecke karolingischer Propaganda erstellt worden ist, die über das grundlegende Bemühen, die Erinnerung an die Zeit festzuhalten, hinausgeht. Wir werden später diesen Gesichtspunkt, der ein anderer ist als der unsere hier, wiederaufnehmen. Halten wir nur fest, daß ein Pippinide des 8. Jahrhunderts Chroniken zum Ruhme seiner Vorfahren sammeln konnte, ohne sich über chronologische Verweise Gedanken zu machen, ohne sich zu fragen, ob der Leser Schwierigkeiten habe, die Menschen und Ereignisse einzuordnen. Das hatte für ihn keinerlei Bedeutung; das Problem stellte sich ihm nicht.

Diese Chroniken zeugen also von der großen chronologischen Verwirrung, die am Ende des 8. Jahrhunderts immer noch anhält. Sie sind nun aber, wenn ich so sagen darf, laizistisch, das heißt, selbst wenn sie voller Wunder sind, oder von Geistlichen geschrieben, sind sie doch nicht aus dem Leben der Abteien und aus klösterlichen Bedürfnissen entstanden.

Ihre Gleichgültigkeit gegenüber der Chronologie scheint mir infolgedessen die Hypothese zu bestärken, daß die österliche Kalenderrechnung den Begriff des Zeitmaßes gerettet hat. Die Fortsetzer der Universalgeschichten des 5. Jahrhunderts, wie Gregor von Tours einer sein wollte, dessen Nachfolge der Pseudo-Fredegar sichert, haben den Sinn für Regelmäßigkeiten im Ablauf der Zeit verloren. Diese Chronisten sind keine Annalisten.

Die ersten Annalen sind klösterliche, und die Gelehrten schienen sich einig zu sein, den Ursprung der österlichen Konkordanztabellen diesen Annalen zuzuweisen. Auguste Molinier schreibt in dem den Karolingern gewidmeten Band seiner *Sources de l'Histoire de France:* »Die unbekannten Autoren der ersten klösterlichen Annalen trugen Sorge, auf ihren Ostertabellen die Siege, die Feldzüge oder den Tod der neuen Herrscher einzutragen.«

Man kann sich vorstellen, wie die Dinge verlaufen sind. Man bewahrte sorgfältig Kalender auf, die es ermöglichten, Ostern festzulegen. Auf diesen Kalendern wurden die Jahre streng unterschieden und jede Verwirrung vermieden. In einem religiösen und liturgischen Sinn folgten sie seit der Geburt Christi aufeinander. Diese Differenzierung nach Jahren muß unterstrichen werden. Sie schafft eine Geisteshaltung, die Gregor von Tours und mehr noch dem Pseudo-Fredegar fremd war. Bald werden die Mönche die schlichte Neigung verspüren, diese Differenzierung durch konkretere Hinweise, die ihre täglichen

Erfahrungen betreffen, zu verstärken. Das bereits durch seinen liturgischen Zyklus spezifizierte Jahr wird durch einige eindrucksvolle Ereignisse gekennzeichnet werden: ein rauher Winter, ein übernatürliches Wunder, der Tod einer wichtigen Person, aber auch, mehr und mehr, ein politisches Ereignis, ein Krieg.

Die *Monumenta Germaniae Historica* enthalten einige dieser Annalen, die in ihrer Naivität rührend sind. Man muß sie in ihrem entsetzlichen Latein lesen, das ein Urteil über die intellektuelle Ungeschliffenheit der Mönche erlaubt. Aber dieser Tiefstand der Kultur unterstreicht erst recht die Wichtigkeit ihrer annalistischen Übung, die den Begriff der Zeit bewahrt.

Es steht zunächst oben links: *Anni ab incarnatione Domini*, und darunter die Jahre: 764, 765 . . . Gegenüber der Jahreszahl liest man zwei oder drei Zeilen Kommentare. Zum Beispiel: 764 – *Hiems grandis et durus – Habuit rex Pippinus conventum magnum cum Francis ad Charisago*. Das rauhe Klima ist genau so wichtig wie die Versammlung der Franken. Man spürt, wie sehr der Mönch von der strengen Kälte betroffen war. Sie ist das beherrschende Ereignis des Jahres.

Und weiter: 787 – *Eclipsis solis facta est hora secunda 16 kal. Octobres die dominico. Et in eodem anno dominus rex Carlus venit per Alamaniam usque ad terminos Paioariarum cum exercitu*. Die Sonnenfinsternis verdient es, mit demselben Recht erwähnt zu werden wie ein Feldzug Karls des Großen. Und mit welcher ganz modernen Genauigkeit, die den politischen Chronisten wie dem Pseudo-Fredegar unbekannt ist: am Sonntag, 16. Tag der Kalenden des Oktober, gegen zwei Uhr. Diese Präzision weist auf einen gewohnten Umgang mit dem Kalender hin.

849 – *Terrae motus. Walachfredus obiit*. Der Tod des Abtes und ein Erdbeben: das ist alles für dieses Jahr. Die anderen Ereignisse der großen Geschichte werden vernachlässigt.

Manchmal wird die Trockenheit der knappen Notizen von einer gewissen Gemütsbewegung belebt: 841 – *Bellum trium fratrum, ad Fontanos*. Hier die nackte Tatsache, aber der Schreiber ist aufgewühlt und fügt hinzu: *bellum crudellissimum inter fratres Hlottaricum*

Die Bedeutung der meteorologischen Gegebenheiten, der Sonnenfinsternisse, der Erdbeben ist keine Besonderheit der kurzen Notizen der klösterlichen Annalen. Sie ist eine Alltäglichkeit in der Literatur der Zeit. Was man hervorheben muß und was mir neu erscheint, ist die annalistische Methode und die darin enthaltene chronologische Sorge. Zur Zeit Karls des Großen, und das ist gewiß ein Teil der »karolingischen Renaissance«, wird das annalistische Verfahren von den Redakteuren der offiziellen Geschichte, der *annales regii*, übernommen, die die Sammlung des Pseudo-Fredegar fortsetzen.

Die Universalgeschichte und ihre geschichtliche Interpretation der Welt, des Heranreifens der Welt, hinterließen dem Mittelalter die Vorstellung, daß es eine Geschichte des Menschengeschlechts gibt. Die Notwendigkeit, die Tage, Monate, Jahre nach einem praktischen System zu zählen, führte, wenn auch in veränderter Form, den Begriff vom Ablauf der Zeit wieder ein.

In den großen Universalgeschichten des Eusebios von Cäsarea, seiner Nachahmer und Fortsetzer hat die Chronologie die Form der Einteilung und Zuordnung nach der Dauer der Regierung: die makedonischen Könige, die römischen Cäsaren . . . Diese chronologische Einheit, die Regierungszeit, wurde nicht ins Mittelalter übertragen, oder vielmehr: ihr Gebrauch verlor sich. Die Übernahme des Kirchenkalenders, der Zeitrechnung seit Christi Geburt, erlaubte es, die Zeit einzuteilen, ohne auf die verwirrenden Daten der Merowinger zurückzugreifen. Vor allem aber war die Meinung von der Macht der zeitgenössischen Fürsten weniger beeindruckt als von der Macht der Bischöfe und Äbte, deren noch frisches Andenken von einer Aura des Legendären umgeben war, falls dies nicht schon zu ihren Lebzeiten so war. Von wessen Meinung ist die Rede? Von der einzigen, die wir kennen, nämlich die Meinung derjenigen, die schrieben, die die einzige Sprache kannten, die man schreiben konnte, das Lateinische, also die Meinung der Geistlichen.

Aber zur Zeit Gregors von Tours und, so kann man sagen, bis zur gregorianischen Reform des 11. und 12. Jahrhunderts lebten die Geistlichen in keiner für sich abgeschlossenen Welt.

Kein strenges Zölibat trennte sie von den übrigen Menschen

im täglichen Leben. Zum Beweis eine Anekdote von Gregor von Tours, in der ein unzüchtiger Abt von dem betrogenen Ehemann getötet wird: »Auf daß dieses Beispiel die Geistlichen lehre, keinen Umgang mit den Weibern anderer zu haben, denn das kanonische Gesetz und die Heiligen Schriften untersagen es, *praeter has feminas de quibus crimen non potest aestimari*«, außer mit den Weibern, mit denen man sich nicht des Frevels schuldig machen kann. Diese zahlenstarke Menge mit den ungenau definierten Sitten mußte ihre Gefühle der Menge der Gläubigen aufzwingen, die die Gräber der Heiligen und ihre Reliquien aufsuchten. Wie dem auch sei, während des frühen Mittelalters, bis hin zu den umfangreichen Texten der karolingischen Geschichtsschreibung, sind die wichtigsten Persönlichkeiten die Bischöfe und Äbte. Sie sind es, über die man schreibt, sie sind es, die interessieren. Um sich davon zu überzeugen, genügt es, in dem Quellenverzeichnis zu Band I von Moliniers *Sources de l'Histoire de France*, der die Periode von den Ursprüngen bis zu den Karolingern behandelt, die Hinweise zu zählen: von 630 insgesamt beziehen sich 507 auf das Leben von Heiligen, das sind 80 Prozent. Es ist nicht so wichtig, daß diese Leben legendenhaft sind, oft auf einen gemeinsamen Prototyp zurückgehen, mit den gleichen Wundern und Wunderwerken. 80 Prozent der geschichtlichen Texte sind Biographien von Bischöfen und Äbten. Denn die Heiligen waren damals fast ausschließlich Bischöfe und Äbte. Heute hingegen wird in der Kirche die Heiligkeit der Oberhäupter der regulären und vor allem der säkularen Hierarchie selten kanonisch anerkannt ...

Die Erzählung Gregors von Tours ist, sobald sie aufhört, eine Universalgeschichte zu sein, ebenso eine Geschichte der Bischöfe wie eine Geschichte der Franken. Die großen markierenden Geschichtsdaten sind für Gregor von Tours die Schöpfung, die Sintflut, die Durchquerung des Roten Meers, die Auferstehung Jesu und der Tod Sankt Martins. Der hl. Martin erscheint in seinen Augen wichtiger als Konstantin, ganz zu schweigen von Chlodwig, dem alles in allem wenig nennenswerten Werkzeug der göttlichen Vorsehung. Der hl. Martin aber ist »unser Licht«, die Fackel, deren neue Strahlen Gallien erleuchten. Die, wie wir sagen würden, moderne Geschichte beginnt mit St. Martin. Vor St. Martin gehören St. Denis, St. Saturnin, St. Oursin, die Verkünder des Evangeliums und die ersten Märtyrer zur Geschichte der verehrungswürdigen Zeiten, die uns durch alte Erinnerungen bekannt sind. Buch II, das der Kurzfassung der Universalgeschichte von Buch I folgt, beginnt mit den ersten Nachfolgern St. Martins auf dem Sitz von Tours. Beiläufig kommt man zu den Franken, um zu erkennen, daß man nicht viel von ihnen weiß. Nach dem Bericht über die Franken und ihre Ankunft in Gallien wird gleichzeitig die Geschichte der ersten bekannten Frankenkönige und die der Bischöfe von Tours und Clermont beschrieben. Mit Buch III, das über die Regierungszeit von Chlodwig berichtet, wird die Darstellung geraffter in dem Maße, in dem zeitgenössische Ereignisse zur Sprache kommen. Den kirchlichen Dingen aber ist immer ein besonderer Platz vorbehalten: Absetzung oder Ernennung von Bischöfen, Synoden, geistliches Leben, das im übrigen eng mit dem der Könige verbunden ist, eine Art von *Caesaropapismus*.

Gleichwohl hält Gregor von Tours in Buch X noch einmal inne und liefert eine systematische und fortlaufende Geschichte seines metropolitanischen Sitzes in Tours, angefangen beim ersten Bischof, Gatian, über St. Martin, der der dritte war, »der neunzehnte war ich, Gregor, Unwürdiger«. In Buch I, in seinem großen chronologischen Resümee der Welt, hatte er bereits sich selbst zu dem Zeitpunkt, als er die *Historia Francorum* schrieb, eingeordnet: »Im einundzwanzigsten Jahr unseres Episkopats, welches das fünfte Gregors, des Papstes von Rom ist, das einunddreißigste des Königs Gontran, das neunzehnte des Childebert . . .« Die Geschichte vom 6. bis zum 8. Jahrhundert erscheint zunächst wie eine Sammlung von Taten der Bischöfe und Äbte: eine wichtige Veränderung des Geschichtsverständnisses. Seit Eusebios von Cäsarea hatte die Geschichte niemals aufgehört, *heilig* zu sein. Sie schenkte indessen den biographischen Aspekten wenig Aufmerksamkeit und war hauptsächlich darum bemüht, die heidnische Geschichte in den Plan der Vorsehung einzufügen. Die Heilsgeschichte hörte auf, die Geschichte allein der Juden zu sein, und wurde zur Geschichte der Welt.

Doch der Geist der großen chronologischen Systeme geriet

nach und nach in Vergessenheit. Den Anstrengungen, die im 8. Jahrhundert Angelsachsen wie Beda Venerabilis oder Italiener wie Paulus Diaconus machten, gelang es nicht, sie zu retten.

Die Erinnerung an die Ursprünge stand zwar noch in den Vorwörtern der Bücher, doch das war mehr eine Stilkonvention. Der Niedergang überstürzte sich im 10. Jahrhundert, und von da an, bis zum 12. Jahrhundert, verlor Frankreich den Sinn für die Universalität der Geschichte, als Folge einer Verengung des geographischen Horizonts und auch einer Vernachlässigung des Bemühens, hinter der Verkettung der Ereignisse die Hand der Vorsehung zu erkennen. Man hatte das Interesse am weltlichen Stoff der Geschichte und sogar an dessen Interpretation im Lichte der Vorsehung verloren.

Von nun an war die Geschichte keine Heilsgeschichte mehr, sondern wurde zu einer Lebensgeschichte der Heiligen. Das war etwas ganz anderes! Nicht länger das Heilige in der Zeit, sondern das Heilige außerhalb der Welt. Die Aufzählung von Wundertaten, die die Heiligkeit seines Helden offenbarten, zwang den Biographen, den Hagiographen, vor allem den transhistorischen Aspekt des Übernatürlichen zu betonen. Ein weiteres Anzeichen für die Erosion des Geschichtsverständnisses, auf die wir soeben hingewiesen haben. Für unser Thema besteht das Interesse an der karolingischen Renaissance weniger in den zum Scheitern verurteilten Bemühungen, die großen Universalgeschichten wieder aufleben zu lassen, als vielmehr in der Rehabilitierung des weltlichen Stoffes der Geschichte. Jenseits der Hagiographie, der providentiellen Exegese, sogar jenseits des klassischen Moralismus haben die Karolinger die sehr alte Tradition der am Ursprung der geschriebenen Geschichte stehenden Kriegsherren wieder aufleben lassen. Was hier wiederkehrt, ist die Sorge der ersten Reiche, daß die Erinnerung an die bemerkenswerten Ereignisse, die ihren Ruhm begründeten, untergehen könnte.

Das Unterfangen geht bis auf Childebrand, den Bruder Karl Martells, zurück. Er ließ die lokalen, burgundischen und austrasischen Chroniken, die seit dem 16. Jahrhundert dem Fredegar zugeordnet werden, sammeln und kompilieren, deren Mangel an chronologischem Sinn wir bereits erwähnten. Es

handelt sich nicht darum, die Folge der Zeiten zu bewahren, sondern darum, eine königliche Tradition festzuhalten, die erste in der auf den Ruinen der Romania wiederaufgebauten Welt. Der Pseudo-Fredegar besteht also aus einer Sammlung von Chroniken, deren Aneinanderreihung eine fortlaufende Geschichte bilden soll. Die Gelehrten erkennen darin:
1. Eine Zusammenfassung von Gregor von Tours als Vorwort.
2. Eine burgundische Chronik, die von 585 bis 642 reicht und mindestens drei verschiedene Autoren hat. Hier eine Probe des Berichts: »Im achten Jahr seiner Herrschaft (in Burgund) hatte Theoderich von einer Konkubine einen Sohn, der Childebert genannt wurde. Eine Synode wurde in Chalons einberufen, man wechselte dort den Bischof von Vienne aus. In diesem Jahr war die Sonne verschleiert. In derselben Zeit war der Franke Berthold Hausmeier Theoderichs. Er war ein Mann mit ordentlichen Sitten, weise, vorsichtig, tapfer im Kampf und fest im Glauben.«
3. Im siebten Jahrhundert wird die Chronik zu Gunsten der Pippiniden nach Austrasien verlegt. Sie wird von Childebrand, dem Bruder Karl Martells, kopiert und aufbewahrt, der sie fortsetzen läßt bis zur Machtübernahme durch Pippin den Kurzen im Jahre 752: »Bis hier hat der berühmte Fürst Childebrand, Oheim des Königs Pippin, mit größter Sorgfalt diese Geschichte von den Taten der Franken aufschreiben lassen.«

4. Das Leben Pippins des Kurzen, von Niebelung, Sohn des Childebrand und Vetter des Königs: »Was folgt, wurde auf Befehl des berühmten Kriegers Niebelung, Sohn des Childebrand, geschrieben.« Als wäre diese jüngere Linie auf die Familiengeschichte spezialisiert gewesen!

Diese Sammlung des Fredegar ist also aus alten Chroniken (man nahm zunächst, was man fand) und schließlich aus einer offiziellen Geschichtsschreibung zusammengestellt.

Die königlichen Annalen, die lange Zeit zu Unrecht Eginhard zugeschrieben wurden, setzen im Auftrag Karls des Großen das Werk Childebrands und Niebelungs systematischer fort. Laut L. Halphen ist es unnötig, darin willkürliche Unterteilungen zu suchen, wie einige Gelehrte es taten. Halten wir lediglich fest, daß sie die christliche Zeitrechnung und die strenge Methode der Annalen übernehmen: *anno 741.* In diesem chronologischen, Fredegar unbekannten und (gewiß unter angelsächsischem Einfluß) den klösterlichen Annalen entlehnten Rahmen entwickeln die Chronisten die Geschichte der königlichen Kriege. Ihr Bericht ist dem Ruhm der Helden gewidmet, deren glanzvolle Taten bewahrt werden sollen. Diese offizielle und weltliche Geschichte (weltlich, obwohl sie, da von Geistlichen verfaßt, immer von christlichen Wundern durchdrungen ist) hat zwei wesentliche Gesichtspunkte: der eine dynastischer, der andere militärischer Art; es geziemt sich, schriftlich die großen Taten der Ahnen festzuhalten. Dieses Bestreben zeigt eine Haltung gegenüber der Zeit, die ich für neu erachte und die dazu beitragen wird, die typische Mentalität des Ancien Régime zu formen und sogar noch unsere gegenwärtige Mentalität, in dem Maße nämlich, in dem sie die unserer Vorfahren von vor 200 Jahren fortsetzt. Es handelt sich um die Tradition. Seit dem 9. Jahrhundert, zur selben Zeit, als sich das Feudalsystem herausbildet, werden mehr und mehr die Ahnen und der Wert der Ahnen beschworen. Um sich gesellschaftlich durchzusetzen, muß der Mensch über Ahnen verfügen, und zwar über Ahnen von legendärer Tapferkeit. Dieses Gefühl wird die Jahrhunderte überdauern und dem Ancien Régime, trotz der Unterschiede der Zeit, eine eigene Färbung verleihen: die Ehre, wird Montesquieu sagen.

Diese Vergangenheitsverehrung kennzeichnet in der Feudalzeit die Familien, die in den Treuebanden stehen. Sie muß aber ihren Ursprung im Brauch der Hausmeier Austrasiens haben, bevor diese noch den Cäsaren folgten: mehr als die Königsweihe hat sie ihr kriegerischer Wert für den königlichen Dienst bestimmt. Obwohl immer dynastisch und militärisch, ist die Tradition zunächst doch königlich. Die offizielle Geschichtsschreibung der Karolinger begründet eine königliche Tradition dort, wo die Erben Chlodwigs gescheitert sind.

Die Überlieferung der Großtaten der Könige in geschriebener Sprache wurde jedoch abgebrochen, wenigstens in ihrer Form der gelehrten Berichte. Die *Königlichen Annalen* haben keine Fortsetzer gefunden. Dieser erste Versuch, die Geschichte im Rhythmus der Könige und ihrer Kriege zu ordnen, wurde nicht weiter verfolgt.

Wir sind daran gewöhnt, die Geschichte zu reduzieren auf eine Abfolge von Zyklen mit Höhepunkten und Niedergängen, gemäß den Wechselfällen der politischen Mächte. So sind wir auch nicht übermäßig erstaunt über dieses Verschwinden der großen königlichen Chronik, sondern neigen dazu, es mit dem Niedergang der Karolinger zu erklären und mit dem Aufstieg einer neuen Barbarei, die derjenigen des 6. und 7. Jahrhunderts entspricht. Man hat dennoch im 9. und 10. Jahrhundert nicht aufgehört, Geschichte zu schreiben, und in den Texten dieser Zeit findet sich nichts, was mit der rudimentären Sprache und der barbarischen Unkenntnis der klösterlichen Annalen, aus denen wir oben einige Abschnitte zitiert haben, zu vergleichen wäre. Im Gegenteil zeugen die Bezugnahmen auf die klassische Antike von einer Kenntnis der literarischen Autoren, die, unter Karl dem Großen wiederentdeckt, niemals verlorengehen wird. Es ist nicht die Kulturlosigkeit, sondern die Rhethorik und die antike Verkleidung, die den modernen Leser in den zwischen 983 und 995 geschriebenen *Historiarum Libri IV* von Richter stören.

Hier ist nicht der Ort, den zu oberflächlichen Begriff der Dekadenz zu bemühen oder von der Schwächung der karolingischen Dynastie zu reden. Warum sollte letzteres Argument für die lateinische Geschichte zutreffender sein als für das Epos in Vulgärsprache, in dem die Ereignisse des 9. und 10. Jahrhunderts eine so große Rolle spielen? Man muß anderweitig suchen.

Welches sind, wenn man einmal von den normannischen Chroniken bis zu den ersten Geschichten der Kreuzzüge absieht, die wichtigsten historischen Texte des 9. bis 11. Jahrhunderts?

Da wären die *Gesta Dagoberti.* Sie sind keine Geschichte des Königs Dagobert, sondern ein Panegyrikon Dagoberts in seiner Funktion als Gründer der Abtei St.-Denis, geschrieben um 832 von einem Mönch aus St.-Denis mit Hilfe von Texten, die von Fredegar her bekannt sind, und von Heiligenviten. Sein Reiz besteht in den Einzelheiten, die den Urkunden der Abtei entnommen wurden: ein Rückgriff auf wichtige Quellen zur Wahrung der Privilegien der Gemeinschaft.

Flodoard ist der Autor einer *Historia Ecclesiae Remensis,* die im Jahre 948 abbricht. Flodoard starb 966. Er war Domherr der Kirche, deren Historiker er ist. Er beginnt so: »Da ich kein anderes Ziel habe, als die Geschichte der Begründung unseres Glaubens zu schreiben und das Leben der Väter unserer Kirche zu erzählen, scheint es nicht notwendig zu sein, nach den Urhebern oder Gründern unserer Stadt zu suchen, da sie nichts für unser ewiges Seelenheil getan haben und da sie uns, im Gegenteil, in Stein gemeißelt die Spuren ihrer Irrtümer hinterlassen haben« – eine seltsame Art, sich mit einem Schlag der heidnischen Antike und der weltlichen Geschichte zu entledigen. Er erzählt das Leben des hl. Remy, so wie die Biographen der vorhergehenden Epochen es taten, folgt der Liste der Bischöfe, verweilt bei Hincmar, paraphrasiert die bischöflichen Briefe. Ein anderer Bericht desselben Flodoard umfaßt, in der nunmehr traditionellen annalistischen Form, erwähnenswerte Ereignisse der lokalen Chronik und einige entferntere Vorkommnisse. In Reims fallen hühnereigroße Hagelkörner nieder. In diesem Jahr gab es keinen Wein. Die Normannen verwüsteten die Bretagne, Ungarn, Italien und einen Teil Frankreichs. Im Jahre 943 gab es in der Umgebung von Paris ein großes Gewitter und einen so gewaltigen Sturm, daß er die Mauern eines alten Hauses zerstörte, das auf seinen Besitzer niederstürzte. Dämonen in Gestalt von Reitern zerstörten eine benachbarte Kirche und rissen die Wachsleuchter heraus. Es scheint, als durchzögen Dämonen, das folkloristische Wunderbare, häufiger die Texte dieser Zeit.

Helgaud ist Mönch in der Abtei von Fleury-sur-Loire, heute Saint-Benoît-sur-Loire. Er verfaßt eine Vita des Wohltäters der Abtei, König Robert, die für St.-Benoît das ist, was die Vita Dagoberts für St.-Denis ist: ein Panegyrikon. Absolut nichts über äußere Ereignisse, statt dessen Erbauliches, Wunder, Almosen.

Wenn Abbo über die Belagerung von Paris durch die Normannen in den Jahren 885–887 erzählt, interessiert ihn weniger ein Ereignis der weltlichen oder königlichen Geschichte als vielmehr dessen Auswirkung auf die Abtei Saint-Germain. Es ist eine Episode aus der Geschichte des hl. Germain.

Raoul Glaber (985–1047) ist ambitionierter. Sein Ziel ist die Vervollständigung der großen Universalgeschichten, die mit

Beda Venerabilis und Paul Diaconus aufgehört haben. Er weiß, daß die Geschichte eine Quelle der moralischen Unterrichtung ist: »Für jedermann, ausgezeichnete Lektionen in Lebensklugheit und Bedacht.« »Wir beabsichtigen daher, hier an alle großen Männer zu erinnern, die wir selber kennenlernen oder verläßlich in Erfahrung bringen konnten und die sich seit dem Jahre 900 der Fleischwerdung des Wortes, das alles stiftet und belebt, bis in unsere Tage hinein durch ihre Ergebung in den katholischen Glauben und die Gesetze der Justiz hervorgetan haben.« Jedoch beschränkt sich sein Universum auf kaum mehr als Burgund, er ignoriert die Chronologie und die Einteilung nach Regierungszeiten und gefällt sich in der Aufzählung langer Folgen von Wundertaten. Nichts den karolingischen Annalen Vergleichbares!

Noch in der Mitte des 12. Jahrhunderts entspricht die Geschichte der Abtei Vézelay diesem Typ der mönchischen und lokalen Chronik.

Mönchische Annalen, Geschichten von Kirchen, Kathedralen und Abteien, Biographien von Bischöfen oder Äbten, Panegyriken für Stifter: die Geschichte zeigt sich erneut dem königlichen Bereich gegenüber gleichgültig, ohne Zweifel ein Aspekt der geographischen Eingrenzung, die dieses »erste Feudalzeitalter« (Marc Bloch) kennzeichnet. Wieder einmal handelt es sich nicht um Unkenntnis. Die Berichte sind oft fesselnd für den modernen Leser, viel fesselnder als ältere oder jüngere Texte, denn die an der allgemeinen Geschichte, den Ereignissen der großen Politik nicht interessierten Autoren waren aufgeschlossen für die Beobachtung der zeitgenössischen Sitten. Ein so seltenes Phänomen bei den Historikern unseres Volks! Man findet hier eine Fülle reizvoler Bemerkungen über das Übernatürliche, das Volkstümliche, so zum Beispiel den erstaunlichen Bericht von Galbert über Brügge anläßlich der Ermordung des Grafen von Flandern im Jahre 1127. Was sich hier ankündigt, sind die berühmten Chroniken, wie die von Joinville, die einzigen, die zu Recht in die literarische Geschichte Eingang gefunden haben und die, dank trefflicher Beobachter, Zeugnisse ihrer Zeit sind.

Nichtsdestoweniger ist diese Geschichtsschreibung niemals »königlich«, nicht einmal »feudal«. Sie interessiert sich nicht für die Taten der Großen, es sei denn, daß diese mit dem Dasein der Kirchen und Abteien in Berührung geraten. Man erkennt darin das Verschwinden der Idee der familiären Tradition. Kein uneingeschränktes Verschwinden: die familiären oder königlichen Traditionen geben zu dem Zeitpunkt, als die Geschichte in lateinischer Sprache sie aufgibt oder verschmäht, einer neuen literarischen Gattung Stoff – dem Epos.

Man sollte sich an dieser Stelle nicht mit dem Durcheinander der Kontroversen über die Frage nach den Ursprüngen des Epos aufhalten. Die zeitgenössischen Wissenschaftler haben indessen recht kostbare Hinweise geliefert. Sie sind sich weitgehend darin einig, die Entstehung der ersten Epen im 11. und 10. Jahrhundert anzusetzen, obwohl die ältesten Manuskripte erst aus der Mitte des 12. Jahrhunderts stammen. Die Mediävisten, die die zu radikalen Ideen Bédiers aufgeben oder ihre Strenge abmildern, scheinen heute geneigt, den Chansons de geste nicht länger eine klösterliche, sondern eine weltliche Quelle zuzuweisen – eine populäre oder herrschaftliche. Man denkt gerne an Balladen in Vulgärsprache, deren Existenz, nicht aber deren Thematik, durch kurze Anspielungen bezeugt ist, so z. B. durch das Verbot, »chansons rustiques« aufzusagen, das ein Bischof von Orléans im 9. Jahrhundert seinen Geistlichen erteilte. Gewiß haben diese Balladen, mehr als die lateinischen Annalen, den Epen die ältesten geschichtlichen Elemente überliefert, insbesondere die, die einen Bezug zu der Geschichte Karls des Großen oder seiner Nachfolger im 9. Jahrhundert haben.

Andererseits konnte F. Lot, dank der Benennung von Laon als Residenz des Hofes, als Datum der Festlegung der Themen das 10. Jahrhundert ansetzen, eine Epoche, in der das laonische Gebiet zum Hinterzimmer der karolingischen Könige geworden war. Außerdem veränderten die Ereignisse des 10. Jahrhunderts die früheren Überlieferungen: René Louis, Verfasser einer kundigen Monographie über Gérart de Roussillon, nennt als Ursprung des Themas einen Gérart, Grafen von Wien, der sich um 871 gegen Karl den Kahlen auflehnte. Im 10. Jahrhundert aber wurde dieses einfache Vorbild nacheinander von zwei Personen überdeckt: zunächst von einem Helden der burgundischen Unabhängigkeit nach dem Vorbild des Boson, dann von einem legendären Grafen von Roussillon zum höchsten Ruhm eines historischen Grafen von Roussillon, gegen 980–990.

Die ersten Niederschriften oder endgültigen Festlegungen hätten also im 11. Jahrhundert stattgefunden, doch wir besitzen meistens nur spätere Fassungen, die selten ohne Spuren der Veränderung und Umschreibung sind.

Wie dem auch sei, das Epos erhält seit seinem Ursprung seinen Stoff aus einer königlichen oder herrschaftlichen Tradition und widersetzt sich der zeitgenössischen Geschichtsschreibung, die vor allem kirchlich und klösterlich ist. Die Stufen seiner Herausbildung verweisen auf historische oder sagenhafte (das ist nicht wichtig) Episoden von beispielhaften Kriegern, mit einem im großen und ganzen dynastischen Ziel. Oder es besingt die Taten der Könige, die alle mehr oder weniger in der Person Karls des Großen verschmelzen, wie im *Rolandslied.* Und manchmal spiegelt es die Zugehörigkeit zur karolingischen Familie wider, die von treubrüchigen Baronen verraten wird. Oder es feiert den Ruf der Großen, Feinde der Könige, wie Gérart de Roussillon oder Guillaume au Court Nez, und es schreckt auch nicht davor zurück, den Monarchen des *Couronnement Louis* lächerlich zu machen. Alles verläuft so, als wären die dynastischen und heroischen Überlieferungen, die wir in den offiziellen karolingischen Annalen verzeichnet hatten, aus der lateinischen Geschichtsschreibung verschwunden, um sich in die volkstümlichen und herrschaftlichen Balladen zu flüchten, in die vulgärsprachlichen Lieder der fahrenden Sänger, schließlich in die von den Epen übernommenen Themen.

Durch das Epos gelangte also die Geschichte in die Literatur der gesprochenen Sprache; in der märchenhaften Gestalt des Epos wurde die Geschichte bekannt und von allen wahrgenommen. In Frankreich also entsteht das Epos, genauer gesagt, aus dem karolingischen Legitimismus und wird zu einer möglichen Form, das Andenken der Ahnen zu überliefern: eine heroische und dynastische Überlieferung. Der Begriff der familiären Tradition, der einige Zeit aus der gelehrten Geschichte in lateinischer Sprache verschwunden war, hat in der epischen Form überlebt.

Das ist bemerkenswert, denn man kann sich fragen, ob das 12. und 13. Jahrhundert ohne das Epos, das einen dynastischen und heroischen Stoff bewahrte und überlieferte, nicht ein anderes Geschichtsbewußtsein angenommen hätten. Marc Bloch hat die mittelalterliche Verwechslung von Geschichte und Epos unterstrichen. Noch zur Zeit Heinrichs II. Plantagenet, im 13. Jahrhundert, betrachtete man die Heldengedichte wie authentische Dokumente. Lange, bis ins 15. Jahrhundert hinein, werden herrschaftliche Familien ebenso wie Abteien versuchen, sich mit einem berühmten Epos in Verbindung zu bringen. So bediente sich das Haus Burgund für seine Propaganda einer Version des Gérart de Roussillon aus dem 14. Jahrhundert, in Alexandrinern, die ein Mönch aus Pothiers mit burgundischen Namen gespickt hatte. Philipp der Gute ließ sie in Prosa umschreiben und verbreitete sogar eine verkürzte Fassung. Seither hat das Heldengedicht mehrere gedruckte Ausgaben erlebt: im 16. Jahrhundert und noch 1632 und 1783.

Es gibt jedoch in der gelehrten Geschichte lateinischer Sprache des 10. und 11. Jahrhunderts eine Ausnahme, die der engen Einteilung der zeitgenössischen Berichte entkommt und sich der dynastischen und heroischen Form des Epos anschließt. Es handelt sich um das Werk des Kanonikers Dudo, das man zwischen 960 und 1043 datiert: *De moribus et actis primorum Normanniae ducum*, das den späteren Historikern der Normandie als Quelle diente. Denn in der Geschichte der mittelalterlichen Geschichtsschreibung nimmt die Normandie einen wichtigen Platz ein: die Renaissance der geschichtlichen Gattung im 12. Jahrhundert scheint von dem Vorsprung normannischer Historiker und außerdem von der durch die Kreuzzüge bedingten Erweiterung des Horizonts bestimmt zu sein. Die Rückwirkung der Kreuzzüge auf die Geschichte ist leicht verständlich, sie ist wohlbekannt und braucht an dieser Stelle nicht weiter erörtert zu werden. Hingegen würden wir gern das Phänomen der normannischen Geschichte näher untersuchen. Ist es lediglich den Fortschritten des Herzogtums in der politischen und wirtschaftlichen Organisation zu verdanken? Warum hat sich, in diesem Fall, die Zivilisation in einem Bewußtwerden der Geschichte Ausdruck verschafft, während andere, ebenso glänzende Zivilisationen, wie die des Midi, das Rechtswesen, die Medizin, die lyrische Poesie herausgebildet, aber die Geschichte wie auch die Theologie vernachlässigt haben? Es gibt eine Karte der Geschichtsschreibung des 11.–12. Jahrhunderts, die den Süden der Loire leer läßt, aber dichte Flecken aufweist: im Nordosten, in Berührung mit Deutschland, wo selbst die universale Geschichte nie aufgegeben wurde, und im Westen, genauer: in der Normandie.

Nach der Lektüre anderer zeitgenössischer Texte aus der Champagne, Burgund etc. erlaubt uns die Lektüre des alten Dudo, sofort die Originalität der normannischen Texte zu erfassen. Es ist die Geschichte eines Volkes, das die Erinnerung an seine Ursprünge, seine Wanderungen und Sitten bewahrte und das sich, trotz seiner langwährenden Anpassung an die Welt der Franken, das Gefühl seiner »altehrwürdigen« Besonderheit erhielt. Dies ist ein sehr seltenes Phänomen im frühen abendländischen Mittelalter, wo die ethnischen Besonderheiten schnell aus dem kollektiven Gedächtnis verschwinden. So gibt es kaum Spuren der Gegensätzlichkeit von Gallo-Romanen und Germanen bei Gregor von Tours, der von den ethnischen Eigenschaften wie von alltäglichen persönlichen Bezügen spricht. Seit Beginn des 11. Jahrhunderts – oder vielmehr: noch zu dieser Zeit – wußten die Normannen, daß sie eine von der Geschichte der Franken unterschiedene Geschichte hatten, und sie priesen sie bei Bedarf im Ton der Deklamation. Dudo hat in seine Prosa Versabschnitte eingeschoben. In einem davon, der erstaunlich genug ist, um vom Herausgeber J. Lair hervorgehoben zu werden, wendet er sich an die Gemeinschaft der Franken: »O Frankreich, einst warst Du stolz auf Deinen Triumph über so viele niedergeworfene Nationen; Du widmetest Dich heiligen und edlen Aufgaben ... Jetzt liegst Du am Boden, traurig sitzt Du auf Deinen Waffen, überrascht und verwirrt ... Greif wieder zu Deinen Waffen, schwing Dich behende empor, und suche, was Dich retten kann, Dich und die Deinen. Von Scham und Gewissensplagen, Bedauern und Grauen ergriffen, schon bei der ersten Deiner Missetaten. Nimm die Befehle Deines Gottes entgegen. *Hier kommt eine andere Rasse aus Dänemark zu Dir, und ihre unermüdlichen Ruder spalten schnell die Wellen.* Lange und in zahlreichen Kämpfen wird sie Dich mit ihren schrecklichen Schlägen niederschmettern. Wütig wird sie Tausende von Franken zugrunde gehen lassen. Endlich wird ein Bund geschlossen; der Frieden beruhigt alles. Dann wird diese Rasse Deinen Namen und Dein Reich bis zum Firmament tragen. Ihr Schwert wird die Völker schlagen, zähmen, zerstören, die sich Dir in ihrem Stolz nicht ergeben wollen. O glückliches Frankreich! Drei- und viermal glücklich, begrüße sie vor Freude zitternd, begrüße sie, die Ewige.«

Der Geistliche des 10.–11. Jahrhunderts hat also die Tragweite des geschichtlichen Ereignisses, welches die Niederlassung der Normannen im westlichen Neustrien war, richtig erkannt. Er spielt sie nicht auf das Niveau einer Episode unter vielen herab, er ertränkt sie auch nicht im Phantastischen des Abenteuers. Er unterscheidet, wenn er sie nicht einander gegenüberstellt, die Rasse *(progenies)* der Normannen und die der Franken.

Dudo beginnt seinen Bericht nicht mit den ersten Herzögen, deren offizieller Geschichtsschreiber zu sein er sich vorgenommen hat. Er geht weiter zurück: die Normannen beginnen nicht in Neustrien. Sie haben eine viel ältere Geschichte, in der sagenhaften Zeit, in der sie wenig bekannte Gebiete an den Küsten des Nordens bewohnten: Dani, das der Autor in seinem Bemühen um Übereinstimmung mit der klassischen Geographie mit *daci* verwechselt. Diese Tradition wurde mündlich überliefert bis zu dem Augenblick, da Dudo sie aufgriff. Gelehrte Geistliche reicherten sie unterwegs an: es galt, die normannische Rasse, ebenso wie die der Franken, auf Aeneas und die Aeneiden zurückzuführen. Die Normannen haben Anthenor, so wie die Franken Francion haben. Dennoch bewahrt die Sage von den Ursprüngen sorgfältig die Merkmale der märchenhaften und heidnischen Vergangenheit, die regelmäßig wiederkehrenden Auszüge der Jungen, die Polygamie, die Menschenopfer, die großen Aufbrüche über das Meer. Es handelt sich hier nicht mehr um die Universalgeschichte des Eusebios-Hieronymus, die im übrigen von normannischen Historikern, nach Dudo, wieder aufgenommen wird, z. B. von Ordericus Vitalis. Am Ursprung gibt es ein sonderbares Volk von Seefahrern mit exotischen Bräuchen. Nach einer Reihe von Abenteuern, die der Chronist gern erzählt, ist es in das Königreich der Franken gelangt. So kommt man nach und nach zu den Normannen von heute und zu ihren Herzögen, die zu einer großen Zukunft berufen sind. Wir befinden uns jedoch vor der Eroberung Englands durch Wilhelm.

Es ist seltsam, daß diese ehrfurchtsvoll in der mündlichen Überlieferung bewahrte *Saga* niemals einen epischen Zyklus ins Leben gerufen hat. Aber liegt das nicht gerade daran, daß in der Normandie die mündliche Überlieferung sofort von der gelehrten Geschichte der Herzöge festgehalten worden ist? Der heroische und dynastische Stoff der Vergangenheit wurde ein für allemal fixiert, wurde schnell verbreitet und war bald bekannt, so daß die Dichter ihn nicht mehr ihrer Fantasie anpassen konnten. Außerdem gibt sich der normannische Dichter in der Mitte des 12. Jahrhunderts, zur Zeit der schriftlichen Abfassung der Chansons de gestes (wenn man das Datum ihrer Manuskripte glauben will), damit zufrieden, die bereits von Dudo festgelegten Überlieferungen in französische Verse und in epischen Stil zu setzen; z. B. der *Roman de Rou* von Wace: eine erste Geschichte einer Familie und einer Nation in Volkssprache, die zugleich aus einer mündlichen Überlieferung und dem fürstlichen Willen, sie solle der Nachwelt erhalten bleiben, entstanden ist. Weniger märchenhaft als das Epos und mehr um Genauigkeit bemüht, ist sie dennoch auch bemüht, eine Tradition zu veranschaulichen, ihr Überleben und ihre emotive Kraft zu sichern. Sie entspricht hingegen nicht mehr der strengen dynastischen Überlieferung der königlichen, karolingischen Annalen. Die Geschichte ist, genau wie das Epos, dem Einfluß der sentimentalen Werte, die in der ritterlichen Gesellschaft gepflegt wurden, erlegen; die Bedeutung von Treue und Ehre im Moralkodex hat der Epoche ihre eigene besondere Prägung verliehen. Außerdem ist die Geschichte nunmehr ein Mittel geworden, ein Treueverhältnis auszudrücken und zu unterhalten. Dies sollte ein dauerhafter Zug des allgemeinen Interesses an Geschichte werden. Auch heute noch erscheint sie oft wie ein nostalgisches Verhältnis zur Vergangenheit, wie die Bestätigung einer Treue. Diese Treue kann strikter Legitimismus sein, aber auch unbestimmte Ehrfurcht. In diesem Fall wird die Geschichte auf natürliche Weise zum Erben verlorener Treue und hütet sie in einer Welt, in der sie fast ihren Wert verloren hat.

Bis ins 13. Jahrhundert hinein gab es nur lokale oder regionale Chroniken. Im 13. Jahrhundert wird die Geschichte ein neues Abenteuer erfahren. Ludwig der Heilige und seine unmittelbaren Vorgänger beschworen sie herbei, um den nationalen und königlichen Mythos zu illustrieren, der damals nach einem vorgefaßten Plan auf Pergament und Stein übertragen wurde.

Zum erste Mal seit Eusebios-Hieronymus sollte die Zeitenfolge wiederaufgenommen und in einem Gesamtplan organisiert werden, rund um ein zentrales Thema, nämlich das Haus Frankreich und die Religion der Weihe. Nachdem sie mehrere Jahrhunderte vernachlässigt worden war, erscheint zum selben Zeitpunkt die Universalgeschichte wieder, und diesmal, infolge des scholastischen enzyklopädischen Denkens, mit mehr Schärfe und Methode. Die königliche Geschichte ist im übrigen an diese Renaissance der Universalgeschichte gebunden. Die Zeit, deren Kontinuität von nun an wiedergefunden ist, wird sich gemäß einer doppelten Revolution entwickeln: zunächst um die patristischen Themen der Bibel und der Kirche, sodann um ein neues Thema herum, das die bloße dynastische Treue übersteigt: der Königsmythos.

Drei Werke aus der zweiten Hälfte des 13. Jahrhunderts zeugen von dieser Rückkehr zur Großen Geschichte: die *Grandes Chroniques de France*, die Grabmäler von St.-Denis, die Ikonographie der Kathedrale von Reims.

Die Kathedrale von Reims ist der Zeremonie der Königsweihe gewidmet; ihre Ikonographie weist zwei Register auf: ein Gottesregister und ein Herrscherregister, was selbstverständlich voraussetzt, daß auch die Ausübung zeitlicher Macht religiöser Natur ist. Die Verbindung dieser beiden Register zeigt deutlich die Beziehung zwischen der Heilsgeschichte und der Königsgeschichte: die Könige Frankreichs stehen in der Nachfolge der Könige Judas und nehmen ihren Platz auf der Westempore ein.

Die Zeremonie der Weihe wird nun zur wichtigsten Szene. Sie wird zweimal vollzogen. Zunächst draußen, auf der Westfassade: Eine gewaltige Komposition, dazu bestimmt, schon von weitem die Aufmerksamkeit des Pilgers zu wecken, stellt die Taufe von Chlodwig dar, d. h. die Weihe des ersten Königs. Von nun an beginnt die Reihe der Könige mit dem ersten, der

Christ war und gesalbt wurde. Dieses Unterscheidungsmerkmal war Gregor von Tours unbekannt, der auch die spätere Verwechslung von Taufe und Weihe nicht kennt. Es wird also unwichtig, hinter Chlodwig zurückzugehen bis zu den Ahnen der Franken aus Troyes. Der Ursprung wird bei der ersten Salbung angesetzt, bei dem Wunder der heiligen Ampulle, von der Gregor von Tours nicht spricht und die mit Verspätung in den Texten erscheint.

So wird der Pilger vom Eingang her empfangen mit dem Bild der ersten historischen Weihe. Im Innern findet er auf den Glasfenstern des Triforiums die Zeremonie, so wie sie sich seit Chlodwig in jeder Generation wiederholt: der König in einem lilienverzierten Gewand, mit Schwert und Zepter, von den Pairs von Frankreich umgeben. Die Liturgie wiederholt die Salbung des ersten Königs und erneuert die wundersame Vermittlung der Taube und der heiligen Ampulle.

Ausgehend von diesem doppelten Bild aus Stein und aus Glas, entfaltet sich die Prozession der Könige entlang der Fenster im Innern und entlang der Statuengalerien außen. Diese Könige umgeben die Kirche bis zum Querschiff. Aus ihrer anonymen Folge treten zwei Figuren wie Schutzheilige hervor: Ludwig der Heilige über dem Nordportal, Karl der Große über dem Südportal. So wird Karl der Große, der Held des Epos, von der neuen Königsmythologie heimgeholt. Der Zug der Majestäten in Stein und in Glas überhöht die Vorstellung von der königlichen Kontinuität, von Chlodwig über Karl den Großen bis zu Ludwig dem Heiligen.

Es ist dieselbe Idee, die auch Ludwig den Heiligen zu St.-Denis inspiriert hat. Vor ihm wählten die Könige, wie auch die Großbarone, ihre Grabstätten je nach ihrer persönlichen Frömmigkeit, im allgemeinen in einer von ihnen bevorzugten Abtei, deren Wohltäter sie waren: z. B. St.-Germain-des Prés, Sainte-Geneviève, St.-Benoît-sur-Loire und vor allem, aber nicht ausschließlich, St.-Denis. Sie folgten den Gebräuchen ihrer Zeit, und nichts unterschied sie in dieser Hinsicht von ihren Zeitgenossen. Ludwig der Heilige sollte die Tradition in diesem Punkt ändern und den königlichen Grabstätten eine neue Bedeutung in der Veranschaulichung des monarchischen Mythos verleihen. Er faßte den großartigen Plan, in St.-Denis, in einem einzigen gewaltigen Ganzen, die verstreuten Gräber der französischen Könige zu vereinigen. Er wies also der Abtei St.-Denis, der Kathedrale von Reims entsprechend, eine Funktion in der königlichen Liturgie zu. Die eine war die Kathedrale der Salbung, die andere die Nekropole der Könige.

Diese Vereinigung der königlichen Grabstätten entsprach nicht dem Gefühl für familiäre Pietät, das irgendein Mitglied einer berühmten Familie hätte empfinden können. Es handelte sich um ein viel bedeutenderes Vorhaben, von politisch-religiöser Art. In der Tat beschränkte sich Ludwig der Heilige nicht auf seine Blutsverwandten. Er ließ sogar Philipp I. in St. Benoît-sur-Loire. Aber er ging über Hugo Capet, über seine eigene Familie hinaus zurück und vereinnahmte die Könige der drei Stämme oder, um mit den großen Chroniken zu sprechen: die der merowingischen *Genealogie,* des *Geschlechts* Pippin und des *Geschlechts* Hugo Capet, indem er sie alle ohne Unterschied mit dem blauen, liliengeschmückten Mantel bedeckte. Er begann, wie in Reims, mit dem ersten geweihten König, als dem Ursprung: Chlodwig, in dessen fertiges, nach St.-Denis gebrachtes Grab bereits zur Zeit Philipp Augusts sein Bildnis gehauen war; diese Art der Restaurierung zeugt im übrigen, seit Ende des 12. Jahrhunderts, von einem wahren Kult der königlichen Familien um ihre königliche Funktion, der den großen Entwurf Ludwig des Heiligen ankündigt.

Aber die bereits im Stil der Zeit restaurierten königlichen Gräber waren eine Ausnahme. Der Handwerksmeister Ludwigs des Heiligen, Pierre de Montreuil, ließ in seinen Werkstätten sechzehn Statuen erstellen, die, bis auf wenige Auslassungen, die Folge der Könige seit Chlodwig repräsentierten. Diese Folge sollte fortgesetzt werden, und zwar zunächst mit den Königskindern, die aus der Abtei Royaumont überführt wurden. In dieser von ihm bevorzugten Abtei hatte Ludwig seine Söhne noch nach altem Brauch begraben lassen. Archäologen vermuten, daß vorgesehen war, die Statuen Pierre de Montreuils entlang der Pfeiler aufzustellen. So hätte man eine königliche Galerie gehabt, vergleichbar der äußeren Galerie an der Kathedrale von Reims oder der später entstandenen des Palais de la Cité. Aber die Bildnisse wurden hingelegt und verstärkten so, als ruhende Figuren, den Eindruck der Kontinuität durch die Vorstellung, daß der Tod diese nicht zu zerstören vermochte, weder der individuelle Tod noch das Verlöschen einer Dynastie. In der Tat regte der Tod des Königs eine besondere Liturgie an, die jener der Weihe entsprach und deren Ritual anscheinend in dieser Epoche festgelegt wurde.

Wie dem auch sei: der entscheidende Punkt, den es hier festzuhalten gilt, ist, daß der Pilger in St.-Denis nicht in das Querschiff vordringen konnte, ohne die in Stein gehauene Lektion einer Geschichte wahrzunehmen, die die Geschichte Frankreichs wurde. Sie war in der Abfolge ihrer Könige zusammengefaßt, gemäß derselben Pädagogik, die dem Pilger an anderer Stelle auf den Mauern oder auf den Glasfenstern der Kirchen die Heilsgeschichte nahebrachte. Von nun an gab es eine symbolische Kurzfassung der Geschichte, die der großen Geschichte der Vorsehung angeschlossen war, und das war die Geschichte der Könige Frankreichs.

Von dieser, derart in Stein und auf Glas schematisierten Geschichte lieferten die Mönche von St.-Denis zur gleichen Zeit eine nicht mehr ikonographische, sondern literarische Version: *Grandes Chroniques de France*, die erste systematisch auf den nationalen Bereich bezogene Geschichte, die *erste Geschichte Frankreichs.*

Der Teil der *Grandes Chroniques,* der die Zeit von den Ursprüngen bis zu Philipp August umfaßt, wurde auf Anordnung Ludwigs des Heiligen von einem Mönch aus St.-Denis namens Primat in einem Zug in französischer Sprache niedergeschrieben und unter der Herrschaft Philipps des Kühnen, dem er auch gewidmet ist, abgeschlossen.

In Wirklichkeit war den Vorgängern Ludwigs des Heiligen die Idee einer großen Geschichte der Monarchie nicht fremd: sie ist nach und nach gereift. Die restaurierten Gräber von Chlodwig und Chilperich, die dann nach St.-Denis überführt wurden, ließen bereits seit der zweiten Hälfte des 12. Jahrhunderts die Existenz eines besonderen Interesses für die Vergangenheit der Monarchie vermuten. Man kann noch weiter gehen und sich fragen, ob der Ursprung des großen Königsmythos Ludwigs des Heiligen nicht auf Suger zurückzuführen ist, den Abt und Restaurator der Abtei St.-Denis und wichtigsten Ratgeber der Krone.

Suger ist zunächst der Verfasser zweier königlicher Viten: Ludwigs VI. und Ludwigs VII. Gewiß handelt es sich dabei um Panegyrika, in lateinischer Sprache, aber doch auch um das erste historische Werk des Mittelalters, das den modernen, nicht spezialisierten Leser nicht verwirrt. Dann weist eine Überlieferung aus dem 14. Jahrhundert ihm die Idee zu, alte lateinische Texte zu sammeln, die, in eine Reihenfolge gebracht, eine vollständige Geschichte der französischen Monarchie ergeben würden. Diese Kompilation findet sich in der Bibliothek Mazarine, und das Manuskript konnte auf die Zeit 1120 und 1130 datiert werden. Es war dies bereits eine Chronik Frankreichs, aber noch in lateinischer Sprache und ohne systematische Ordnung.

Außerdem weiß man, dank Émile Mâle, von dem persönlichen Einfluß Sugers auf die mittelalterliche Ikonographie. Er war beachtlich. Émile Mâle schreibt ihm die »Auferstehung des antiken Symbolismus« zu, d. h. die Wiederaufnahme der in Vergessenheit geratenen ikonographischen Symbole, und überdies die Erfindung von neuen Themen wie dem Baum des Jesaja und der Krönung der Heiligen Jungfrau. Der Mann, dem es gelang, die verlorene religiöse Symbolik wiederzufinden, und der sie zudem erweiterte, der treue Diener der königlichen Familie, konnte durchaus den Mythos der Monarchie ersonnen und gestaltet haben, sei es durch seine eigene Aktivität als Schriftsteller, sei es durch die Anweisungen, die er den Schreibstuben seiner Abtei erteilte. Nach und nach wurde St.-Denis zu einem Zentrum historischer Studien für die Monarchie. Nach Suger verfolgte man dort die Arbeit an den offiziellen Biographien, die er mit seiner Vita Ludwigs VI. begonnen hatte. So verfaßten Rigord und dann Guillaume de Nangis die Viten Philipp Augusts und Ludwigs des Heiligen.

Wenn die *Grandes Chroniques de France* sich auch von alten Kompilationen und königlichen Biographien in lateinischer Sprache inspirieren ließen, mit deren Übersetzung ins Französische sie sich meistens zufrieden gaben, so nahmen sie dennoch eine neue Gestalt an, was den Stil und vor allem die Darstellung betrifft. Man erkennt darin die mit großer Beharrlichkeit wiederholte Idee, die schon von der königlichen Ikonographie in Reims und St.-Denis illustriert wurde. Wie bei den sich reihenden Gestalten aus Stein und in Glas handelt es sich auch hier darum, die fortdauernde Abfolge der Könige herauszustellen und, dank der Umgangssprache, von allen verstanden zu werden.

In den ersten Zeilen seines Prologs erläutert der Mönch Primat bereits seine Absichten: »Weil einige an der Genealogie der Könige Frankreichs zweifelten, welchen Ursprungs sie seien und von welcher Linie sie abstammten, wurde dieses Werk von einem solchen Manne in Auftrag gegeben, daß man es nicht verweigern konnte und durfte.« Auf diese Weise wies Primat auf Ludwig den Heiligen hin. Das Werk wurde also geschrieben, um die Legitimität des Hauses Frankreich zu bestätigen.

Primat gliedert auch nach Regierungszeiten. Es ist das erste Mal, daß eine Geschichte Frankreichs die Unterteilung nach Regierungszeiten vornimmt, die fünf Jahrhunderte lang beibehalten werden sollte und auch aus der modernen Gewohnheit und der geläufigen Ausdrucksweise noch nicht ganz verschwunden ist. Selbstverständlich entspricht diese Aufteilung nach Regierungszeiten dem vorgegebenen Ziel: Königsroman *(Roman des Rois)*. So auch in der Chronik von Joinville, wie der Mönch Primat in seiner Widmung:

> *»Philippe, rois de France, qui tant est renomés,*
> *Je te rens le roman qui des roys est romés.«*

Im Prolog verkündet Primat seinen Plan: »Und weil es seit Anbeginn drei Königsgeschlechter in Frankreich gab, wird diese gesamte Geschichte in drei Hauptbücher unterteilt: im ersten werden wir von der Genealogie der Merowinger sprechen, im zweiten von dem Geschlecht Pippins und im dritten von dem Geschlecht Hue Chapets. Auch wird jedes Buch in verschiedene Bücher unterteilt, je nach dem Leben und den Taten der einzelnen Könige.« In dem Kapitel, das er dem Gründer des kapetingischen Hauses widmet, betont Primat noch einmal die königliche Kontinuität und die dynastische Legitimität: »Hier (erlischt) das Geschlecht des großen Karlemann, und das Königreich fällt an die Erben des großen Hue, der Chapet genannt wird . . . aber es wird zur Zeit des guten Königs Philipp August wieder fortgesetzt, denn er ehelichte ganz bewußt, um die Linie des großen Karlemann fortzupflanzen, die Königin Isabelle [beachten wir die Dringlichkeit, mit der der Chronist auf den Plan Philipp Augusts hinweist, durch seine Heirat die Legimität seiner Abstammung zu sichern], die war eine Tochter des Grafen Baudoin de Hainaut [Nachkomme Karls des Einfältigen], . . . daher kann man sicher sagen, daß der tapfere König Ludwig, Sohn des guten Königs Philipp, aus der Linie des großen Karlemann stammte und daß *mit ihm die Linie fortgesetzt wurde*. Und auch mit seinen Söhnen, dem heiligen Manne Ludwig, der auf dem Thron von Thunes starb, und jenem König Phelypes, der nunmehr herrscht, und all den anderen, die von ihm abstammen werden, wenn die Linie nicht ausstirbt, wovor ihn Gott und der Heilige Denis bewahren mögen.«

Es kann vorkommen, daß Primat die Ordnung nach Regierungszeiten modifiziert, aber nur, weil ihm die Dokumentation fehlt, wie für die Periode der letzten Karolinger, vor dem Erscheinen der Kapetinger. Man weiß, daß sich damals die Geschichtsschreibung, außer in der Normandie, auf die lokalen Bereiche beschränkt hatte. Auch Primat unterbricht an diesem Punkt seine Abfolge, um, gleichsam als Leckerbissen, eine Übersetzung normannischer Historiker einzuschieben: »Hier beginnt die Geschichte von Rolle, der dann Robez genannt wurde, und der Herzöge der Normandie, die von ihm abstammten.«

In der Reihe der Könige hält sich Primat mit Vorliebe bei Karl dem Großen auf, wie auch schon die Steinmetze oder Glasmaler von St.-Denis, Chartres und Reims und die Dichter der Versepen. »Hier beginnen das Leben und die edlen Taten des ruhmreichen Fürsten Karlemann des Großen, aufgeschrieben und abgeschlossen zum einen von der Hand Eginalts, seines Kaplans, und zum anderen von dem gelehrten Turpin, dem Erzbischof von Reims, die bei allen seinen Taten anwesend waren.« Primat maß dem Historiker Eginhard, der noch von der modernen Wissenschaft anerkannt ist, und den Verfassern der sagenhaften Reise Karls des Großen nach Jerusalem denselben Wert bei. Die Mönche von St.-Denis hatten eine lobenswerte Anstrengung unternommen, um ihre Quellen auszuwählen und den mittelalterlichen Hang zum Märchenhaften einzuschränken. Karl der Große aber entging der Zensur der historischen

Kritik, denn sein Leben hatte teil an dem wundersamen Schicksal der Seligen, so wie später bei Ludwig dem Heiligen, der im 17. Jahrhundert seinen Platz als Schutzheiliger des königlichen Frankreich einnahm.

Wir sagen ganz richtig: des königlichen Frankreich, und nicht: der königlichen Familie. Das Vorhaben in den *Grandes Chroniques* ist, so wie in Reims oder in St.-Denis, nicht nur dynastischer, sondern auch nationaler und religiöser Natur. »Mit so großer Liebe und so großer Andacht wurde der christliche Glaube empfangen, daß es [Frankreich] seit dieser Stunde und seit dem Schwur des Gehorsams zum Herrn [Taufe Chlodwigs] die Verbreitung des Glaubens mehr ersehnte als die Erweiterung der irdischen Herrschaft.« Frankreich und sein Herrscherhaus hatten im Plan der Vorsehung eine Berufung: so gab ihm unser Herr »ein Vorrecht und einen Vorteil gegenüber allen anderen Ländern und Nationen«. »Wenn irgendeine andere Nation der Heiligen Kirche Gewalt oder Schaden zufügen sollte, wird sie in Frankreich ihre Klage verlauten lassen, wird sie in Frankreich Zuflucht und Hilfe suchen; aus Frankreich kommen Schwert und Lanze, sie zu rächen, und Frankreich eilt als loyale Tochter ihrer Mutter zu Hilfe in jeder Not; man ist stets gerüstet, ihr zu helfen und sie zu unterstützen.« Diese Berufung hat den providentiellen Auftrag des Heiligen Römischen Reiches an Frankreich weitergegeben: »Geistlichkeit und Ritterschaft sind immer einig, so daß die eine nicht ohne die andere sein kann; sie halten immer zusammen, und Gott sei Dank hören sie nicht auf, Freundinnen zu sein. In drei Gebieten haben sie zu anderen Zeiten gelebt: zuerst in Griechenland, denn in der Stadt Athen war einst der Brunnen der Philosophie und in Griechenland die Blüte der Ritterschaft. Aus Griechenland kamen sie nach Rom. Vom Rom kamen sie nach Frankreich.«

So entwickelte sich der Verlauf einer populären königlichen Geschichte, »der Mutter der Geschichten und Chroniken Frankreichs«, nach dem Titel einer Ausgabe des 16. Jahrhunderts, denn man wandte das neue Buchdruckverfahren zunächst auf die *Grandes Chroniques* an. Die Ausgabe von 1476 ist das erste gedruckte französische Buch.

Von nun an lag das Muster einer nationalen und dynastischen

Geschichte vor. Aber es hatte auch, schon seit der Mitte des 13. Jahrhunderts, seine seigneuriale und antiroyalistische Kehrseite, genauso, wie das Epos dem guten Kaiser Karl den unfähigen und verräterischen König gegenüberstellte. Die Geschichte setzte das Epos auf diesen beiden Ebenen fort. Das zeigt sich sehr deutlich in den Texten des Ménestrel von Reims, die gegen 1260 von einem wandernden Erzähler zur Unterhaltung der »Baronie Frankreichs« aufgeschrieben wurden: ein Beispiel für die geschichtlichen Erzählungen, die damals mit den epischen Gedichten in Verbindung gebracht wurden. Sie gaben sich als wahre Geschichte aus, waren aber in Wirklichkeit eine Sammlung von phantastischen Erzählungen, in denen fast zeitgenössische Begebenheiten mit einer unglaublichen Virtuosität entstellt wurden. Ludwig VII. trägt die Züge eines Usurpators, der seine Frau Eleonore daran hindert, mit Saladin, der zu einem großmütigen und ritterlichen Schiedsrichter geworden ist, zu fliehen. Ludwig VII. ist der »schlechte König«, der die Verachtung Eleonores ertragen muß. »Sie sind nicht einmal einen verfaulten Apfel wert«, sagt sie ihm. Sogar Ludwig der Heilige wird mit einiger Frechheit behandelt. Aber wenngleich die phantastische anekdotische Gattung sich durchgesetzt hat, konnte das antiroyalistische Thema das Ansehen der Monarchie doch nicht überleben, welches dann zur Fortsetzung der *Grandes Chronique* veranlaßte.

In der Tat endete die Niederschrift von Primat aus dem Jahre 1274 mit dem Ende der Herrschaft Philipp Augusts. Die Mönche von St.-Denis setzten sie offiziell bis zu Johann dem Guten fort, mit demselben Bemühen um Kontinuität, das sich auch in St.-Denis zeigt, wo die königlichen Gräber aufeinanderfolgen, zwar nicht bis zur Revolution, aber wenigstens bis zu den Bourbonen – zum Palais de la Cité, wo das Bildnis des herrschenden Königs einen Platz an einem Pfeiler des Thronsaales einnahm, in der Nachfolge der Bildnisse seiner Vorgänger.

Seit Johann dem Guten ist die Niederschrift der *Grandes Chroniques* nicht mehr von den Mönchen in St.-Denis gesichert. Sie nimmt einen weltlichen Charakter an, der Ton ändert sich, aus der heiligen königlichen Geschichte, wie sie Ludwig der Heilige gewollt hat, wird eine Art offizielles Tagebuch, immer positiver und objektiver verfaßt. Die Fürsten des

14. Jahrhunderts beginnen die Geschichte mit kälteren und distanzierteren Augen zu sehen, mit fachmännischen Augen. Ihre beinahe schon wissenschaftliche Geisteshaltung ist uns dank einem Brief des Königs von Aragon an seinen Historiographen vom 8. August 1375 bekannt: er empfiehlt ihm, auf die Quellen zurückzugreifen, die Archive zu ergründen und – neues Bemühen um erschöpfende Ausführlichkeit – alles bis ins *Kleinste* aufzuschreiben, die alltäglichste Einzelheit, ohne eine Begebenheit oder einen Namen zu vergessen. Das ist eine andere Weise, die Geschichte zu kennen, es ist die der florentinischen Chronisten, die Machiavelli ankündigt. Am Ende des Mittelalters verliert die Geschichte ihre Transzendenz, diesen geheiligten Wert der Darstellung einer von der Vorsehung bestimmten kirchlichen oder königlichen Zeit. Sie wird entweder zu einer seelenlosen Technik, einem Material für die Kunst der Politik zum Gebrauch der Herrscher und der Staatsmänner oder zu einem pittoresken und anekdotischen Bericht, der ein frivoles Publikum unterhalten soll.

Im naiven Bewußtsein von der Zeit blieb lediglich die Gewohnheit einer Aufteilung bestehen, die ebenso vertraut war wie die periodische Wiederkehr der religiösen Feste, aber konkreter als die astromonischen Einteilungen des Kalenders: die Aufeinanderfolge der Herrscher. Dies geschah zur Zeit des Königs soundso. . .

Von der patristischen Epoche bis zu der von St.-Denis, zur Niederschrift der großen Chroniken von Frankreich, zeugen alle Dokumente von der Bedeutung, die der Zeit und ihrer Dimension beigemessen wurde. Der mittelalterliche Mensch lebt in der Geschichte: in der der Bibel oder der Kirche, in der der geweihten und wundertätigen Könige. Er betrachtet die Vergangenheit aber niemals als tot, und deshalb gelingt es ihm so wenig, sie zum Objekt einer Kenntnis zu machen. Zu tief berührt ihn diese Vergangenheit, wenn die Gewohnheit das Recht begründet, wenn das Erbe zur Legitimität wird und die Treue zur vornehmsten Tugend.

1950

FÜNFTES KAPITEL

Die Einstellung zur Geschichte: im 17. Jahrhundert

Ein wunderliches kleines Buch aus dem Jahre 1614 mit dem Titel *La Manière de lire l'Histoire* gibt uns über die Geisteshaltung eines Geschichtsliebhabers zu Beginn des 17. Jahrhunderts Auskunft. Sein Verfasser, René de Lusinge, Herr von Alymes, war kein Fachmann: »Ich möchte nicht belehrend wirken, sondern einfach meine Meinung kundtun und erzählen, welchen Weg ich beschritten habe, als ich die Geschichte kennenlernen wollte.«

Im Alter von 12 Jahren hatte er begonnen, Ritterromane zu lesen: Huon de Bordeaux, die Quatre fils Aymon, Pierre de Provence, Ogier le Danois ... Diese Romane, die unter den Bezeichnungen »Tolle Geschichten«, »Tolle Bibliothek«, »Finstere Geschichten«, »Wolfsgeschichten« veröffentlicht wurden, erfreuten sich bis weit in die klassische Epoche hinein eines Publikums von Jugendlichen, Provinzbewohnern, Leuten aus dem Volk. Sie hatten ihre Druckereien, insbesondere in Troyes die Oudots. Chapelain verteidigte Lanzelot gegen die eifernden Parteigänger der Alten. Es bedurfte der Konkurrenz des *Petit Journal* und der Bibliothek der Eisenbahn, im 19. Jahrhundert, damit diese alten Erzählungen in Vergessenheit gerieten. Man muß zugeben, daß sie langlebig waren, und man darf annehmen, daß ihre mittelalterlichen Helden auch noch den Kindern des 17. und 18. Jahrhunderts vertraut waren.

Also besaß unser Freund René die »Doktorwürde in dieser märchenhaften Wissenschaft«. Er hatte die »Amadis beim Wikkel«. Er hatte das Gefühl, in das Innerste der Vergangenheit vorzudringen: »Meine schon stärker ausgeprägte Intelligenz glaubte sich auf dem Gipfel der Kenntnisse der Geschichte. Diese trügerische Wissenschaft vom Wert ihrer Paladine zog mich unweigerlich an und ließ mir überhaupt keine Freiheit, weder bei Tag noch bei Nacht, an etwas anderes zu denken oder mich um etwas anderes zu kümmern; ich hätte sie wie nichts verschlingen können.« Er fand darin »Liebe, Kriege, die Lebensart bei Hofe, die Gesetze der Ritterlichkeit«. Das wird man noch lange Zeit später in den ernsthafteren Geschichtsbüchern suchen.

So erscheint eine populäre, aus dem Mittelalter übernommene Romanliteratur als Ursache einer Hingabe an die Geschichte. Am Ende dieses Jahrhunderts begegnet man diesem Phänomen bei einem der Vorläufer der modernen Wissenschaft wieder: Bernhard de Montfaucon. Als Kind fand er im Schloß seines Vaters einen großen, ledernen, von Ratten angeknabberten Reisekoffer, der voller Bücher war; er gehörte einem etwas schrulligen Verwandten, der bei der Familie wohnte. In diesem Koffer, sagt Montfaucon, »fand ich eine Unmenge von Büchern über Geschichte, eine große Zahl vor allem zur Geschichte Frankreichs«. Gewiß ein Wust von Ritterromanen und alten Chroniken des 16. Jahrhunderts . . . Die Erfahrung von René de Lusinge teilten bestimmt viele spätere Leser Mézerays.

Doch René de Lusinge hat sich mit dieser »trügerischen Wissenschaft«, dieser romanhaften Literatur nicht begnügt. Bald fand er sie nur noch »abgeschmackt«. Er entdeckte dann die wirkliche Geschichte. Was verstand er darunter? Zwei Gattungen von ungleichem Adel: »die alte Geschichte«, die der Antike, und die moderne Geschichte – die für ihn moderne Geschichte seiner Zeit. »Als ich das abgeschmackte Zeug hinter mir gelassen hatte, verspürte ich ein extremes Verlangen, die alte Geschichte kennenzulernen, *sowohl die heilige als auch die profane,* die der Griechen und der Römer.« »In unseren Schulen erklangen große Namen wie Metellus, Scipio, Marius, Sulla, Caesar, Pompeius, und vor ihnen Horatius, Mutius Scaevola und all jene, die ihre Geschichte nach Romulus, ihrem Gründer, in den Himmel hebt.« Es handelt sich also um die Geschichte der höheren Schule, die die »Lehrer unterrichten«, die biblische Geschichte und die Alte Geschichte, die als abgeschlossen betrachtet wird, ohne Fortsetzung nach dem von der Völkerwanderung gezogenen Schlußstrich. In seinem *Discours sur les Anciens* schreibt Longepierre im Jahre 1687: »Als die Barbaren, die, wenn man so sagen kann, noch unheilvoller wegen der Zerstörung solch ausgezeichneter Werke als wegen ihrer berühmten Grausamkeiten waren, das Universum überfallen hatten, und als die Schätze ... entweder unter den Ruinen des Reiches begraben oder überall verstreut waren, verbreitete sich die Barbarei mit der ganzen Gewalt eines Sturzbachs, der von den Dämmen, die ihm Gewalt antaten, befreit wird; vor allem das Abendland, welches der Raserei dieser wilden Nationen am meisten ausgesetzt war, sah sich plötzlich in eine dichte Finsternis aus Roheit und Unwissenheit gehüllt, die so lange andauerte, bis man diese selben Alten wiederentdeckte«, dank der aus Konstantinopel geflohenen Griechen und der Medici.

So zieht sich die Zeit auf zwei privilegierte Perioden zusammen, die biblische und die klassische Antike. Die übrigen Zeiträume sind einer Art geschichtlicher Nichtexistenz überlassen. Diese Konzeption steht in genauem Gegensatz zu unserem modernen Interesse. Heute impliziert die Geschichte ein Bewußtsein von Kontinuität, welches das 17. Jahrhundert nicht kannte. Es handelte sich nicht einmal um einen Bruch, der die Antike von den späteren Perioden getrennt hätte, sondern das Mittelalter war in Klammern gesetzt worden, und das 17. Jahrhundert stellte sich vor, daß es jenseits der Gotik mit einer ihm ähnlichen Antike verbunden sei: »Vor achtzig Jahren«, schrieb Fustel de Coulanges 1864, »war Frankreich von den Griechen und den Römern ganz begeistert, man glaubte ihre Geschichte zu kennen. Seit der Kindheit, seit der höheren Schule wurde man mit einer angeblich griechischen oder römischen Geschichte gefüttert, welche Männer wie der gute Rollin geschrieben hatten und die der wirklichen Geschichte ungefähr so ähnelte, wie ein Roman der Geschichte ähnelt [unseres Erachtens noch weniger]. So glaubte man, daß in den antiken Stadtstaaten alle Menschen gut gewesen seien ..., daß das Regieren sehr leicht gewesen sei.« Ein Vorurteil bildete sich, das den alten Völkern die geistige Verfassung der modernen Gesellschaften unterstellte: »Unser Erziehungssystem, das uns von Kindheit an unter Griechen und Römern leben läßt, gewöhnt uns daran, sie ständig mit uns zu vergleichen, ihre Geschichte nach der unseren zu beurteilen und unsere Revolutionen mit den ihren zu erklären. Das, was wir von ihnen übernommen haben, und das, was sie uns hinterlassen haben, veranlaßt uns zu glauben, daß sie uns ähnlich waren; wir haben einige Mühe, sie als fremde Völker zu betrachten; in ihnen sehen wir fast immer uns.«

Unzweifelhaft triumphierte diese Konzeption der Geschichte im humanistischen Unterricht der Schulen, wenn man einmal absieht von den partiellen Anregungen des Oratoire und von Port-Royal. Die Geschichte wurde nur anläßlich der Interpretation alter Texte behandelt. Rollin war der erste, der einen systematischen und gesonderten Geschichtsunterricht förderte, welcher aber noch, entgegen den Absichten des Reformators, auf die alte und römische Geschichte beschränkt blieb. Es wäre jedoch falsch, im Ancien Régime die Lehrpläne der Schulen mit der weltlichen Kultur zu verwechseln. Endete die Geschichte in den Schulen mit der Bibel und der Antike, so gab es eine andere Geschichte, die, wenngleich sie nicht immer an der Schule unterrichtet wurde, doch eine wichtige Rolle im Bewußtsein der Menschen des 17. Jahrhunderts spielte. Und René de Lusinge kannte sie.

Der Geschichte, die »die Lehrer unterrichten«, fügte er jene hinzu, »auf die ich durch Zufall beim Lesen von Büchern gestoßen bin«. Sie berührt alle Anliegen der Zeit: die katholischen Könige, Gründer der spanischen Einheit, die Erfindung des Kompasses, der weite Seefahrten und die großen Entdeckungen ermöglichte, die unruhige und noch gar nicht ferne Zeit der Religionskriege . . . Neben der Geschichte aus der Schule gibt es die Geschichte Frankreichs, die Geschichte der Geburtsstadt, die genealogische Geschichte der Familien. Derselbe Rollin, der mit Recht als Organisator des klassischen Unterrichts betrachtet wird, zögerte nicht zu schreiben: »Von Kindheit an müssen die Grundlagen dieses Studiums [der modernen Geschichte] gelegt werden; ich wünschte, jeder Gutsherr würde die Geschichte seiner Familie besser kennen und jeder Arbeiter besser als alles andere die Geschichte seiner Gegend und seiner Stadt.« Bevor sie noch in den Schulunterricht gelangt war, wurde die moderne Geschichte bereits gepflegt.

Die Geschichte, auf die ein Mensch des 17. Jahrhunderts »durch Zufall beim Lesen von Büchern stoßen« konnte, ist die Geschichte Frankreichs. Die Oudots, jene Drucker aus Troyes, die auf die populäre Literatur spezialisiert waren, veröffentlichten 1609 einen *Abrégé de l'Histoire de France*, den die Kolporteure zusammen mit den »Tollen Geschichten«, den Ritterromanen und Heiligenlegenden verkauften. Dieses Buch der Oudots verhalf den Oratorianern von Troyes zu einem rudimentären Wissen über die Geschichte von Pharamond bis zu Heinrich III. Die Geschichte Frankreichs ist weder eine wissenschaftliche noch eine literarische Gattung, sondern eine traditionelle, deren Regeln festgelegt sind, deren Publikum recht zahlreich ist und die vom 15. bis zum 19. Jahrhundert wenig Änderungen erfahren hat.

In der Tat sind, ungeachtet der Unterschiede im Stil, in der Auslegung der Fakten, in der Art, eine moralische Lehre aus den Ereignissen zu ziehen, alle diese Bücher ganz genau nach dem Muster der *Grandes Chroniques de France* erstellt, an die man die jüngeren Ereignisse anknüpfte. H. Hausers Bemerkung zum 16 Jahrhundert bleibt zutreffend bis zu Michelet: »Ein Ereignis, das einmal genau beschrieben worden ist, gewinnt nicht hinzu, wenn es mit anderen Worten beschrieben wird, und es ist überflüssig, es noch einmal zu untersuchen.« Die Geschichte wird also von *Fortsetzern* gemacht. Am Anfang nimmt man die großen Chroniken, die die Unterteilung nach Regierungszeiten *ne varietur* festgelegt haben, wieder auf und setzt sie fort. So veröffentlicht Gaguin im Jahre 1497, in der Frühzeit des Buchdrucks, die *Mer des chroniques et mirouer hystorial de France* (Mutter der Chroniken und geschichtlicher Spiegel Frankreichs). Zwanzig Jahre später werden die »Chroniken und Annalen von Frankreich seit der Zerstörung von Troyes« bis zu König Ludwig XI. fortgesetzt. Es gibt auch gekürzte Ausgaben; so 1515 J. du Tillets *Chronique des rois de France*, auch unter dem Titel: *Brève narration des actes et faits mémorables, advenus depuis Pharamond Ier roi des Français, tant en France, Espagne, Angleterre qu'en Normandie, selon l'ordre du temps et supputation des ans, distinctement continués jusqu'à l'an 1556.*

An diesem Verfahren hatte sich bis zur Mitte des 18. Jahrhunderts noch nichts geändert. Wie im 15. und 16. Jahrhundert war eine Geschichte das Werk von Fortsetzern. Im Jahre 1740 beginnt der Abbé Velly eine *Histoire de France*, die nach seinem Tode von Villaret weitergeführt wird, seit 1770 von Garnier, einem Professor am Collège Royal, der sie von Ludwig XI. bis 1564 verfolgt, wo er, von den Verwicklungen der Religionskriege erschöpft, abbricht. Die Geschichte des Abbé Velly wurde im Jahre 1819 unter dem Namen ihres ersten Verfassers neu veröffentlicht, aber der Herausgeber, Fantin des Odoard, kündigte auf der Titelseite an, daß er sie »sorgfältig durchgesehen und verbessert« habe. Tatsächlich hat er sie von Grund auf neu geschrieben, sich zwar eng an die Ausgaben von 1740–1770 haltend, deren Geist aber verändernd (wie, werden wir später anhand einiger Beispiele sehen). Dennoch zog er es vor, seine Arbeit, die als Original hätte durchgehen können, als eine Reprise und Fortsetzung des Abbé Velly anzukündigen, so wie sich auch die ersten Autoren des 16. Jahrhunderts hinter den *Grandes Chroniques de France* verbargen. Ebenso erklärt Anquetil 1805 ohne Hemmung, seine *Histoire de France* sei eine Kompilation: »Ich bin den vier maßgeblichen Historikern gefolgt: Dupleix, Mézeray, Daniel und Velly. Zunächst habe ich mich von meinen Erinnerungen überzeugen lassen, daß nichts, was in der Geschichte Frankreichs von einiger Bedeutung ist, von diesen vier Schriftstellern vergessen wurde, oder daß zumindest, wenn der eine etwas vergessen haben sollte, der andere es hinzugefügt hat, und daß ihre Autorität wohlbegründet ist, so daß, wenn man ihre Namen an den Rand der Seite setzt, dies einer Beweisführung gleichkommt.« »Wenn ich ein Thema bearbeitete, so untersuchte ich, wer von ihnen es am besten dargestellt hatte, und nahm dessen Bericht als Grundlage für den meinen. Dann fügte ich das hinzu, was meines Erachtens der Erzählung des Bevorzugten fehlte.« Diese eigenartige Methode, die so lange beibehalten wurde, erklärt sich durch das Festhalten des Publikums an einer traditionellen Version, deren Anpassung an den zeitgenössischen Geschmack es billigt, ja sogar fordert, aber deren einmal festgelegter Entwurf nicht verändert werden darf. Denn die Geschichte ist eine Erzählung von Tatsachen. Furetière definiert sie in seinem Wörterbuch wie folgt: »Kunstvoller Bericht: erhabene, fortlaufende und wahrhafte Erzählung, Beschreibung von den denkwürdigsten Ereignissen und den berühmtesten Taten.« Und wiederum werden keine nachträglichen Zusätze oder Veränderungen an den Berichten der ersten Erzähler in Betracht gezogen.

Diese Geschichte Frankreichs hatte ihre Klassiker, die während des gesamten Jahrhunderts, das ihrer Veröffentlichung folgte, immer wieder aufgelegt wurden. Im 16. Jahrhundert die *Grandes Chroniques de France* mit Nicole Gilles: 1510, 1520, 1527, 1543, 1551, 1562, 1617, 1621. Paul Émile, der Nachahmer von Livius, der den archaischen Bericht der *Grandes Chroniques* antik veredelte: 1517, 1539, 1544, 1548, 1550, 1554, 1555, 1556, 1569, 1577, 1581, 1601. Der im 17. Jahrhundert meistgelesene Autor ist unbestreitbar Mézeray. Seine große, 1643 erschienene *Histoire* wurde bis 1712 sechsmal neu aufgelegt, dann von derjenigen des Pater Daniel abgelöst, die zwischen 1696 und 1755 ebenfalls sechs Auflagen erlebte. Mézeray widerfuhr sogar die Ehre von zwei Neuauflagen im 19. Jahrhundert, 1830 und 1839, also zu der Zeit, als die *Histoire de France* von Michelet (1830) und die von Herni Martin (1833) erscheint. Dies zeigt, welcher Popularität dieser alte, heute vollkommen in Vergessenheit geratene Autor beim Kleinbürgertum und bei den Handwerkern der Provinz sich erfreute.

Nach Mézeray und Pater Daniel verteilten sich die Leser der zweiten Hälfte des 18. Jahrhunderts und des beginnenden 19. Jahrhunderts auf Abbé Velly, Abbé Millot und Anquetil. Napoleon sagte 1808, Velly sei »der einzige etwas auf Genauigkeit bedachte Autor, der über die Geschichte Frankreichs geschrieben hat«. »Seine Majestät hat den Polizeiminister beauftragt, für die Fortsetzung Millots Sorge zu tragen.« In seinem Vorwort zu *Dix ans d'études historiques* von 1835 unterstreicht Auguste Thierry die anhaltende Beliebtheit der klassischen Historiker im 18. Jahrhundert, ungeachtet der mit Chateaubriand einsetzenden romantischen Gegenströmung. »Wenn die Herren Guizot, de Sismondi und de Barante begeisterte Leser fanden, hatten Velly und Anquetil den Vorteil einer viel zahlreicheren Anhängerschaft.«

So sind, vom 16. Jahrhundert bis 1830, die aufeinanderfolgenden Generationen nicht zurückgeschreckt vor der Eintönigkeit des immer gleichen Berichts, dessen wesentlicher Inhalt ein für allemal festgelegt war und dessen einzige Abweichungen im Stil, in der Rhetorik lagen sowie in einer Verlängerung um die Ereignisse, die seit der vorhergehenden Ausgabe eingetreten waren und die ihrerseits vom nächsten Kompilator übernommen wurden. Man kann nur staunen über die Beständigkeit dieser Gattung, die sich drei Jahrhunderte lang gleichgeblieben ist und gleichbleibend erfolgreich war. Hier handelt es sich um ein ebenso bezeichnendes Phänomen, wie es die Kristallisierung des Klassizismus um die biblische und profane Antike herum ist; zwei widersprüchliche, aber auch charakteristische Aspekte der Epoche, die im übrigen bei denselben Menschen nebeneinander bestanden haben müssen, wenn auch auf unterschiedlichen Stufen – eine Dualität, die der oftmals erkannten Vielschichtigkeit der Mentalität des Ancien Régime entspricht. Die klassische Zeit bezieht eine Haltung zur Geschichte, die weder Verweigerung noch kritische Forschung im Rückgriff auf die Quellen ist, weder Entrückung in der Zeit noch Neugier auf Entdeckung. Es ist etwas anderes, schwer Vorstellbares, das gerade wegen seiner Banalität und der Wiederholung im modischen Gewand gefällt. Wir wollen versuchen, dies etwas genauer zu betrachten.

Wir besitzen eine kleine Abhandlung über die Geschichte aus dem Jahr 1628: *Avertissement sur l'histoire de la monarchie française.* Sie stammt von Charles Sorel, dem Verfasser des *Francion,* einem der Mitbegründer des realistischen Romans nach Noël de Fail und mit Théophile de Viau. Obwohl er das von seinem Onkel ererbte Amt des Historiographen des Königs innehatte, besaß er einen unabhängigen Geist, war kühn, mußte aber seine Romane und seine Geschichtsschreibung von Gedanken rein halten, die dem Hof hätten mißfallen können. Seine Ansicht der Geschichte hat nichts von dem offiziellen Konformismus, ganz im Gegenteil. Daher interessiert er uns.

Er beginnt mit einer Äußerung des Bedauerns darüber, daß man sich in seiner Zeit nicht ausreichend für die Geschichte Frankreichs interessiert: dies ist natürlich ein Gemeinplatz der Historiker. Hier aber handelt es sich um die Konkurrenz, die die Alten der französischen Geschichte machen. »Ich habe einst mit Erstaunen festgestellt, wie wenig Aufhebens um die Geschichte Frankreichs im eigenen Land gemacht wird. Die Schriftsteller kennen die Zahl der Konsuln oder Kaiser Roms besser als die unserer Könige.« Wir wissen, daß das nicht ganz der Wahrheit entspricht oder doch nur auf die Schöngeister zutrifft, deren Gegner Sorel im übrigen ist. Auch liest man zu viele »märchenhafte Bücher«, zu viele Ritterromane. Und trotzdem fragt Sorel sich nicht, ob die Neigung einiger seiner Zeitgenossen zur Geschichte Frankreichs ihren Ursprung nicht in diesen Romanen habe.

Aber, da haben wir's: wenn »sehr wenige Leute die Geschichte Frankreichs kennen«, dann deshalb, »weil es darüber kaum Bücher gibt«; die älteren Werke sind unlesbar, »wie gegen die Musen angeschrieben«, »eine Anhäufung all dessen, was an verschiedenen Stellen zu finden war«. Schon 1571, im Vorwort seiner Abhandlung über die Geschichte und die Institutionen Frankreichs, nahm du Haillan für sich in Anspruch, der erste zu sein, der korrekt schrieb: vor ihm »eine große Menge von martinischen und dionisischen Geschichten [d. h. über St. Martin und St. Denis] und Chroniken von Hildebrant, Sigebert . . .«. Das ist die klassische Reaktion der gehobenen Sprache, sogar beim Verfasser des *Francion:* in diesen alten Büchern »findet man Wörter, die dermaßen schmutzig und niedrig sind, daß ich nicht denke, daß man sich ihrer zu etwas anderem bedienen kann, als die Gedanken von Lumpen und Lümmeln auszudrükken, und die weit entfernt sind, die Gedanken von Königen und tugendhaften Männern ausdrücken zu können«. Seine ersten Vorgänger, die unmittelbaren Nachfolger der *Grandes Chroniques* (von denen er nicht spricht), »sind die letzten, was die Redekunst und die Urteilskraft anbelangt. Sie haben auf so barbarische Weise geschrieben. . .« Man hätte sie nicht fortsetzen sollen, es wäre besser gewesen, ein neues Werk zu schreiben. Es ist in der Tat der Augenblick, wo man das Bedürfnis empfand, die Chroniken zu erneuern; ihre Wiederauflagen enden gegen 1620–1630: Schließen wir daraus nicht auf eine tiefgehende Veränderung in der Struktur der Geschichte; sie werden die wesentliche Quelle bleiben, man wird sich damit zufrieden geben, sie von einigen zu »gemeinen« Anekdoten zu säubern, und man wird sie nach dem Geschmack der Zeit gestalten, um dieses neue Modell unbegrenzt zu reproduzieren. Das genau ist das Programm, das Sorel nach seiner Kritik an den Vorgängern aufstellt. Man wird die allzu unwahrscheinlichen Sagen preisgeben, etwa den trojanischen Ursprung der Franken oder das Königreich von Yvetot. Diese Legenden werden jedoch überdauern, trotz des klassischen Rationalismus und des Purismus der Gegenreform. Mézeray wird die Geschichte Yvetots erzählen, denn es ist immerhin eine hübsche Geschichte, »so ein Kindermärchen«. Er wird freilich hinzufügen: »Indessen, wenn Sie nach meiner Ansicht fragen, sehe ich diese Erzählung mit derart vielen Verstößen gegen die Wahrscheinlichkeit und die Chronologie belastet, daß ich sie guten Gewissens denen zurückreiche, die sie uns überliefert haben.« Das hindert ihn nicht, sie seinerseits zu erzählen. Man wird sich also der Legenden entledigen, besonders wenn sie falsche Wunder ins Spiel bringen. Es geht nicht darum, das Übernatürliche zu verbannen: »jene, die einige Wahrscheinlichkeit aufweisen«, wird man beibehalten, *»wenn sie erbaulich sind«*. Die anderen werden verschwiegen werden: »Es heißt die Wundertaten der Verachtung preisgeben, wenn man sie als so häufig annimmt«. Der Historiker bleibt in diesem Fall »Heide im Christentum«.

Schließlich wird man diesen, nunmehr seiner parasitären Knospen entledigten Bericht nach dem Geschmack der Zeit putzen, man wird die chronologischen Verweise, die den Stil schwerfällig machen, weglassen: »Ich finde, daß es eine unerfreuliche Sache ist, bei jeder Handlung zu sagen, das ist in jenem Jahr und jenem Monat geschehen«; diejenigen, die die Daten zu kennen wünschen, »werden warten, bis ich eine chronologische Übersicht erstellt haben werde«.

Weiterhin wird man sich weder mit Einzelheiten der Gelehrsamkeit noch mit Problemen des öffentlichen Rechts oder der Geschichte der Institutionen aufhalten: das findet man bei den Alten nicht. »Es ist unmöglich, in Anbetracht so vieler Dispute eine Erzählung elegant zu gestalten und ihr einen angenehmen Stil zu verleihen. Wären die Alten dazu verpflichtet gewesen, hätten sie uns nicht so zahlreiche schöne Meisterwerke hinterlassen. Sie stritten nicht über den Ursprung der Würden [Anspielung auf die Auseinandersetzungen über die Pairswürde und über die Parlamentskammern, welche im 16. Jahrhundert intensiv verfolgt wurden, da man dachte, auf diese Weise die Ursprünge einer von ihren Amtsträgern eingeschränkten Monarchie wiederzufinden]; es kümmerte sie nicht, ob eine Provinz Souveränität erhalten hatte oder ob sie nur ein Herzogtum war, das der Krone unterstand... Von ihnen wußte niemand, was ein Lehen oder ein Allod war, oder wenn sie es wußten, so vergnügten die Historiker sich nicht damit, lange Definitionen davon zu geben.« Und in der Tat, man findet in den Geschichten des 17. Jahrhunderts nichts mehr über die Institutionen, während die Autoren des 16. Jahrhunderts sich noch sehr dafür interessierten; allein der Bericht der Ereignisse bleibt übrig.

Man wird sich, laut Sorel, davor hüten, auf die Quellen zurückzugreifen und wortwörtlich die Originaltexte zu zitieren. »Ich will nichts mehr mit diesen barbarischen Ausführungen zu tun haben, die die Verfasser Wort für Wort, so wie sie sie in den alten Manuskripten gefunden haben, überlieferten. Ich werde aus ihrer Substanz Abhandlungen nach unserem Geschmack verfassen«, nämlich in Nachahmung des Livius. Später erkennt Pater Daniel, der gegen diese Art der oratorischen Geschichte angehen wird, daß man seine Referenzen zitieren und zu den Quellen zurückgehen muß: »Das Zitieren der Manuskripte gereicht einem Autor noch sehr zur Ehre«, behauptet er, aber nur um sogleich einzuräumen, daß dieser Rückgriff auf die Originale nicht immer sehr nützlich ist: »Ich habe eine ziemlich große Anzahl (Manuskripte) gesehen. Aber ich würde reinen Gewissens sagen, daß ihre Lektüre mir mehr Kummer bereitet hat, als sie mir von Vorteil gewesen wäre.« Die alten Texte betreffen zu spezielle Fragen, als daß sie in eine Allgemeine Geschichte aufgenommen werden könnten, die weiterhin dem Schema der *Grandes Chroniques* und ihrer Fortsetzer treu bleibt.

Also wird man im 17. Jahrhundert in gehobenem Stil reden. Mézeray wird das nicht gelingen, er wird auf eine genüßlichere und vertrautere Ausdrucksweise zurückgreifen. Pater Daniel wird es ihm vorwerfen: »Hätte Mézeray eine Idee gehabt vom Adel und von der Würde, die der Geschichte gemäß sind, so hätte er aus der seinen einige Quodlibets, Sprichwörter, schlechte Witze und zahlreiche gemeine Ausdrücke des gewöhnlichen Stils ausgeschieden.«

Sorel erkennt übrigens, daß seine Methode beim Publikum der *Histoires de France* auf Einwände trifft: »Ein lockerer Geist wird mir sagen, daß er diesen allgemeinen Geschichten, die wir besitzen [den alten Chroniken und ihren Fortsetzungen aus dem 16. Jahrhundert], den Vorzug gibt und daß die darin zusammengetragenen Besonderheiten ihm gefallen.« Sorel geht darüber hinweg, aber seine Bemerkung ist für uns sehr wichtig, denn sie beweist die Existenz eines Publikums, das weitaus weniger als Sorel vom vornehmen Geschmack angesteckt ist und das bei den alten Autoren gerne die Besonderheiten der vergangenen Zeiten entdeckt.

Man kann sich fragen, warum Sorel sich soviel Mühe gibt, die Geschichte Frankreichs nach antikem Vorbild einzukleiden. Sie dankt ihm die Mühe: »Unsere alten Könige haben uns nicht wie die Griechen oder Römer eine Vielzahl von Sentenzen hinterlassen«, aber ihre bemerkenswerten Taten »sind gut und gern die Reden der anderen wert«.

Die Geschichte Frankreichs ist ein patriotisches Werk: das Wort scheint anachronistisch, doch der Sinn ist da. Sorel beabsichtigt eine Rehabilitierung der von seinen Vorgängern schlecht behandelten Könige: gewiß hatten unsere ersten Könige »etwas von der Roheit der Deutschen, ihrer Ahnen«. »Aber die Tugend der letzten kann diesen Makel löschen, und, wie dem auch sei, man sollte sie nicht bösartiger zeichnen als nötig. Der Historiker sollte sich mehr dem Guten als dem Schlechten zuwenden, und wenngleich er verpflichtet ist, die schlechten Seiten der Fürsten ohne Beschönigung zu zeigen, so sollte er doch mehr Vergnügen empfinden, von den guten zu erzählen, damit sie uns als Vorbild dienen.« »Unsere Historiker haben zur Genüge ihre Indiskretion bewiesen, indem sie die meisten unserer Könige tadelten.« Sie haben geschrieben, daß Chlodwig blutdurstig war, Dagobert ein Feigling. »Auch kann ich die Unverschämtheit derjenigen nicht ertragen, die, bevor sie von Chlodwig II. und seinen Nachfolgern sprechen, den Titel wählen: Faule Könige.« »Ich stimme wohl zu, daß sie tadelnswert waren, da sie ihre Geschäfte nicht wahrnahmen, aber deswegen ist es nicht nötig, unsere Geschichte lächerlich zu machen und sich dieses alten Quodlibets über die Faulen zu bedienen, es sogar in Großbuchstaben zu setzen, nur um zu prahlen.« Das Ziel der französischen Geschichte ist es, Frankreich und seine Könige zu ehren. Man wird bemerken, daß Sorel die aus der Geschichte ziehenden moralischen und politischen Lektionen verschweigt, obwohl sich diese Tendenz, die bereits im 16. Jahrhundert spürbar war, gegen Ende des 17. Jahrhunderts mehr und mehr durchsetzt, um sich im 18. Jahrhundert gänzlich auszubreiten. Für Furetière ist die Geschichte »eine auf

Handlungen und Beispiele reduzierte Moral . . . Man muß den Menschen in der Geschichte wie in einem Spiegel die Bilder ihrer Fehler zeigen.«

Zur Zeit Sorels ist die französische Geschichte zunächst patriotisch; vor ihm hatte sich Étienne Pasquier vorgenommen, zu zeigen, »wie unser altes Frankreich war, und es deutlich kenntlich zu machen«. Du Haillan hat sich »in seinem Werk nicht damit vergnügt, die Geschichte Frankreichs ausführlich darzulegen, sondern nur die Abschnitte und Taten unserer Könige auf dem Gebiet der Religion, Justiz und Ordnung«.

Man findet bei den Zeitgenossen Sorels sogar ein Heimweh nach der »guten alten Zeit«. Patin spricht vom »guten alten Ludwig dem Heiligen«; »ihre Handlungen [die unserer Vorfahren] ließen die Gebote des Evangeliums spüren«. Seitdem ist alles anders, »und das ist aus uns geworden«. Auch Pater Garasse zögert 1624 nicht zu schreiben: »Diese Zeit . . . kennt viele Geister, die höflicher sind als in den Jahrhunderten unseres Unsterns; allerdings sind sie auch zappeliger und weniger solide als diese *guten alten Gallier,* die schwerfälliger zu Werke gingen, aber ihre Beschlüsse waren durchschlagender und weniger kostspielig als die unseren«. Théophile de Viau bedauert den Schnee vom vergangenen Jahr:

> »Nos Princes autrefois estaient bien plus hardis.
> Où se cachent aujourd'hui les vertus de jadis?«
>
> (»Unsere Fürsten von einst waren viel kühner.
> Wo verbergen sich heute die einstigen Tugenden?«)

Außerdem, sagt Gabriel Naudé, sei es nicht zulässig, das Land »seiner berühmtesten Wunder der Monarchie« zu berauben. Deshalb wird später der Jesuit Labbe die Idee der griechischen Wurzeln des Lanzelot angreifen: das Französische kommt vom Lateinischen und vom Thiois. Der Hellenismus Lanzelots entstelle die Sprache, »die wir von Hand zu Hand von unseren Vorfahren erhalten haben seit zwölf oder dreizehn Jahrhunderten«.

Die Geschichte Frankreichs entspricht einer besonderen Ausformung des Patriotismus, die jene des Ancien Régime war.

Unsere alten Historiker haben schwere und dicke Bände hinterlassen, ihre Lektüre entmutigt den modernen Leser, dem die Geschichte unserer Könige gleichgültig geworden ist. Um einen Eindruck ihrer Art und, damit verbunden, ihrer Anleihen und ihrer Abweichungen zu geben, werden wir einige Episoden auswählen und prüfen, wie sie im Laufe der Jahrhunderte gesehen und behandelt worden sind.

Das Abenteuer Childerichs, des Vaters von Clodwig

Die Quelle ist Gregor von Tours: Childerich war *nimia in luxuria dissolutus* und verführte die Töchter der Franken. Die aufgebrachten Franken vertrieben ihn von der Macht. Er floh nach Thüringen, hinterließ aber einen Getreuen. Dieser schickte ihm, als er den Augenblick der Rückkehr für seinen Herrn gekommen glaubte, die Hälfte eines Goldstücks, dessen andere Hälfte Childerich bewahrte: das war das verabredete Zeichen. Aber die Frau des Königs von Thüringen verließ ihren Mann, um Childerich zu begleiten. »Und sobald dieser sie nach ihren Gründen fragte, die sie von so weit hergeführt hatten, soll sie sogleich geantwortet haben: Ich habe deinen Verdienst, deine große Tapferkeit kennengelernt. Deshalb bin ich gekommen, mit dir zu leben. Denn glaube mir, hätte ich, selbst jenseits der Meere, einen tapfereren Mann als dich gefunden, wäre ich ebenso mit ihm gezogen.« Kein Wort über den doppelten Verrat – am Ehemann durch seine Frau und am Gastgeber durch seinen Freund. Mit derartigen Kleinigkeiten hält sich Gregor von Tours nicht auf.

So lautet die Geschichte, die die Vorstellungskraft unserer alten Historiker entzückte. Und hier nun das, was aus ihr geworden ist, zunächst in den *Grandes Chroniques de St.-Denis*. Die Episode tritt in den Rahmen der feudalen und ritterlichen Sitten: »Er wurde von seinen Baronen gehaßt wegen der Schande und der Schmach, die er ihnen antat, denn er tat ihren Töchtern oder ihren Frauen Gewalt an, wenn sie ihm gefielen, um die Freuden des Fleisches zu genießen; aus diesem Grunde jagten sie ihn aus dem Königreich; sie konnten nicht länger den Kummer um seine zügellose Unzucht ertragen.«

Bissine, der König von Thüringen, »empfing ihn sehr großzügig und gewährte ihm während seines Exils ehrenvollen Aufenthalt«. Aber Childerich hatte einen Freund zurückgelassen: »Niemand ist so gehaßt wie der, der niemals irgendeinen Freund hat.« Dieser Freund nutzte die Unzufriedenheit der Barone mit dem Nachfolger Childerichs, dem Römer Gilon, um ihnen in einer kunstvollen Rede »den direkten, aus ihrem Stamme geborenen Herrn« in Erinnerung zu rufen. Nach seiner Vertreibung »unterwarft ihr euch einem Hochmütigen aus einer verbündeten Nation« (der Römer ist ein Fremder, ein Merkmal, das sich bei Gregor von Tours nicht findet). »Es ist sehr hart von euch, die Verderbtheit von vielen Fürsten zu dulden, aber die Unzucht eines einzigen nicht zu erdulden.« Dank dieses Einwandes triumphiert die derart in Erinnerung gerufene Legitimität, und Childerich kehrt zurück, von der halben Münze alarmiert. Als Basine, »Frau Bissine«, erfährt, »daß Childerich sich mit seinen Baronen geeinigt hatte und daß er in seinem Königreich wieder empfangen wurde, verließ sie ihren Gatten und kam zu Childerich nach Frankreich, denn man sagte, er habe sie einst, als er bei ihrem Gatten weilte, kennengelernt«. Der König »ehelichte sie als Heide, der er war, so, als erinnerte er sich nicht der Ehrungen und Vorteile, die der König von Thüringen, ihr erster Mann, ihm hatte zukommen lassen, als er aus Frankreich vertrieben worden war«. Aber Basine hatte etwas von einer Hexe. In der ersten Nacht »warnte sie ihn [ihren Mann] davor, ihr in dieser Nacht beiwohnen zu wollen«; sie ließ ihn zunächst Leoparden und Löwen sehen: »der erste Erbe, der uns geboren wird, wird ganz von edlem Mut und großer Stärke sein«, dann Bären: das ist die zweite Generation, »Räuber« wie die Bären, schließlich Schakale, die letzte Generation darstellend: »feige Tiere ohne jede Tugend«.

Bei du Haillan, 1571, wird die Geschichte, aus der übrigens die Episode mit Basine und ihren Visionen verschwunden ist, moralischer. »Childerich, der wieder in seinen Stand eingesetzt worden war, erinnerte sich an sein vergangenes Leben und an das Schlechte, das ihm widerfahren war, weil er zu sehr der Unzucht gefrönt hatte. Das machte ihn so weise und vorsichtig, daß er von nun an keine andere Sorge hatte, als sich durch Tapferkeit, Weisheit und Gerechtigkeit bei den Franzosen beliebt zu machen und durch seine Tugenden die Wunden seines ersten schlechten Rufs und seines Loses zu heilen.« Die großen Chroniken hatten dem Bericht Gregors von Tours phantastische Umstände und eine Auslegung zu Gunsten der dynastischen Legitimität hinzugefügt. Am Ende des 16. Jahrhunderts wird eine moralische Lektion angehängt: die Konvertierung des Herrschers, von der weder in den *Grandes Chroniques* noch bei Gregor von Tours die Rede ist.

Mézeray nimmt die Berichte seiner Vorgänger buchstabengetreu auf, läßt jedoch eine von den Ansichten seiner Zeit inspirierte Anspielung auf das Steuerwesen Childerichs einfließen. Die Geschichte von Childerich und Basine liefert ein gutes Beispiel für die recht deftige Art Mézerays.

Childerich ist nicht mehr nur ein Wüstling, er ist ein verschwenderischer Fürst, der sein Volk ausbeutet: »Seine Vergnügungen waren zügellos, und ihre schmutzigen Werkzeuge hatten bald mehr Geld verschlungen, als die Kosten eines langen Krieges verbraucht hätten.« Der Fürst »durchstöberte zuerst die Börsen seines Volkes, dann die versteckteren Truhen. *Die Herren schmerzte kaum die Last all dieser Steuern, die üblicherweise auf das Volk entfallen* [eines der ersten Beispiele für die polemische Indienstnahme der Geschichte namens einer politischen und sozialen Forderung], aber er verbitterte sie durch andere, viel spürbarere Beleidigungen. Es gibt keine größeren Beleidigungen als die, die man der Ehre antut, und von diesen ist die gröbste, *wenigstens nach Meinung der Männer* [Mézeray amüsiert sich], ihren Frauen zu nahe zu kommen.« Die »Stände« (hier handelt es sich um einen schönen, diesmal unwillentlichen Anachronismus) sprachen sich für seine Absetzung aus, nach langen, erhabenen Reden: »Ich berufe mich hier auf den ruhmreichen Geist des Merowig.« Merowig könnte Childerich nicht mehr als seinen Sohn anerkennen!

Die Erzählung nimmt ihren überlieferten Verlauf. Aus der Ansprache des Freundes von Childerich wird Folgendes: »Aber welcher Wahnsinn ließ euch einen König verjagen, euren legitimen Herrscher, um an seine Stelle einen fremden Tyrannen zu setzen!« »War ein *etwas verliebter* Fürst, mit Verlaub seiner Autorität und der Glut der Jugend, die sich abgekühlt hätte, nicht viel leicher zu ertragen als ein Henker . . .? Ich antworte euch, daß er ein guter Fürst sein wird: das Alter und die Verbannung haben sein Feuer gemildert.«

In Thüringen hatte Childerich, »von verliebter Stimmung und angenehmer Unterhaltung für die Damen [der zweifelhafte Unhold ist ein galanter, etwas stürmischer Edelmann geworden], die Zuneigung Basines, der Frau von Basin, gewonnen«, und Mézeray schließt mit dem Empfang Basines in Frankreich und den drei Visionen Childerichs, die auszulassen er sich hütet.

In seinem *Abrégé de l'Histoire de France commencée par Pharamond,* der 1821 noch einmal aufgelegt wurde, schreckt der gelehrte und finstere Bossuet nicht vor der Geschichte Childerichs zurück und übernimmt sie, wie er sie gefunden hat.

Childerich war ein »an Körper und Geist wohlgestalteter Fürst, tapfer und gewandt; aber er hatte einen großen Fehler, denn er gab sich der Liebe zu den Frauen hin und ging darin so weit, sie mit Gewalt zu nehmen und *sogar* [erschwerender Umstand für Bossuet] *Frauen von Stand,* was den Haß aller auf ihn zog«. Man muß zugeben, daß sich, ohne bedeutende Veränderungen des nunmehr festgelegten Berichtes, Childerich sehr vermenschlicht. Bossuet aber zeigt sich streng in bezug auf die Affäre mit Basine: »Basine, die Frau des Königs von Thüringen, folgte ihm nach Frankreich, und er ehelichte sie, ohne sich Sorgen zu machen um die Rechte der Ehe oder um die Treue, die er einem König, der ihn so gut empfangen hatte, schuldig war.« Er läßt die Anekdote mit den Visionen fallen.

Im Jahre 1696 ändert sich der Ton mit Pater Daniel. Bereits Sorel hatte Zweifel verlauten lassen. Aber Pater Daniel zögert nicht mehr, in einem der beiden Aufsätze über die Anfänge, die seiner Abhandlung vorangestellt sind, »das Hirngespinst der Absetzung von Childerich, dem Vater des Chlodwig«, zu verdammen. »Alles hier ist phantastisch, alles hat ohne Zweifel den Anschein eines Romans.« Aber trotz der Gelehrsamkeit seine Argumente ist Pater Daniel vielleicht doch nicht ausschließlich von der Kritik geleitet: diese Absetzung ist außerdem störend für den Begriff der Legitimität, über den sich Pater Daniel lange ausläßt. So verteidigt er Hugo Capet gegen den Vorwurf, ein Usurpator gewesen zu sein. Das mag noch bei Pippin dem

Kurzen durchgehen, nicht aber bei Hugo Capet: Karl der Einfältige war einer Ehe entsprungen, die »von Rom als illegitim betrachtet wurde«.

In Wahrheit übersteht die Liebesgeschichte Childerichs mühelos die Angriffe Pater Daniels. Die große Geschichte des Abbé Velly und seiner Fortsetzer, die bis zum Beginn des 19. Jahrhunderts maßgebend blieb, nimmt sie ihrerseits wieder auf. »Er war der schönste Mann seines Königreichs [so sah ihn schon Bossuet]. Er hatte Geist, hatte Mut, war aber mit einem zur Zärtlichkeit neigenden Herzen geboren und gab sich darum zuviel der Liebe hin, was die Ursache seines Untergangs war. Die fränkischen Herren, die ebenso empfänglich waren für die Beleidigungen wie ihre Frauen für den Charme dieses Fürsten, schlossen sich zusammen, um ihn zu entthronen. Gezwungen, ihrer Wut nachzugeben, zog er sich nach Deutschland zurück, wo er zeigte, daß Unglück selten die Laster des Herzens korrigiert: Er verführte Basine, die Gattin des Königs von Thüringen, seines Gastgebers und Freundes.« Man wählte einen anderen König. »Die ungerechten Forderungen des herrschenden Monarchen weckten die Erinnerung an den exilierten Fürsten ... der legitime Fürst nahm erneut den Thron in Besitz, von dem er wegen seiner galanten Abenteuer gestürzt worden war.« Auf dieses wunderbare Ereignis folgt ein weiteres, ebenfalls in seiner Einzigartigkeit bemerkenswertes. Die Königin von Thüringen verläßt, einer zweiten Helena gleich, ihren Gatten, den König, um diesem neuen Paris zu folgen ... »Basine war schön, sie war geistreich. Childerich, der von diesem zweifachen Vorteil der Natur zu sehr angetan war, heiratete sie zur großen Entrüstung der anständigen Leute, die vergeblich die heiligen Rechte der Ehe und die unverletzlichen Gesetze der Freundschaft beschworen. Aus dieser Ehe ging der große Chlodwig hervor.«

Der erste Band des Abbé Velly, der von den Anfängen handelt, stammt aus dem Jahre 1755. Die Geschichtswerke aus dem ausgehenden 18. Jahrhundert enthalten die Geschichte Childerichs nicht mehr. 1768 vernachlässigte der Abbé Millot, »ehemaliger Jesuit«, rundweg sämtliche Vorgänger Chlodwigs, fügte zum Ersatz aber in den traditionellen Bericht einige Bemerkungen über die Gallier ein: »Da aus ihrer Vermischung mit den

Franken die französische Nation entstanden ist, sind sie unsere *Väter,* und es liegt in unserem Interesse, sie zu kennen«: unsere Ahnen, die Gallier.

Das Schweigen des Abbé Millot ist jedoch nur eine vorübergehende Unterbrechung. Die Nachfolger im 19. Jahrhundert werden viel konservativer sein. 1809 nimmt Anquetil, in Treue gegenüber der Tradition, die Episode Childerichs I. wieder auf. Er verteidigt Childerich, als dieser der Komplizenschaft bei der Ermordung des Usurpators, der ihn entthront hatte, angeklagt ist: »Es scheint sogar, daß seine großmütige Wesensart ihm ein derartiges Verbrechen unmöglich machte, da man sich auch durch das Schweigen der Schriftsteller davon überzeugen lassen kann, daß er keine Rache an denen übte, die ihn vom Thron verjagt hatten.«

Die Ankunft Basines am Hofe Childerichs stellt sich Anquetil so vor: »Der französische Monarch konnte nicht umhin, ihr eine gewisse Überraschung über ihre Bereitwilligkeit zu bezeugen.« Aber sein Erfolg bei den Frauen schadete seinem Ruhm nicht: »So erlangte er [nachdem er seinen unglücklichen Rivalen, den König von Thüringen, geschlagen hatte] zwei Arten von Berühmtheit, nämlich für Tapferkeit und Galanterie, seit ewigen Zeiten hochgeschätzte Eigenschaften bei den Franzosen.« Childerich wird ein Vorläufer des »Vert Galant«.

Zwanzig Jahre später verschwindet der romanartige Bericht von Childerich endgültig, bei Michelet. Dessen Darstellung hat nichts mehr von der Art seiner Vorgänger: »Es ist wahrscheinlich, daß mehrere der fränkischen Führer, zum Beispiel dieser Chilperich, den man uns als Sohn des Merowig und Vater Chlodwigs präsentiert, römische Titel innehatten, wie im Jahrhundert davor Melloband und Arbogast. Wir sehen in der Tat, daß Aegidius, ein römischer General und Anhänger des Kaisers Maiorianus, ein Feind der Goten und ihrer Kreatur, des avarischen Kaisers Avitus, die Nachfolge Chilperichs antritt, des Führers der Franken, der vorübergehend von den seinen vom Thron vertrieben war. Daß Aegidius den Chilperich ersetzt, geschieht gewiß nicht in der Eigenschaft als nationaler und erbberechtigter Führer, sondern als Vorsteher der kaiserlichen Miliz. Als Chilperich angeklagt ist, freien Jungfrauen Gewalt angetan zu haben, zieht er sich zu den Thüringern zurück, denen er die Königin entführt. Nach dem Tode des Aegidius kehrt er heim zu den Franken.« Es ist die Kontinuität der römischen Geschichte in der Geschichte der Franken, die den alten Historikern nicht bewußt war. Ihnen widerstrebte dieser lükkenlose Übergang zwischen zwei Epochen, die ihnen aus verschiedenen Gründen vertraut waren: die Antike und die französische Epoche.

Jeanne d'Arc

Die Geschichte der Jungfrau von Orléans ist eine klassische Episode der traditionellen französischen Geschichte. Man trifft sie ständig wieder, sich immer gleichbleibend, und doch, ohne daß die dokumentarische Grundlage verändert würde, je nach dem Geschmack der Zeit unterschiedlich eingefärbt.

Les Chroniques et Annales de France depuis la destruction de Troyes, jusqu' au roi Louis onzième von Nicolas Gilles sind 1520 erschienen und wurden bis zum Jahre 1621 mehrfach neu aufgelegt. Man findet darin den treuherzig und genau, ohne die Spur einer Kritik oder Einschränkung erzählten Bericht von der Jungfer. Die Erscheinungen von Vaucouleurs. Die Zurückweisung durch Baudricourt, der eine »von armen Leuten geborene« Schäferin verachtet. Das Wiedererkennen in Chinon: »In Gottes Namen, ehrwürdiger König, Ihr selbst seid es, mit dem ich sprechen will.« Die Untersuchung durch die Theologen. Aber, und das ist ein Charakteristikum der Johanna-Versionen, das wir oft wiederfinden werden, Nicolas Gilles besteht hauptsächlich auf den Merkmalen des Wunderbaren: »Die besagte Jehane bat den König, daß er einen seiner Waffenmeister schicken möge, ihr ein Schwert zu holen, von dem man ihr gesagt hatte, daß es sich an einem gewissen Ort in der Kirche Sainte-Catherine-de-Fierboys befinde, und auf beiden Seiten seien drei Lilien eingeprägt und es liege zwischen verrosteten Schwertern. Als der König sie aber fragte, ob sie schon einmal in der besagten Kirche Sainte-Catherine gewesen, antwortete sie mit einem Nein, und daß sie es durch eine göttliche Offenbarung wisse, und daß sie mit diesem Schwert seine Feinde vertreiben und ihn nach Reims zur Königsweihe führen werde.« Dagegen wird der

Bericht nach der Weihe von Reims sehr schematisch – hören wir, was von dem Martyrium in Rouen übriggeblieben ist: »Der besagte Sire Jehan von Luxemburg verkaufte die erwähnte Jehane den Engländern, die sie nach Rouen brachten, wo sie selbige hart behandelten und sie dann zum Tode verurteilten und öffentlich verbrannten.« Nichts weiter.

Es handelt sich also um einen traditionellen Bericht, in dem die Belagerung von Orléans und die Weihe in Reims besonders herausgearbeitet und die wundersamen Elemente sorgfältig zusammengetragen sind, dem aber Prozeß und Tod zum Opfer fallen.

Das Kapitel, welches Bernard de Girard, Herr von Haillan, der Jeanne d'Arc widmet, hat einen anderen Ton. Er präsentiert eine Version, die in den weiteren Geschichten Frankreichs nicht mehr vorkommen und sich in der Überlieferung nicht durchsetzen wird (1576).

Der König von Bourges »war ein Mann, der das Vergnügen liebte und den Tod und Untergang seines Königreiches nicht fürchtete. Es gefiel ihm, seine schöne Agnes zu lieben und schöne Blumenbeete und Gärten anzulegen, während die Engländer, mit dem Kreuz in der Hand, durch sein Reich spazierten. Und Gott, der voller Mitleid auf Frankreich blickte, ließ aus diesem Anlaß einen Jean Bastard von Orléans, einen Potron de Xaintrailles und einen La Hire geboren werden.« Die Namen des Bastards von Orleans, von Xaintrailles und La Hire werden während des gesamten 17. Jahrhunderts allgemein bekannt bleiben. »Es verdankt vor allem dem Bastard von Orléans viel«, weil er es verstand, Jeanne d'Arc zu erfinden: »Dieser schlaue Mann richtete sie [die Majestät des Königs] wieder auf mit Hilfe einer List der Religion, ob sie nun wahr oder falsch war.« Aber du Haillan vermutet natürlich, daß sie falsch war.

»Das Mysterium dieses Mädchens, sei es, daß es ein erfundenes und zurechtgelegtes oder ein wahrhaftiges Wunder war, hob den Mut des Königs, der Herren und des Volkes, den sie verloren hatten: dergestalt ist die Kraft der Religion und recht oft des Aberglaubens, denn in Wahrheit sagt man, daß diese Jehane die Geliebte von Jean, dem Bastard von Orléans, war, andere sagen, von Baudricourt, dem Marschall von Frankreich, welche ausgezeichnete und kluge Männer waren, die, als sie den

König ganz erstaunt sahen ... und das Volk ... ganz niedergeschlagen ..., ihm rieten, sich eines aus einer falschen Religion gemachten Wunders zu bedienen, denn das ist es, was die Herzen erhebt und belebt und die Menschen, sogar die einfachsten, glauben läßt, was nicht ist: außerdem war die Zeit reif für derartigen Aberglauben, da das Volk sehr fromm, abergläubisch und auch ruiniert war.«

Dies ist eine hugenottische Version. Du Haillan ist einer der Autoren, die der gefürchtete Agrippa d'Aubigné im Vorwort seiner *Histoire universelle* nicht wie fast alle seine Vorgänger niedermacht: »Seine Mühe ist ohnegleichen, seine Sprache gut französisch, die zu gleichen Teilen den Literaten und den Krieger spüren läßt ... es war eine erhebende Lektüre.«

Nachdem er sich eines Urteils über Jehane enthalten hat, nimmt du Haillan wieder den gewohnten Faden der Erzählung auf: Bourges, Orléans, Reims. Und er schließt mit diesen wenigen Worten, die noch etwas nüchterner sind als die von Nicolas Gilles: »Schließlich wurde sie von den Engländern bei Compiègne gefangengenommen und nach Rouen gebracht, wo sie, nachdem ihr der Prozeß gemacht worden war, verbrannt wurde.« Das ist alles.

Jean de Serres zeigt sich im *Inventaire général de l'Histoire de France* (1597) bewegter. Er nennt sein Kapitel »Die denkwürdige Belagerung von Orléans«. »Frankreich war in einem solchen Ausmaß geschwächt, daß auch die Menschen nichts mehr tun konnten. Da erdachte sich Gott ein außergewöhnliches Mittel, welches die menschliche Vernunft nicht vorhersehen konnte und noch weniger selbst ersinnen.« Es ist die Geschichte Jeanne d'Arcs, die erzählt wird, ohne daß es, abgesehen von mehr Einzelheiten und mehr Wärme in der Schilderung des Prozesses, etwas Besonderes hervorzuheben gäbe: Jeanne ist tot, »sie hinterläßt ein bei ihren Zeitgenossen unendliches Bedauern, da sie einzigartig war und grausam behandelt worden ist, und ein Gedenken unsterblichen Ruhms, da sie ein so nützliches und notwendiges Instrument der Befreiung unseres Vaterlandes war«. Das ist der Ton der patriotischen Geschichte, die wir oben erwähnten, und man versteht den Platz, den Jeanne d'Arc darin bis zum 19 Jahrhundert einnehmen und auch später, dank Michelet, behalten wird. Versionen wie die von du

Haillan werden nunmehr als skandalös verworfen. So protestiert Simon Dupleix in seiner *Histoire générale de France,* in der zum ersten Mal die Anrufung Jesu durch Jeanne auf dem Scheiterhaufen hervorgehoben wird: »Diese bewundernswerte Jungfer, die das Instrument der göttlichen Vorsehung in einer so wichtigen Sache war, wer könnte sich vorstellen, daß sie eine Hexe gewesen, oder eine Zauberin, eine Konkubine oder ein liederliches Weib, wie ihre und Frankreichs Feinde öffentlich behauptet haben, ja sogar einige libertine Franzosen, um nicht eingestehen zu müssen, daß es Wunder durch die Fürsprache von Heiligen gibt, die dort droben die ewige Glückseligkeit genießen.«

Bei Mézeray fehlt dem traditionellen Bericht nichts mehr: Vaucouleurs, Bourges, die Untersuchung durch die Theologen und die Matronen. Das Wunder des Schwertes wird zum Gegenstand einer aufmerksamen und leichtgläubigen Schilderung: »Sie bat ihn, er möge sie ein Schwert suchen lassen, das mit den Gebeinen eines Ritters in Sainte-Catherine-de-Ferbois begraben war und auf dem fünf eingravierte Kreuze waren; die, die man dorthin schickte, fanden es an dem Ort, den sie bezeichnet hatte, und als zweites Wunder [als wäre das nicht schon genug!] fiel der Rost, von dem es ganz und gar überzogen war, in dem Augenblick, als sie es ergriffen, von ihm ab.« Während der Belagerung von Orléans »sagt man, daß der Herr der himmlischen Heerscharen ... gegen Ende des langen Kampfes von einigen gesehen wurde in übermenschlicher Gestalt, ein flammendes Schwert in der Hand«. Der Prozeß wird beschrieben, und Mézeray findet einen Weg, Jeanne auf dem Scheiterhaufen eine lange Rede im Stil der Tragödie halten zu lassen. Aber es gibt dort auch die Taube, die aus den Flammen steigt, und »ihr Herz wurde heil aufgefunden, da das Feuer nicht gewagt hatte, etwas so Kostbares zu verletzen«. Gewiß haben zahlreiche Generationen von Franzosen die Geschichte Jeanne d'Arcs durch Mézeray kennengelernt.

Das Ende des 17. Jahrhunderts, die Epoche Ludwigs XIV., ist in ihrer Art, Jeanne d'Arc darzustellen, viel zurückhaltender: nicht daß sie dieses Ereignis, welches einen unumstößlichen Platz in der traditionellen französischen Geschichte erhalten hat, unterschlüge, nicht daß sie es im Rückgriff auf die schlüpfrigen Fassungen des 16. Jahrhunderts entstellen würde. Man ahnt, daß die Verfasser, die beeinflußt sind von Ludwigs XIV. Bemühen um Disziplin und Ordnung, in Verlegenheit gebracht sind durch das, was im Schicksal der Jungfrau außergewöhnlich und regelwidrig ist. Daher viele Abstufungen und Einschränkungen; man beurteile dies anhand einiger der Texte.

Simon Guellette ist Autor einer *Méthode facile pour apprendre l'Histoire de France* aus dem Jahre 1685. Es gibt eine ganze Literatur pädagogischer und mnemotechnischer Werke zur Geschichte Frankreichs. Die Geschichte in Versen, als Kartenspiel usw. Diese hier ist, wie der Katechismus (das Konzil von Trient hat die katechetische Literatur begründet), in Form von Fragen und Antworten abgefaßt. Der Autor hält also die wichtigen Episoden fest. Zum Beispiel Chlodwig: »Was hat Chlodwig Beachtliches vollbracht? – Er hat das Königreich von Frankreich sehr vergrößert, und er war der erste christliche König.« »Welches waren die wichtigsten Eigenschaften Chlodwigs? – Er war tapfer und sehr staatsmännisch, aber er war ein wenig grausam ...«

Es ist eine patriotische Geschichte. »Gehörte das Reich den Franken rechtmäßig? – Ja. – Warum? – Aus zwei Gründen, einmal, weil es von einem fränkischen Prinzen gegründet worden ist, und zum anderen, weil es als das Reich der Franken betrachtet wurde und zur französischen Nation gehörte.« Wenn Hugo »Capet« hieß, dann deshalb, »weil er einen großen Kopf hatte, oder vielmehr weil er sehr umsichtig war«. Und der letzte Karolinger folgte nicht auf dem Thron, »weil er den Haß aller Franzosen auf sich zog. – Warum? – Weil er der Partei der Deutschen und ihrem Kaiser Otto zu sehr verbunden war.« In diesem patriotischen Sinne kommen wir zu Karl VII.

»Was geschah an Bemerkenswertem unter seiner Herrschaft? – Die Belagerung von Orléans und das Abenteuer der Jungfrau.« Die Jungfrau: »In Lothringen als Tochter eines Landmanns geboren, ward sie von Gott inspiriert, zu den Waffen zu greifen und die Engländer zu bekämpfen.« Wie man feststellen kann, ist alles gesagt, wenn auch in etwas schroffer Weise. Jeanne wurde verbrannt. »Warum widerfuhr ihr dieses Unglück? – Weil sie sich nicht zurückzog, nachdem sie vollbracht hatte, was Gott ihr aufgetragen [das heißt, nach der Weihe] und weil sie ihren Auftrag überschritt.« Sie war nicht genügend diszipliniert. Aber ihre Folterknechte werden deshalb nicht freigesprochen: »Was geschah den Engländern nach dieser Ungerechtigkeit? – Sie wurden, mit der Ausnahme von Calais, vollkommen aus Frankreich verjagt.«

In seinem *Abrégé de l'Histoire de France* ist Bossuet vielleicht noch zurückhaltender. Er bestreitet nicht die Wichtigkeit des Ereignisses: »Alles schien verzweifelt, als ein junges Mädchen zwischen achtzehn und zwanzig Jahren an den Hof kam und *sagte, daß* Gott sie geschickt habe.« Das Übernatürliche der Geschichte der Jeanne wird diskret übergangen: in Chinon »erkannte die Jungfer ihn [den Dauphin] aus der Menge«. Kein Wort über die Erscheinungen, über das Wunder des Schwertes. Ganz offensichtlich fühlt sich Bossuet in Anbetracht des traditionellen Berichts, in dem er das Legendenhafte nicht vom Authentischen unterscheiden kann, verunsichert. Zumal sich ihm die Beliebtheit des Mythos geradezu aufdrängt: »Der Name der Jungfrau von Orléans erklang im gesamten Königreich und erfüllte die Franzosen mit Mut. Das, was die Jungfrau vorhergesagt hatte, erfüllte sich entgegen der Erwartung aller.«

Aber hier nun das, was er zum Prozeß und zum Martyrium zu sagen weiß: Cauchon, »der der Partei der Engländer anhing, verurteilte sie als Zauberin und weil sie Männergewänder angelegt hatte. In Vollstreckung dieses Urteils wurde sie 1432 in Rouen bei lebendigem Leibe verbrannt.« Das ist alles, und es ist wirklich kurz und knapp. Man darf nicht glauben, daß Bossuet von dem Prestige eines ergangenen Urteils beeindruckt gewesen wäre. Er hat nicht gezögert, die »unerhörte Grausamkeit« in der Angelegenheit der Templer zu verurteilen. Aber er versteht die mittelalterliche und volkstümliche Frömmigkeit nicht, die noch zu seiner Zeit überlebte, wie die Beständigkeit des Themas bei den Historikern beweist: sie erscheint ihm verdächtig, und es drängt ihn, zu etwas anderem überzugehen. Diese Kurzfassung der Geschichte war im übrigen eine wahre Strafarbeit für ihn: er bietet das Beispiel eines Klassikers, der sich in eine Welt verirrt hat, in der er verloren ist, und der dennoch den Forderungen einer Tradition Opfer bringen muß. Man spürt deutlich den Gegensatz zweier Strömungen, der klassischen und der traditionellen, die ansonsten auf das leichteste durch den köstlichen

Anachronismus vereint werden. Pater Daniel ist kein uneingeschränkter Klassiker. Er liebt die alten Texte, selbst wenn er von ihnen in einem gehobenen Stil spricht, der sie entstellt.

»Gott rettete Orléans und schließlich den ganzen Staat durch einen dieser außerordentlichen Streiche, von denen man außer in den *Heiligen Büchern* kaum eigenartigere Beispiele sieht als das, welches sich damals vor den Augen ganz Europas auftat.«

Es ist eine einzigartige Tat, würdig des Alten Testaments und der Zeit, als Gott noch direkt zu den Menschen sprach. Man könnte den heiligen Charakter des Ereignisses nicht besser bezeichnen. Aber Pater Daniel muß sich erklären, fast entschuldigen, denn die aufgeklärte Meinung – man kann diesen Terminus bereits benutzen, ohne daß es ein zu ausschweifender Anachronismus wäre – zeigt sich ablehend gegenüber einem Mysterium mit breiter Anhängerschaft im Volk. »Diejenigen, die allein der Begriff des Mysteriums erschreckt, müssen meines Erachtens ziemlich in Bedrängnis geraten, wenn es darum geht, ein begründetes System zu erdenken, um andere Ursachen zu finden für eine Folge von so einzigartigen Ereignissen in so großer Zahl wie die, die wir sogleich betrachten werden.« Der Autor beruft sich auf Zeugenaussagen von Zeitgenossen. Das »scheint mir ausreichen zu müssen, um die eitle Mutmaßung derjenigen zu zerstreuen [die zu widerlegen also noch am Ende des 17. Jahrhunderts sich gehörte], die ohne Grund behauptet haben, daß es eine List der französischen Generäle gewesen sei, die Jungfrau wie ein wundertätiges Mädchen an den Hof kommen zu lassen, um den Geist des Volkes und des Königs, der mutlos wurde, zu beeindrucken«. Pater Daniel ist überzeugt, er schreckt vor dem Übernatürlichen nicht zurück. »Ich selbst würde nicht fürchten, in den Augen der gebildeten Leute als zu leichtgläubig dazustehen, wenn ich dieses denkwürdige Ereignis unserer Geschichte erzähle, so wie ich es überliefert finde in den sichersten Archivdokumenten jener Zeit, in der es geschah.« Und nach all diesen Vorsichtsmaßnahmen, die damals nicht überflüssig gewesen sein müssen, beginnt er den Bericht, indem er nichts von der traditionellen Version ausläßt: die Erscheinungen, das Erkennen in Chinon, das Mysterium des Schwertes, das für die Menschen des ausgehenden Jahrhunderts unverdaulich gewesen sein muß: »Man entrostete es und gab es ihr.« Pater Daniel läßt immerhin die wundersame Reinigung der Waffe fallen! Hingegen wird der anfangs warme und bewegte Ton im Augenblick des Prozesses, der doch nach den Manuskripten beschrieben wird, nüchtern. Er überläßt Jeanne nie das Wort, enthält sich des Kommentars oder der Wertung und schließt einfach: »Sie entsagte erneut, beichtete einem Dominikaner, empfing die Eucharistie und wurde auf dem alten Markt verbrannt. So geschah es.« Die Befangenheit Pater Daniels genau an diesem Punkte, der heute als der dramatischste und der berühmteste der Geschichte der Jeanne d'Arc gilt, ist in besonderer Weise charakteristisch für den Geist der Zeit.

In der Mitte des 18. Jahrhunderts behauptet die Episode der Jeanne d'Arc ihre Stellung, ohne grundsätzliche Veränderungen, aber der besonderen Aufklärung der Epoche unterworfen. Der Fortsetzer von Abbé Velly behandelt diese Geschichte ausführlich. Er erkennt darin voller Stolz und Bewegtheit einen der privilegierten Augenblicke, in dem die gesamte Nation sich vereint hat, um das bedrohte Vaterland zu retten: so lauten fast seine eigenen Worte. Man sieht, wie die Franzosen »sich beleben bei den Schreien des sterbenden *Vaterlandes* ..., alle Teile der Monarchie sich schrittweise nähern und sich von selbst zusammenfinden und sich stärker als jemals vereinen allein durch die Wirkung der *nationalen Triebkraft*. Man kann nicht genug auf dieser Wahrheit bestehen: Die Wiedereinsetzung Karls VII. auf den Thron seiner Väter war das Werk der *Nation*.« »In dieser so gewaltigen Erschütterung bildete sich das Königreich sozusagen aus sich selbst heraus neu.«

Und der Autor nimmt sich voller Begeisterung der Geschichte Jeannes an. Das Übernatürliche wird nicht wie bie Bossuet unterschlagen; es ist nach der traditionellen Version dargestellt, aber rationalisiert: jedes Wunder erhält eine natürliche Erklärung, an den Haaren herbeigezogen, aber sehr ernsthaft entwickelt – ohne Ironie oder Persiflage.

Jeanne »war tief überzeugt, daß Gott sie dazu bestimmt hatte, das Vaterland zu retten«. »Sie besaß alle Tugenden, derer eine einfache Seele fähig ist: Gewissenhaftigkeit, Frömmigkeit, Großmut, Tapferkeit.« Sie ist eine Bäuerin, und wir befinden uns in der Epoche der großen Begeisterung für die ländlichen

Dinge: »Das Landleben hatte ihren von Natur aus unempfindlichen Körper noch gekräftigt.« Unser Autor gehört sogar zu den ersten der alten Historiker, die diese Besonderheit ihres intimen Lebens festhalten: »Sie hatte nur das Äußere ihres Geschlechts, ohne unter den Gebrechen zu leiden, die dessen Schwäche kennzeichnen.« Und unser Autor, der mehr als seine Vorgänger mit der psychiatrischen Analyse vertraut ist, erklärt damit eine visionäre Überspanntheit: »Diese Veranlagung ihrer Organe mußte notwendigerweise die aktive Kraft ihrer Einbildung steigern.« Das ist überhaupt nicht mehr der Ton des 17. Jahrhunderts, das ist bereits der des 19. Jahhrunderts. Jedoch führt diese Neigung zur rationalistischen Interpretation niemals dazu, die Darlegung der Geschehnisse zu entstellen. Im Gegenteil, weil der Autor nicht an das Übernatürliche glaubt, läßt er ihm um so ungezwungener freien Lauf; denn zunächst gilt es, den Anachronismus zu vermeiden und die dem 15. Jahrhundert eigene Färbung zu erhalten, und außerdem ist die Geschichte schön und bewegend, so wie sie ist: »Bevor wir mit dem Bericht der Ereignisse, die dieses besondere Mädchen betreffen, fortfahren, ist es angebracht, die Leser zu warnen, ihn ausschließlich im Lichte ihrer Aufgeklärtheit zu beurteilen.« Es kommt nicht darauf an, zu urteilen, sondern zu verstehen. »Wir werden uns auf die einfache Darstellung der verbürgten Fakten beschränken. Da wir gebildeter und aufgeklärter sind, als es unsere leichtgläubigen Ahnen waren, haben einige Wunder aufgehört, für uns zum Problem zu werden. Zu viele Überlegungen verhindern die Begeisterung. *Begeben wir uns für einige Zeit in das 15. Jahrhundert* [unterstreichen wir diesen Satz, der eine neue und moderne Auffassung der Geschichtge ankündigt]. Es geht nicht um das, was wir heute über die Offenbarungen der Jeanne d'Arc denken, sondern um die Meinung, die unsere Vorfahren davon hatten; denn es war diese Meinung, die die erstaunliche Revolution hervorbrachte, über die wir berichten werden.« Und der ewig gleiche traditionelle Bericht beginnt; nur der Kommentar ändert sich. Wenn Jeanne den Dauphin in Chinon wiedererkennt, dann deshalb, weil sie schon vorher Porträts des Prinzen, Bildnisse auf Münzen, gesehen hatte, sie kannte »sein äußeres Antlitz«. Man findet das Mysterium des Schwertes: »Es wäre jedoch ein unredliches Verschweigen, wenn man, dem Beispiel einiger unserer Historiker folgend, diesem letzten Umstand den Anschein einer beeindruckenden Tragödie lassen würde.« Es ist in der Tat ganz einfach: auf dem Wege nach Chinon kam Jeanne durch Fierbois, machte bei der Kirche halt, und »immer Offenbarungen trauend, von denen sie sich begünstigt glaubte, hatte sie vielleicht, als eine Art von Weihe, dieses Schwert in das Grab eines Ritters gelegt«. Der Autor zieht aus dem Erfolg Jeannes in Orléans und in Reims die Lehre: »Auf das Wort dieses einzigartigen Mädchens hin nahm man ein Unterfangen in Angriff, das allen Regeln der menschlichen Umsicht trotzte. Man kann sagen, daß Jeanne d'Arc in diesem Moment über das Schicksal von Karl entschied. Wäre er gescheitert, er wäre unrettbar verloren gewesen. Auf diese Weise gefällt es manchmal einer unverständichen *Vorsehung*, die Nichtigkeit unserer politischen Spekulationen darzutun – durch die Einfachheit der Mittel, die sie anwendet, um jene umzustürzen.« Der Verfasser ist kein Freidenker, er glaubt an die Einwirkung der Vorsehung auf die menschlichen Belange, das Mysteriöse aber widerstrebt seiner Vernunft.

Im Gegensatz zu seinen Vorgängern behandelt der Fortsetzer von Velly ausführlich den Prozeß und den Tod. Diesmal liefert er ein Original. Er gibt sich nicht mit den vorausgegangenen Kompilationen zufrieden, die bei diesem Thema stumm bleiben, er greift auf die Quellen zurück, auf die in der königlichen Bibliothek aufbewahrten Manuskripte. Es handelt sich, wenn ich nicht irre, um einen der ersten Berichte vor Michelet, die so nah an den Texten bleiben. Die Antworten von Jeanne sind wörtlich zitiert und kursiv gedruckt. Der Autor ist bewegt. Mézeray, der einen der vollständigsten Berichte des 17. Jahrhunderts hinterlassen hat, wirft er vor, nicht das »Grauen« Jeannes vor dem Tod festgehalten zu haben, diesen menschlichen Zug, der die Heldin adelt, anstatt sie zu erniedrigen. Er schildert den Tod, den Schrei Jeannes inmitten der Flammen. »Man sah mit Erstaunen, daß das Herz nicht verbrannt war; aber der Überraschung wäre ein Ende bereitet worden, hätte man über die Anordnung des Scheiterhaufens und die Verwirrung des Scharfrichters nachgedacht.« Ständig dieses Bemühen, nichts von der traditionellen Version zu unterschlagen und zugleich für alles eine natürliche Erklärung zu finden. So »mußte die unglückliche Jeanne d'Arc zum Opfer dieses barbarischen Jahrhunderts werden«.

Der Abbé Millot entwirft in seiner Geschichte von 1767 voller Respekt das Abenteuer einer Jeanne, die so vernunftgemäß ist wie die des Abbé Velly. Er betont die Verantwortlichkeit einer entarteten Religion. Seit der Zeit von Philipp August »war das Christentum fast nicht mehr erkenntlich«. In der Epoche Ludwigs des Heiligen »kann man sich nichts schrecklicher vorstellen als den Zustand, in dem sich die Menschheit befand«. Auch Jeanne wurde das Opfer »grausamer Theologen«, in einem Prozeß, »der dem Geist der Inquisition entsprach«.

»Frankreich wäre zwar unter das Joch geraten, wenn man damals ausreichend von der Vernunft bestimmt worden wäre, um nicht an ihre Offenbarungen zu glauben. Aber mit einem aufgeklärteren Verstand hätte man vielleicht die Fehler und die Mißgeschicke vermeiden können, die diesen Ausweg notwendig machten.«

In Rossels *Histoire du patriotisme français* von 1769 wird die von Velly naturalisierte Jeanne säkularisiert. Allein der Patriotismus genügt zur Erlärung dessen, was an Übernatürlichem geschah: »Sie glaubt sich inspiriert, sie ist nur Patriotin. Sie bricht auf, erfüllt von dieser patriotischen Begeisterung, die man damals und noch lange Zeit danach für eine rein göttliche Eingebung hielt.« »Das ist das ganze Mysterium dieser einzigartigen Begebenheit, in der das Volk Magie und Zauberei sah, die Gläubigen ein Wunder, die Denker eine glückliche List des Hofes ... Unser Jahrhundert wird darin, mit mehr Recht, nichts als eine seltene und außergewöhnliche, aber natürliche Auswirkung des Patriotismus sehen.« Erinnern wir uns hier an das Wort Michelets: »Ja, im Sinne der Religion und im Sinne des Vaterlandes war Jeanne d'Arc eine Heilige.«

Zu Beginn des 19. Jahrhunderts, im Jahre 1809, bleibt Anquetil dem traditionellen Bericht treu, bis auf einige Auslassungen wie die des Schwertes von Sainte-Chatherine-de-Fierbois. Er gibt sich nicht die Mühe, naturalistische Interpretationen zu finden. Er erzählt trocken und ist so vorsichtig, seine Meinung für sich zu behalten: »Erzählen wir dieses Ereignis, als müßten wir bei jeder Handlung weder erstaunt sein noch so erscheinen.« Und er schließt wie folgt: »Ein Weiser, der gesehen hatte, bewunderte, zögerte, sich zu äußern. Ahmen wir seine Zurückhaltung nach, wir, die alles nur durch die Berichte anderer wissen. Aber wir wissen genug darüber, um versichern zu können, daß es in der Geschichte keine andere Heldin von siebzehn Jahren gibt, die ein solches Vorbild an Tapferkeit in den Kämpfen, an Weisheit in den Beratungen, an Strenge in den Sitten und Unerschrockenheit in den Entscheidungen war ... Es wäre schwer, bei ihr einen Fehler zu finden.« Die Ansicht Anquetils ist noch ein Echo des 18. Jahrhunderts, in dem die religiöse Gleichgültigkeit, oder vielmehr das Mißtrauen gegenüber dem Übernatürlichen, die Geschichte der Jeanne d'Arc in ihrer traditionellen, seit dem 17. Jahrhundert festgelegten Fassung rationalistisch einfärbte.

Der letzte der Geschichtskompilatoren vor Michelet ist Fantin des Odoard, der die Fassung des Abbé Velly und seiner Fortsetzer aufgriff. Seine Ausgabe von 1819 zeugt, ohne irgendetwas an der Verkettung der Ereignisse zu verändern, von einem neuen Empfinden, zumindest bei den Historikern, das bereits der moderne Antiklerikalismus ist. Es ist eine Rückkehr zu der hugenottischen Version des 16. Jahrhunderts.

Der Autor ist nicht monarchiefeindlich gesinnt. Ein ganzer Teil seines Buches dient der Rehabilitierung der von den Historikern des Ancien Régime verdammten Könige, wenigstens bis hin zu Ludwig XIV., dem absoluten Despoten. »Ich habe mir vorgenommen, der Erinnerung an Philipp den Schönen Genugtuung zu verschaffen für eine ungerechtfertigte Ungnade.« »Der wahre Charakter Ludwigs XI. scheint allen unseren Historikern entgangen zu sein.« Man muß »ihn freisprechen von den Zügen der Grausamkeit, die alle unsere Historiker auf den Seiten seiner Geschichte eingraviert haben«. In der Tat findet man in diesen klassischen französischen Geschichtswerken, die unter dem Ancien Régime geschrieben wurden, das Repertoire aller Anekdoten, die dazu ausersehen sind, im 19. und 20. Jahrhundert die royalistischen und republikanischen Polemiken zu füttern: Philipp der Schöne, Henker der Templer; die Eisenkäfige des grausamen Ludwigs XI.; die Preisgabe der Jeanne d'Arc durch Karl VII.; Karl IX., der in der Bartholomäus-Nacht aus einem Fenster des Louvre schießt ... Aber es mußte erst die Revolution kommen, damit diese Züge mit einen polemischen Sinn versehen wurden. Fantin des Odoard ergreift die Partei der alten Könige gegen Bossuet und Pater Daniel.

Allerdings ist dieser Royalist, der Ludwig XI. und Philipp den Schönen rehabilitiert, liberal gegenüber Ludwig XIV. und antireligiös gegenüber Jeanne d'Arc. Die Rührung des 18. Jahrhunderts, die noch im nüchternen Bericht Anquetils gegenwärtig war, macht einer Persiflage Platz, die sich auf Voltaire beruft. Voltaire, der keinen Einfluß auf die Historiker seiner Zeit gehabt hatte, inspiriert dagegen direkt die der Restauration. Die hugenottische These des 16. Jahrhunderts wieder aufnehmend, erkennt Fantin des Odoard, daß der wirkliche, »zum Wohle Frankreichs geborene« Held »der Bastard von Orléans ist«. Was Jeanne betrifft, so »erzählt Mézeray [er bezieht sich immer auf Mézeray], daß der Herr der himmlischen Heerscharen ihr erschienen sei und daß sie Voraussagen machte, die getreulich in Erfüllung gingen; diese Märchen würden heute nicht mehr wiederholt werden. Jeanne d'Arc war eine Gasthofmagd in Vaucouleurs, kräftig, nackt zu Pferde reitend und anderen Abwegigkeiten ergeben, die junge Mädchen für gewöhnlich meiden«. Man errät die Absicht. Jeanne d'Arc war also das Werkzeug der Generäle: »Das ist das ganze Mysterium.« Nichtsdestoweniger »zeigen die Besonderheiten des Prozesses dieser so glücklosen wie berühmten Kriegerin den guten Willen, mit dem sie an ihre übernatürliche Mission glaubte«. Und auf welch witzelnde Weise der Autor die Leichtgläubigkeit Jeannes erklärt! »Würde man mich heute fragen, wie sie getäuscht worden ist? Tausend Möglichkeiten boten sich in jenem Jahrhundert, die Leichtgläubigkeit eines dummen Mädchens auszunutzen. Wenn es erlaubt ist, für einen der gewichtigsten Bestandteile unserer Geschichte eine scherzhafte Sprache zu gebrauchen: alle Welt hat die Fabel von La Fontaine gelesen, in der ein wollüstiger Mönch ein junges Mädchen mißbraucht, nachdem er die Mutter überzeugt hat, daß der Himmel sie ausersehen habe, die Ahnin eines Papstes zu werden. Taktiken, die im 19. Jahrhundert absurd erscheinen, waren der Zeit, in der Jeanne d'Arc lebte, angemessene Mittel.« Wir sind weit entfernt von den rationalistischen, aber respektvollen Kommentaren des Abbé Velly: zehn Jahre vor Michelet.

Wenn man ein und dasselbe Thema über die alten Geschichtswerke hinweg verfolgt, kommt man dazu, den Gegenstand, der niemals durch irgendeinen neuen Beitrag bereichert wird, zu vernachlässigen; der Bericht hingegen, in dem sich die Fakten immer ähneln, dessen Stil und Erzählart aber immer unterschiedlich sind, wird für uns heute zu einem Spiegel der Zeit – nicht der Zeit des erzählten Ereignisses, sondern der Zeit des Historikers, der erzählt. Die Geschichte Frankreichs vom 15. bis zum 19. Jahrhundert ist keine Folge von Episoden, deren Anordnung und relativer Wert der Überprüfung durch den Gelehrten, den Kritiker oder den Philosophen unterliegen. Sie ist ein Ganzes, von den übrigen Geschichten abgegrenzt – insbesondere von der römischen Geschichte –, ein Ganzes, das man fortsetzen muß, das man aber nicht auseinandernehmen darf. Anders gesagt: es gibt eine Geschichte Frankreichs, so wie es Tragödien- oder Opernthemen gibt, so wie es einen Orpheus oder eine Phädra gibt, die ein jeder für sich verwendet. Es ist ein Thema: nicht die Geschichte, sondern die Geschichte Frankreichs, die jede Generation in ihrem Stil und auf ihre Weise noch einmal schreibt. Dies impliziert ein Bewußtsein der geschichtlichen Zeit, das sich von dem des Mittelalters unterscheidet. Im Mittelalter gab es keine anderen Ursprünge als den der Welt und den der Schöpfung. Im Ancien Régime dagegen ist die Geschichte Frankreichs eine bevorzugte Periode, deren Ursprung festgelegt ist mit dem ersten König Pharamond, der bereits die gleichen Züge wie alle anderen, ihm nachfolgenden Könige trägt, und diese begünstigte Periode ist außerhalb der Zeit gelegen. Überdies verliert sie die typische Eigenschaft der Geschichte, nämlich ein Ereignis aus einer Zeitenfolge besonders hervorzuheben in bezug auf das, was davor geschah und was folgt. Nichts liegt davor: es war einmal ein König, der erste König Frankreichs. Man hat dieses Phänomen der »Entgeschichtlichung« der Geschichte im Ancien Régime oft erkannt. Man hat aber nicht ausreichend darauf geachtet, daß es hauptsächlich für die Gattung »Französische Geschichte« zutrifft und daß der klassische Geist, wonach der Mensch sich immer gleich bleibt, nicht allein dafür verantwortlich ist. Wenn es im Klassizismus gründet, dann negativ, das heißt in dem Maße, in dem der Klassizismus keine Literatur geschichtlicher und nationaler Inspiration zuließ, wie die der Elisabethaner oder Spanier. Der von den gehobenen Gattungen unterdrückte Appell an die Vergangenheit, an die Epochen, in denen sich ein nationales Gefühl ausbildete, brachte eine neue, gesonderte Gattung hervor, die von der Geschichte nurmehr den Namen hatte und in der jede Generation auf ihre Weise und gemäß ihrer eigenen Stimmung ihre nationale Vergangenheit konstruierte; und diese Vergangenheit mußte ein und dieselbe sein, weil sie ein gemeinsames Erbe war, und mußte immer unterschiedlich sein, weil sie das Eigentum jeder Generation war.

Die Modernen neigen dazu, den ungeschriebenen Gefühlen der Perioden, deren Geschichte sie rekonstruieren, keine ausreichende Bedeutung beizumessen. Die Treue des alten Frankreich zu seiner in jeder Generation gemäß ihrer speziellen Optik verformten Überlieferung ist eines der Gefühle, deren Wichtigkeit der Armut und Seltenheit seines Ausdrucks gleichkommt. Die Beständigkeit einer *einzigen* Geschichte Frankreichs, die mehr als drei Jahrhunderte lang dieselbe in verschiedenen Gewändern ist, erlaubt uns jedoch, dieses Gefühl im Vorübergehen zu erfassen.

»Die Geschichte Frankreichs« ist keine Geschichte, nicht einmal eine offizielle Geschichte. Dessen ungeachtet gab es im 17. Jahrhundert eine geschichtliche Neugier, wenn sie sich auch nicht in einer Literatur ausdrückte. Man findet sie in dem Interesse für alte Dokumente: die Leidenschaft des Sammlers, der in seinem »Kabinett« all das bewahrt, war er an »Plunder« und »Kuriositäten« zusammentragen konnte. Die Einstellung, die unserem heutigen historischen Interesse am meisten entspricht, traf man im 17. Jahrhundert nicht bei den Schriftstellern, nicht einmal bei den Gelehrten, aber bei den »Antiquaren«.

Die ersten Sammler der Renaissance hatten Galerien mit antiken Kunstwerken und Bildergalerien eingerichtet. Fürstliche Sammlungen dieser Art in Frankreich, Italien, Österreich usw. bilden den Ursprung der meisten großen europäischen Museen. Ihre Geschichte ist hinreichend bekannt und gehört sowohl zur Museumskunde als auch zur Kunstgeschichte. Im 16. und 17. Jahrhundert aber gab es Sammlungen anderer Art. Von der Kunstgalerie kommt man zur Sammlung historischer Dokumente, zum Geschichtskabinett.

Der Übergang vollzog sich auf dem Wege über das Porträt: gemalte oder gestochene Porträts, die ersten beliebter als letztere, Porträts berühmter Persönlichkeiten, früherer oder zeitgenössischer. Die erste Porträtsammlung, die des Paolo Giovio, entstand gegen 1520 in Italien. Sie wurde berühmt und regte zur Nachahmung an, was den Gedanken erlaubt, daß sie dem Zeitgeschmack entsprach. Die Mediceer imitierten sie in Florenz, und Heinrich IV. inspirierte sie zur kleinen Galerie des Louvre. Man findet ihren Einfluß in allen Sammlungen des ausgehenden 16. und beginnenden 17. Jahrhunderts wieder. Die Porträts von Giovio stellen aber keine Kunstgalerie dar, es handelt sich vielmehr um ein Museum der Geschichte. Paolo Giovio ist außerdem Historiker, ein humanistischer Historiker, der in der Sprache und der Art von Livius schreibt. Er diente der Französischen Geschichte Paul Émiles als Vorbild, der ersten französischen Geschichte klassischen Typs, die in die nationalen Geschichtswerke wieder den Gebrauch der lateinischen Sprache einführte, die seit dem Mittelalter aus der Mode gekommen war. Aber der Sammler Giovio steht uns als Historiker viel näher als der Imitator des Livius: sein Vorhaben, 240 Porträts berühmter Männer zu vereinen, entspricht einem Bedürfnis, die Vergangenheit zu individualisieren und sie anschaulich darzustellen. Der Erfolg seines Unterfangens in Italien und hauptsächlich in Frankreich beweist, daß es sich dabei nicht um die Phantasie eines Einzelnen handelte.

Die Bildnisse von Paolo Giovio wollen getreu sein. Man ging zu den Quellen: Fernando Cortés hat sein Porträt geschickt, Barbarossa hat Miniaturen der Sultane hinterlassen. Überdies gehören diese Porträts, die man für authentisch halten wollte, insgesamt in die Epoche Giovios, in die bekannteste und vertrauteste Gegenwart. Die Geschichte erscheint hier nicht als Versuch einer Rekonstruktion von einem Nullpunkt aus, den man gemäß einer bestimmten Konzeption der Welt (christlich, humanistisch, royalistisch ...) wählt, sondern sie ist eine Folge von Beobachtungen, ausgehend von der Gegenwart.

So sammelt Paolo Giovio die meisten seiner Porträts unter den Persönlichkeiten der italienischen Renaissance (Schriftsteller, Dichter, Gelehrte, Staatsmänner, Kirchenmänner und Krieger). Der Anteil an klassischer und biblischer Antike ist im

Verhältnis weniger bedeutend als in dem früheren Versuch von Juste de Gand für die Bibliothek des Herzogs von Urbino am Ende des 15. Jahrhunderts: man findet nicht mehr Solon, Mose, Salomon, auch nicht Homer, Vergil, Cicero, Aristoteles. Die Reihe der Gelehrten und Dichter geht nicht weiter zurück als bis zu Albertus Magnus, die der Feldherren begnügt sich mit Alexander, Hannibal, Artaxerxes, Numa Pompilius, Romulus, Pyrrhus, Scipio Africanus. Im übrigen werden diese diskreten Verweise auf die Antike später ganz und gar aus den französischen Galerien verschwinden.

Das Mittelalter nahm dagegen einen Platz ein, über den man sich bei diesem humanistischen Historiker nur wundern kann. Albertus Magnus eröffnet die Reihe der Gelehrten, und eine legendäre und manchmal verachtete Vergangenheit verbindet die großen Feldherren der Antike mit denen der modernen Zeiten: Attila, Karl der Große, Friedrich Barbarossa, Gottfried von Bouillon, Tamerlan, dazu die Namen des italienischen Mittelalters der Dantezeit. Das ist neu und erstaunlich.

Schließlich hat Paolo Giovio versucht, neben den vielen Zeitgenossen oder Vertretern der zwei oder drei vorangehenden Generationen sein Feld über das vertraute Italien hinaus zu erweitern: die Spanier, die Reichsstände, die Franzosen werden mobilisiert; unter den bekanntesten: Fernando Cortés und Christoph Kolumbus, die französischen Könige seit Karl VIII. bis Heinrich II.: man beachte, daß Giovio nicht weiter als bis zu Karl VIII. zurückging, wo sich ungefähr die Schwelle befindet, hinter der die Geschichte dunkel und legendenhaft ist und nur einige wunderbare Namen auftauchen läßt.

Es gibt nur einen englischen König: Heinrich VIII. Paolo Giovio versuchte nicht, sich in dieser konfusen Periode der britischen Geschichte zurechtzufinden. Hingegen rekonstruierte er die gesamte Reihenfolge der ottomanischen Sultane, der Korsaren Barbarossas, denn es handelte sich in diesem Mittelmeerraum um eine Geschichte, die den unter der türkischen Bedrohung lebenden Menschen des 16. Jahrhunderts sehr nahestand.

So scheint die Auswahl aus Vergangenheit und Gegenwart von einer vertrauten Beobachtung geleitet zu sein, und die Ikonographie, die keine logischen Verbindungen zwischen den nebeneinanderhängenden Bildern fordert, paßt sich dieser empirischen Art gut an, die die literarische Geschichte bis in unsere Tage zurückweisen wird.

Gegen Mitte des 16. Jahrhunderts findet man in Frankreich Sammlungen, die von der des Giovio inspiriert wurden. Eine von ihnen ist uns bis in ihre Einzelheiten bekannt durch eine Sammlung der Inschriften in lateinischen Versen, die jedes Porträt kommentierten, gemäß einem Vorgehen, das man bis zum Ende des 17. Jahrhunderts auch woanders findet. Laborde vermutet, daß es sich dabei um die Galerie der Katharina von Medici handelte. Sie besteht aus Porträts von Franz I., seinen beiden Frauen, seiner Schwester Margarete, seinen verstorbenen Söhnen (Franz I. und eines der beiden Kinder finden sich auch im Museum Giovios), der Königin von Schottland, Heinrich II., Katharina von Medici, ihrem Sohn Franz und ihrer Schwiegertochter Maria Stuart. Die gesamte Familie, seit Franz I. Es folgen das Haus Lothringen, die Familie Guise, Diane de Poitiers (die sich, wenn Labordes Hypothese richtig ist, gewiß aufgedrängt haben muß, um in der Galerie Katharinas von Medici zu figurieren), der Konnetabel, der Admiral, die Marschälle von Frankreich, die letzten Päpste, der König von Spanien, die Königin von England, der Kaiser, begleitet von den weltlichen und geistlichen Kurfürsten, seine Vorfahren, der König von Böhmen, schließlich die italienischen Fürsten, die Herzöge von Ferrara, der Toskana: alle gekrönten Häupter der Christenheit – ausschließlich der Christenheit –, die hohen Amtsträger der französischen Krone, die königliche Familie seit Franz I.

Diese Liste ist deshalb interessant, weil sie nicht einzigartig ist. In zahlreichen Sammelbänden mit Stichen und Zeichnungen finden sich entsprechende Folgen, die einander kopieren, ausgehend von den Originalen aus den Werkstätten von Clouet, heute in Chantilly. Die Vervielfältigungen dieser fast identischen Porträtsammlungen, diese Serienherstellung, beweist ihre Beliebtheit beim damaligen Publikum. Davor scheint nur die religiöse Bildkunst einen vergleichbaren Erfolg gekannt zu haben.

Von nun an wollte ein jeder bei sich, an seinen Wänden oder in seinen Schränken die Bildnisse der königlichen Familie und des Hofes, der davon nicht zu trennen war, besitzen. Eine Bilderserie, die in der persönlichen Galerie Katharinas von Medici einen genealogischen und familiären Charakter wahrt, entspricht einem kollektiven Gefühl, wenn sie von einer einzelnen Person, einem Gerichts- oder Finanzbeamten, in seinem Kabinett zusammengestellt wird.

Diese Sammlungen gehen nicht hinter Franz I. zurück, selbst die ältesten aus der Zeit Heinrichs II. Andererseits hören sie nicht auf, mit Franz I. zu beginnen, wenn sie vom Ende des 16. Jahrhunderts stammen oder sogar vom Beginn des 17. Jahrhunderts. Diese Porträts sind keinesfalls historisch, sie sind vielmehr zeitgenössisch. Warum also wurde Franz I. nicht im letzten Drittel des Jahrhunderts fallengelassen? Und warum Franz I.?

Weil es bis zu Heinrich IV. einen Zeitabschnitt von kaum weniger als einem Jahrhundert gibt (von Franz I. zu Heinrich IV.), den die Zeitgenossen sich als eine unabtrennbare Gegenwart vorstellten, ein Block von Jahren, der immer Gegenwart blieb. Die gewöhnliche Meinung ersinnt keine ideale Gegenwart, die mit einem geometrischen Punkt zu vergleichen wäre. Sie gibt ihr einen Zusammenhang und eine Dauer. Aber es kommt der Augenblick, wo die Gegenwart sich zu sehr ausgedehnt hat, sie ist zerbrechlich geworden. Also bricht sie an den Folgen brutaler Umstände – Krieg, Revolution – auseinander, und aus den Ruinen der ehemaligen, gestern noch vertrauten Gegenwart taucht eine plötzlich abgetrennte Vergangenheit auf. Die derart von der Gegenwart wie ein zu schwer gewordener Ast abgefallene Vergangenheit kann vergessen werden, wie es bei den Gesellschaften ohne Geschichte der Fall ist. Aber sie kann auch aufgefangen werden: so geschah es zu Beginn des 17. Jahrhunderts nach dem Tode Heinrichs IV., als im Jahre 1628 ein Sammler 150 Porträts des 16. Jahrhunderts auf Papier klebte.

Diese Bilder hörten auf, der Gegenwart, die sie informiert hatten, anzugehören, und werden Zeugen einer nunmehr festgelegten Vergangenheit: dem zeitgenössischen Porträt folgt also zu Beginn des 17. Jahrhunderts das historische Porträt.

Man kann darüber erstaunt sein, daß dies erst im 17. Jahrhundert geschah. Der berühmte Paolo Giovio hatte immerhin

Karl den Großen, Gottfried von Bouillon und Friedrich Barbarossa vorgestellt. In Frankreich ahmte man diese Evokation der fernen Ursprünge nicht nach. Etwa deswegen nicht, weil es eine historische Literatur gab, die den konkreten Institutionen viel näher war als die fabelartigen *Annalen* oder die *Geschichten* à la Livius? Man schrieb viel über die Dinge des gegenwärtigen Frankreich: die großen Ämter der Krone, die Gerichtshöfe, die Weihe. Man fragte nach den Ursprüngen und dem Sinn dieser Institutionen: eine politische Philosophie suchte in der Geschichte nach der Rechtfertigung einer von den Offiziersständen und dem Vererbungsprinzip temperierten Monarchie. Diese Literatur verschwindet im 17. Jahrhundert unter dem Einfluß eines Klassizismus, der aus der Geschichte das private und öffentliche Recht entfernt, und einer monarchischen Loyalität, die die Geschichte zurückführt auf die Aufzählung der Regierungszeiten und der königlichen Taten. Es sieht so aus, als würde die aus der Literatur ausgestoßene Geschichte sich geradezu in die Ikonographie flüchten und, von den Schriftstellern verachtet, bei den Sammlern Schutz suchen.

Es gab jedoch im 16. Jahrhundert einige Vorgänger, die von Interesse sind. Im Poitou hatte ein Mann namens Gouffier hauptsächlich zeitgenössische Porträts gesammelt. Sein Wissensdurst aber ging über die übliche Schwelle Franz I. hinaus, er besaß auch Porträts aus der Zeit Ludwigs XII., von der Frau Karls VII. und sogar ein Porträt von Johann dem Guten, das heute im Louvre hängt, nachdem es von Gaignères entdeckt worden ist.

Ich glaube nicht, daß man sehr viel mehr über diesen Versuch in Erfahrung bringen kann. Dagegen sind wir ausreichend informiert über die *Hommes Illustres* von Thevet, dank einer Notiz J. Adhémars. Dieser im Jahre 1500 geborene, erstaunliche Kapuzinermönch, der Almosenpfleger Katharinas von Medici wurde, hatte sich vorgenommen, für seine Gravürensammlung die genauen Porträts der großen Männer aus vergangenen Zeiten zu rekonstruieren. Er wirft Paolo Giovio Ungenauigkeit vor: dieser hatte Christoph Kolumbus mit einem Bart ausgestattet, aber einen Gregor von Nazianz gegen alle Wahrscheinlichkeit bartlos dargestellt! Thevet sucht nach alten Münzen, die als zeitgenössisch gelten, um ihre Köpfe zu reproduzieren; er fragt nach Dokumenten bei den Familien. So gibt ihm die Herzogin von Longueville Dokumente für den Stich eines Dunois und der Herzog von Lothringen für einen von Gottfried von Bouillon. Er nimmt bereits Bildnisse von den Gräbern ab: Philipp de Valois, Eudes de Montreuil, Commines. Er interessiert sich für die Helden des Mittelalters, selbst für die vom Geist seiner Zeit am weitesten entfernten wie Pierre l'Ermite. Das ist ein neuer Geist, ein Forschergeist, der wegen seiner Genauigkeit und wegen seiner evokatorischen Kraft auf Dokumente gerichtet ist.

Die großen Sammlungen historischer Porträts konstituieren sich in der ersten Hälfte des 17. Jahrhunderts, und wenn eine letzte später entsteht, dann wird sie unter Ludwig XIV. wie ein Überbleibsel aus alter Zeit erscheinen. Die älteste befindet sich im Schloß von Beauregard in der Nähe von Blois. Paul Ardier, der 1617 das Land von Beauregard kaufte, war ein hoher Finanzbeamter, der Heinrich III., Heinrich IV. und Ludwig XIII. diente. 1627 wurde er königlicher Schatzmeister. Sein Vermögen hatte er am Hof der Valois begründet und dann beim Herzog von Anjou, dem er nach Polen gefolgt war. Im Jahre 1631 zog er sich nach Beauregard zurück, wo er 1638 starb. Ardier veranlaßte die Veränderung der Innenausstattung des Renaissanceschlosses, in dem er seine Tage beschloß, insbesondere in der großen Galerie. Diese hat sich bis zum heutigen Tage nicht verändert, und der Besucher kann noch den Wissensdurst, der ihre Dekoration bestimmte, nachvollziehen. Die Galerie ist entlang der Wände eine Geschichtsgalerie und auf dem Fußboden eine Schlachtengalerie. Fürsten und Staatsmänner begannen zu dieser Zeit, sich mit militärischen Szenarien von Kriegshandlungen, an denen sie teilgenommen hatten, zu umgeben: so auch Richelieu, dessen Schlachtenbilder heute in Versailles sind. Der Grand Condé wird diese Tradition in Chantilly fortführen. Ardier wird sich damit begnügen, seinen großen Saal mit Delfter Kacheln auszulegen, die die Aufstellung einer Armee darstellen. Monturen, Waffen, Musikinstrumente, Wappen sind mit Genauigkeit reproduziert: der ehemalige Contrôleur des Guerres interessierte sich mehr für die Truppen als für die militärischen Operationen.

Auf den Wänden also die Geschichtsgalerie. Unterteilt man

die Holzvertäfelungen in der Horizontale, so ist die obere Hälfte mit 363 historischen Porträts bedeckt, die nach Regierungszeiten angeordnet sind. Die untere Hälfte trägt die Namen der Könige, ihre Wahlsprüche, ihre Embleme und die Daten ihrer Herrschaft. Die Porträts sind Bruststücke, alle im selben Maßstab gemalt, in denselben Dimensionen und im selben Stil, vor neutralem Hintergrund. Sie sind in der eintönigsten Weise dargestellt, ohne jede Ausschmückung, die einen neben den anderen, in drei Reihen über die volle Länge der Galerie. Man könnte meinen, es handelte sich um Paßbilder oder um eine pädagogische Ausstellung. Lediglich zwei Porträts unterbrechen diese unendliche Folge: Ludwig XIII. in ganzer Figur, so groß wie drei mal drei Brustbilder, und über dem Kamin Heinrich IV., dargestellt auf einem sich aufbäumenden Pferd in voller Größe. Die zentrale Position nimmt Heinrich IV. ein, mit dem die Vergangenheit endet und die Gegenwart beginnt. So sind also nur zwei Personen besonders herausgestellt: Heinrich IV. wegen seines Ansehens, das erst später von dem Ludwigs XIV. überboten wird, und der regierende König. Alle anderen sind ohne jedes ästhetische Bemühen abgebildet, im Unterschied zu den anderen Geschichts- oder Schlachtengalerien. Man kann nicht umhin zu denken, daß es sich hier um eine Dokumentation handelt, zusammengestellt von einem Sammler ikonographischer Bilder, dem zumindest hierbei der künstlerische Aspekt ziemlich gleichgültig war. Das alleinige Ziel war die besonnene Nebeneinanderstellung der authentischen Züge der geschichtlichen Persönlichkeiten, um sie mit jener Vertrautheit zu kennen, die einzig der Anblick des menschlichen Gesichtes gewährt. Etwas dem heutigen Photoalbum oder Bildarchiv sehr Ähnliches.

Die Porträts beginnen mit Philipp VI. von Valois. Da die Darstellungsweise immer dieselbe ist, wird es genügen, als Beispiel die Liste der Personen aus einer Regierungszeit zu zitieren, um eine Vorstellung von der Gesamtkomposition der Galerie zu vermitteln. Nehmen wir die Tafel Karls VII., die 24 Porträts umfaßt. Sie beginnt mit einer Inschrift: »Herrschaft des Königs Karl VII. begonnen im Jahre 1422 bis zum Jahre 1461.« Sie ist aus Porträts zusammengestellt, deren Legende ich hier transkribiere: »Karl VII., König von Frankreich. Philipp II, Herzog von Burgund, genannt der Gute. Artus de Bretagne, Konnetabel von Frankreich. Jean, Graf von Dunois. Poton de Xaintrailles. Estienne de Vignolles, genannt La Hire. Jeanne d'Arc, genannt die Jungfrau von Orleans. Tannegui du Chastel. Jean de Bueil, Graf von Sancerre, Admiral von Frankreich. Heinrich II., König von England. Jean de Thallebot. Cosimo de Medici Pat [Pater Patriae]. Hercules I., Herzog von Ferrara. Franz Sforza, Herzog von Mailand. Pierre d'Aubusson, Großmeister von Rhodos. Amurat. Mahomet II. Konstantin Dragases, letzter Kaiser von Konstantinopel. Johann Hunyádi, Reichsverweser von Ungarn. Georges Castriot, genannt Scandenberg. Antoine de Chabannes. René, Herzog von Lothringen. Guillaume, Kardinal von Touteville. Aufgenommen werden in der Regel auch die Porträts des Kaisers, des Papstes und – in den letzten, fast zeitgenössischen Regierungszeiten – von hohen Beamten; man findet sogar einen Staatssekretär von Franz I., Robertet, der einzige »Minister«, so wie Rabelais der einzige Schriftsteller ist, verloren inmitten der großen Staats- und Kirchenmänner, der Fürsten und Feldherren: ein sehr modernes Anliegen, das im übrigen durch die Tatsache erklärt wird, daß Robertet vor Ardier in Beauregard wohnte.

Im Palais Cardinal hatte Richelieu ebenfalls eine Geschichtsgalerie. Sie ist in Teilen verloren, aber man kennt sie in ihrer Gesamtheit durch die gestochenen Reproduktionen, die veröffentlicht worden sind. Sie enthielt nur 25 Porträts: eine Anthologie. Das Ziel war nicht, wie in Beauregard, ausschließlich die Dokumentation, es war patriotischer, politischer Art und auch diskrete persönliche Apologie: Richelieu gab sich die Mühe, die Folge der Kirchenmänner zu rekonstruieren, die in Frankreich eine politische Rolle gespielt haben. Er beginnt mit Suger, dem Richelieu jenes anderen Ludwig. Es folgen der Kardinal von Amboise, sogar der Kardinal von Lothringen, obgleich die Erinnerung an das Geschlecht der Guise kaum in Ehren gehalten wurde, und schließlich Richelieu. Jeanne d'Arc ist die einzige Frau in der Galerie Cardinal, was ihre Bedeutung als Nationalheldin in dieser Epoche unterstreicht. Alle anderen Porträts zeigen Krieger, von Simon de Montfort bis zum Konnetabel de Lesdiguières: die großen Feldherren der französischen Geschichte.

Die beiden letzten historischen Galerien, die noch heute bestehen, da sie jünger sind, gehörten Nachzüglern, die unter Ludwig XIV. geistige Moden der vorhergehenden Jahrhunderthälfte fortsetzten: die Grande Mademoiselle und Rabutin.

Die Grande Mademoiselle hatte die Idee, die Reihenfolge ihrer Ahnen zu rekonstruieren, aller Bourbonen, angefangen bei Robert, Graf von Clermont, Sohn Ludwigs des Heiligen: es ist das Bourbonen-Kabinett. Es wurde an die Familie von Orléans weitervererbt und war zu der Zeit, als Dimier sein Buch über das *Portrait im 16. Jahrhundert* schrieb, vom Schloß Eu nach England gekommen. Ich habe dazu lediglich einen Katalog aus dem Jahre 1836 gefunden, in dem nur die Namen der Porträtierten erwähnt werden, ohne jedes weitere Detail. Wir können hier also nur das genealogische Motiv festhalten. Es ist nicht ganz die Idee, die Ludwig der Heilige in St.-Denis verwirklicht hat, oder die Philipps des Schönen im Palais de la Cité, die mehr national als dynastisch war, und mehr dynastisch als genealogisch. Man denkt hier eher an das Grabmal Kaiser Maximilians in Innsbruck, vor welchem eine Doppelreihe mit Ahnen in Bronze aufgestellt ist. Man kann sich kaum vorstellen, daß Ludwig XIV., so stolz er, ebenso wie seine Untertanen, auch auf das Alter seines Hauses sein mochte, Bildnisse seiner entfernten Vorfahren vor der Machtübernahme Heinrichs IV. sammelt. Er rettete gerade noch Johann den Guten aus dem Louvre vor der Auflösung der Sammlungen Gaignères.

Im übrigen kann man sich die Frage stellen, ob sich im 17. Jahrhundert die monarchische Idee nicht viel stärker von der familiären Idee absetzt. In dieser Hinsicht ist die Sparsamkeit der königlichen Nekropole in St.-Denis bemerkenswert: der Plan Ludwigs des Heiligen wurde von seinen Nachfolgern nur bis zum letzten Valois weiterverfolgt. Seit Heinrich IV. werden die Könige zwar weiterhin in St.-Denis beigesetzt, aber in einer Art Anonymität, einer Art Massengrab der Könige. Es gibt keine Grabdenkmäler mehr, und man kümmert sich nicht mehr um die Fortsetzung der von Ludwig dem Heiligen mit Chlodwig begonnenen Reihenfolge. Die Serie der Könige besteht fort in der Geschichtsliteratur, in der privaten Ikonographie, aber nicht mehr offiziell in St.-Denis. Ist es eine Abneigung, den Tod des Königs, der nicht stirbt, auf zu konkrete

Weise, durch eine monumentale Konsekration, vorstellbar zu machen? Ist es die Vorherrschaft der durch Graphik popularisierten königlichen Liturgie, die sich ohne Rücksicht auf den Ablauf der Zeiten wiederholt? Das ist hier nicht wichtig; es genügt, den besonderen Charakter des Vorhabens der Grande Mademoiselle zu unterstreichen. Sie handelte weniger als geborene Prinzessin denn als Erbin eines adligen Hauses und glich darin anderen Familien ihrer Zeit, bei denen die durch die Genealogie bestätigte Abstammung den Platz bestimmte, den man in der sozialen Hierarchie einnehmen sollte, und das Material einer Literatur über die familiären Ursprünge lieferte.

Dieses Unterfangen ist also mehr genealogischer als historischer Art und interessiert uns an dieser Stelle auch weniger, außer in der Hinsicht, daß es keine geschriebene Genealogie ist, dazu bestimmt, das Alter einer Linie zu beweisen, sondern ein Verfahren, sich die Persönlichkeiten der Vergangenheit im Bild zu vergegenwärtigen.

Die Galerie Rabutins, des Cousins von Madame de Sévigné, wurde in seinem Schloß in Burgund errichtet zwischen 1666 – dem Jahr seiner Entlassung aus der Bastille, wohin ihn die »Liebeschronik der Gallier« *(Histoire amoureuse des Gaules)* gebracht hatte – und 1682, dem Jahr seiner Rückkehr in Gnaden an den Hof. Rabutin hatte weniger Ordnungssinn und Wissensdurst als der ehemalige Schatzmeister, der Herr von Beauregard. Seine Porträtsammlung ist weniger methodisch. Sie ist dennoch in drei Sälen nach Themen geordnet: die Feldherren, die Könige und berühmte Persönlichkeiten, die berühmten Frauen seit Agnès Sorel.

Es handelt sich um die letzte historische Galerie vor Louis Philipp. Zunächst verschwand die Mode des zeitgenössischen Porträts, so wie es sie im 16. Jahrhundert gab, dann die Vorliebe für das retrospektive Porträt, so wie man es aus der ersten Hälfte des 17. Jahrhunderts kannte: Zeugnis einer besonderen Sensibilität für die Geschichte.

Bevor wir das Thema des historischen Porträts abschließen, wollen wir durch den Vergleich der dargestellten historischen Persönlichkeiten versuchen, uns eine Vorstellung von ihrer relativen Beliebtheit zu Beginn des 17. Jahrhunderts zu machen.

Für die Porträtsammler beginnt die Geschichte ungefähr mit derselben Epoche. Abgesehen von Giovio, der die französische Geschichte nicht zur Kenntnis nimmt, beginnen Beauregard und Rabutin mit den ersten Valois: die Herrschaft Philipps VI. in Beauregard, Agnès Sorel und du Guesclin bei Rabutin. Richelieu ist weiter zurückgegangen, gewiß wegen des so verführerischen Falles von Suger; dennoch zählt man nur zwei Namen vor den ersten Valois, zwei von fünfundzwanzig.

Die Thronbesteigung der Valois, die Jahre um 1400 kennzeichnen den Ursprung einer gewissen vertrauten Geschichte, über den hinaus man nicht vordrang. Das war die lebendige Geschichte, durch mündliche Überlieferung vermittelt, auf die man sich ständig bezog in den politischen oder privaten Unterhaltungen. Noch im 18. Jahrhundert stellte Voltaire sie den vorausgegangenen Perioden entgegen, deren Kenntnis er für überflüssig hielt: »Mir scheint, daß wer seine Zeit ausnutzen wollte, sein Leben nicht damit verbringen würde, sich mit alten Fabeln zu brüsten. Ich wünschte, daß ein junger Mann, nach einer leichten Berührung mit den weit zurückliegenden Zeiten, das ernsthafte Studium der Geschichte mit der Zeit begönne, in der sie für uns wirklich interessant zu werden beginnt, das heißt mit dem Ende des 15. Jahrhunderts.«

Diese vertraute, mündliche und ikonographische Geschichte, die »moderne« Geschichte dieser Epoche, unterschied sich daher von der gelehrten Geschichte der kompilierten Bücher. Eine jede hatte einen anderen Ausgangspunkt: Pharamond für die literarische französische Geschichte, die Valois für die vertraute Geschichte. Es sei hier an das erinnert, was wir oben über die von Franz I. bis zu Heinrich III. andauernde Gegenwart gesagt haben und über die zweite Gegenwart, die Heinrichs IV., die in dem Reiterporträt des ersten Bourbonen über dem Kamin von Beauregard symbolisiert wird. Das 17. Jahrhundert kannte nicht, zumindestens nicht im naiven Sinn, das Gefühl einer zusammenhängenden geschichtlichen Dauer, das im Mittelalter so stark ausgeprägt war, als es nur eine universelle Geschichte gab, die bis auf die Schöpfung der Welt zurückging. Die Anstrengung Bossuets ist in dieser Hinsicht außergewöhnlich und anachronistisch, zu mittelalterlich, oder dem Providentialismus des Maistres zu weit voraus. Im 17. Jahrhundert lebte man nicht in *einer* Geschichte, sondern in *mehreren* besonderen Systemen der Geschichte, von denen sich jedes einen anderen Ursprung, andere Koordinaten zu eigen machte: die Geschichte Frankreichs – die vertraute Geschichte seit den Valois –, die Geschichte der zeitgenössischen Gegenwart, die für das 16. Jahrhundert mit Franz I., für die erste Hälfte des 17. Jahrhunderts mit Heinrich IV., für das 18. Jahrhundert mit Ludwig XIV. begann: so viele Blöcke autonomer Zeit.

Es gibt gewisse Analogien zwischen den Galerien von Giovio und von Beauregard. Gewiß kennt Giovio die französische Geschichte nicht und stellt ihre Könige erst seit Karl VIII. dar. Aber eine beachtliche Anzahl von Italienern, Spaniern, Türken und Barbaren ist den Listen von Giovio und Beauregard gemein. Es scheint, daß die Persönlichkeiten aus dem italo-hispano-türkischen Mittelmeerraum des 15. und 16. Jahrhunderts, die bei Giovio so zahlreich vertreten sind, noch zu Beginn des 17. Jahrhunderts über eine ausreichende Aktualität verfügten, um das Interesse Ardiers zu wecken und seine Auswahl zu bestimmen: ottomanische Sultane, Tamerlan, Barbarossa, Savonarola, Cesare Borgia, Christoph Kolumbus, Gonzales de Cordoba, der Herzog von Alba ... Zur Zeit von Rabutin gehörten sie nur noch in eine tote Geschichte. Aus dem Repertoire Giovios gibt es bei ihm nur noch einen einzigen Italiener: Piccolomini, der übrigens in Beauregard fehlt, sowie einen Spanier, den Herzog von Alba. Die türkischen Sultane, die barbaresken Fürsten, Scandenberg, die alle bei Giovio und bei Ardier versammelt waren, sind von den Wänden Rabutins verschwunden. Die Amateure der Ikonographie verspürten keinen mediterranen Kosmopolitismus mehr: dieser lebte lediglich in den Graphikbänden mit exotischen Kostümen fort.

Bei Rabutin ist ein Saal den Damen und ein weiterer den Feldherren vorbehalten: das ist noch die Unterteilung von Brantôme. Dagegen interessieren sich weder Giovio noch Ardier oder Richelieu besonders für die Damen. Sehen wir einmal ab von den Herrscherinnen, den gebürtigen Prinzessinnen, den Regentinnen, die ihren Platz zwischen den Staatsmännern einnehmen. Man findet sie in Beauregard, aber im Palais Cardinal haben sie kein Aufenthaltsrecht. Auch mußten die wenigen Frauenporträts, die von dieser Verbannung ausgenommen waren, besonders bezeichnend sein: jene, die man nicht unterschlagen konnte. Es sind nur zwei. Zwei in Beauregard und ein einziges im Palais Cardinal. In Beauregard: Jeanne d'Arc und Diane de Poitiers. Diane de Poitiers ist die einzige in dieser finsteren Sammlung zugelassene galante Frau. Im Palais Cardinal: allein Jeanne d'Arc.

Die ikonographischen Museen in Italien nehmen mit offenen Armen Philosophen und Künstler auf. Die Franzosen hingegen übergehen sie: Rabelais ist der einzige in Beauregard vertretene Schriftsteller. Die Galerien sind ausschließlich politischer, militärischer und galanter Art.

Wir wollen versuchen, von diesen Staatsmännern und Feldherren eine kleine Liste der am meisten zitierten Namen zu erstellen. Ein einziger wird viermal genannt. Er taucht bei dem an französischer Geschichte doch wenig interessierten Giovio auf, in Beauregard, im Palais Cardinal, bei Rabutin: es ist Gaston de Foix, dessen kurze aber ruhmreiche Karriere ihn zum beliebtesten Feldherren der Geschichte gemacht hatte. Wäre dasselbe auf den Konnetabel von Bourbon zugetroffen, hätte ihn Richelieu nicht bewußt ignoriert: man findet ihn bei Giovio, in Beauregard, immer noch bei Rabutin. Das Erstaunliche ist, daß er nicht in der Galerie Cardinal auftaucht: sein Verrat hatte damals in der öffentlichen Meinung nicht den schimpflichen Sinn, den er in den modernen Gesellschaften angenommen hat, in denen der nationale Imperativ unerbittlicher geworden ist. Die Geschichte des 17. Jahrhunderts bietet, noch in ihrem Niedergang, weitere Beispiele dieser Übergänge von einem Lager ins andere: der Prinz Condé oder später der erstaunliche Bonneval, der als Pascha in Konstantinopel starb, nachdem er unter dem Prinzen Eugen gegen seinen König gedient hatte. Die öffentliche Meinung nahm es ihnen nicht sehr lange übel. Aber schon Richelieu akzeptierte diese archaische Nachlässigkeit nicht mehr, und die Abwesenheit des Konnetabel von Bourbon in seiner Galerie zeigt den Beginn einer strengeren Auffassung von ziviler und militärischer Disziplin an.

Zusammen mit dem Konnetabel von Bourbon dreimal genannt: du Guesclin, der älteste der volkstümlichen Helden. Richelieu hat versucht, weiter zurückzugehen bis zu einem Konnetabel Philipps des Schönen und der ersten Valois. Er ist aber der einzige, der ihn kennt: das bleibt ein archäologisches Unternehmen ohne Folge. Zunächst also du Guesclin. Dann kommen Jeanne d'Arc und ihre Begleiter. Jeanne d'Arc ist nur in Beauregard und im Palais Cardinal vertreten. Rabutin hat sie vergessen, sicherlich mit Bedacht; er glaubte nicht an Frauen, die ihre Tugend auf den Schlachtfeldern bewahrten! Alle Franzosen aber wählen einstimmig Dunois, den Bastard von Orléans. Er ist der berühmteste Held Frankreichs. In unseren Tagen hat ihn Jeanne d'Arc an Popularität übertroffen, und Dunois ist kaum noch bekannt, außer bei den Historikern. Im 17. Jahrhundert aber stand er vor Jeanne d'Arc. Ihre anderen Begleiter, La Hire und Xaintrailles, hatten teil an diesem Ruhm: sie waren sowohl in Beauregard als auch bei Rabutin vorhanden, und wenn Richelieu sie ausließ, dann wohl deshalb, weil er eine Auswahl treffen mußte. Im übrigen waren sie auf den verbreitetsten Abbildungen vertreten, nämlich auf den Kartenspielen. Es ist seltsam, in welchem Maße die Erinnerung an das militärische Epos von Dunois und Jeanne d'Arc noch im 17. Jahrhundert lebendig war.

Nach den Helden des Hundertjährigen Kriegs, von du Guesclin bis zu Jeanne d'Arc, folgen die Helden der italienischen Kriege: La Trémoille, der, wie der Kommentator der Stiche der Galerie Cardinal schreibt, »im Alter von 15 Jahren die Rüstung anlegte, um sie erst zusammen mit dem Leben im Alter von 80 Jahren abzulegen, in einer Schlacht«, bei Pavia. Dann Gaston de Foix, der Konnetabel von Bourbon, den wir bereits erwähnten, und Bayard. Anzumerken ist, daß Rabutin Bayard weggelassen hat, während er den Konnetabel von Bourbon beibehält. Aber der »gute Ritter ohne Furcht und Tadel« war genauso beliebt wie sein Gegner.

Dies waren also die vertrautesten historischen Namen aus den am weitesten entfernten der bekannten Perioden. Ihnen folgen, natürlicherweise viel zahlreicher, die großen Figuren aus den Religionskriegen: eine sehr nahe Vergangenheit, weniger als ein Jahrhundert alt, sogar für Rabutin; so zum Beispiel Anne de Montmorency, der erste Herzog von Guise, Sieger von Calais, Monluc, von dem man sagte: »unser tapferer Monluc«, so wie man über Bayard »der gute Ritter« sagte. Das sind die Kriegsmänner.

Einem einzigen Mann der Kirche gelingt es, drei Stimmen zu erhalten: Kardinal von Amboise, der erste der großen Kardinäle und Staatsmänner, Diener des Königs. Richelieu interessiert sich für die Kardinäle, denn er ist einer von ihnen. Rabutin hält sich kaum bei ihnen auf. Dagegen nimmt er Michel de l'Hospital auf, den Richelieu unterschlägt, der aber auch in Beauregard auftaucht, wo die Beamten des öfteren vorkommen.

Die allen vertrauten Namen sind also die der großen Feldherren, ob erfolgreich oder nicht, manchmal Fremde wie der Herzog von Alba, oft schon in die Legende eingegangen oder kurz davor. Ihnen folgen einige schöne und galante Damen. Das geht nicht ausreichend aus der vorangehenden Analyse hervor, weil weder der Schatzmeister von Beauregard noch Richelieu gewillt waren, die großen Liebhaberinnen zu sammeln. Aber man muß wenigstens zwei oft wiederholte Namen zitieren, zwei oft reproduzierte Gesichter: Agnès Sorel, die manchmal als Rivalin der Jeanne d'Arc auftritt, wenn die übernatürliche Rolle der Jungfrau auf Ablehnung stößt, und Diane de Poitiers, die zu nah und zu berühmt war, als daß Ardier ihr die Wände seiner Galerie hätte verweigern können.

Die Tapferkeit und die Galanterie: Themen, die wir später im Ritter- und Liebesroman wiederfinden werden.

In der zweiten Hälfte des 17. Jahrhunderts verschwinden die Geschichtsgalerien. Nicht, daß das Interesse, das sie hervorgerufen hatte, vergangen wäre, aber es hat sich verändert, hat sich insbesondere mit einer neuen Neigung, nämlich der zur Gelehrsamkeit, verbunden. Ausgezeichnete Bücher wurden am Ende des 19. Jahrhunderts den großen benediktinischen und weltlichen Gelehrten dieser Epoche gewidmet. Hier ist zwar nicht der Ort, erneut auf sie einzugehen, aber die Veredelung des Antiquars durch den Gelehrten ist zu unterstreichen.

Die ersten Gelehrten waren am Ende des 16. und am Anfang des 17. Jahrhunderts die Sammler. Nicht so sehr die Sammler von Porträts, vielmehr die Sammler von Texten und Manuskripten.

Die Ardiers von Beauregard und vor ihnen die Gouffiers waren beamtete Bürger, die in die Politik, in die Wirtschaft, in den Krieg verwickelt waren. Die Sammler von Texten, die ersten Gelehrten, sind Parlamentarier oder Anwälte im Parlament, zumindest zu Beginn des 17. Jahrhunderts. So de Thou, Präsident des Parlaments von Paris, der eine Geschichte seiner Zeit, allerdings in lateinischer Sprache, hinterließ. Er versammelte in seinem »Kabinett«, in dem Antiquitäten an den Geschmack der Renaissance erinnerten, sowohl Liebhaber von Texten und der Geschichte als auch Schöngeister. Man betraute ihn außerdem mit der Aufgabe, junge historische Talente zu lenken, wie den Jüngsten der Godefroy.

Die Godefroy gehörten zu einer seltsamen Familie, die sich, vom Vater auf den Sohn, während des ganzen 17. Jahrhunderts dem Rechtwesen und der Geschichte widmeten. Halten wir im Vorbeigehen diese Alliance von juristischer und historischer Bildung fest, als Gegensatz zu der Verbindung von französischer Geschichte – gemäß Sorel oder Mézeray – und Literatur. Denis Godefroy war Protestant, ehemaliger Anwalt im Parlament, der im Jahre 1579 nach Genf emigriert war. Er lehrte Recht in Straßburg, dann in Heidelberg. Außer Werken zur Rechtswissenschaft, einem *corpus juris civilis,* und außer einer Sammlung lateinischer Grammatiker seit Varro und Editionen von Cicero hinterließ er eine Abhandlung der römischen Geschichte. Das ist noch der Geist der Humanisten der Renaissance. Im März 1611 schickt er seinen Sohn Jacques mit einem Empfehlungsschreiben nach Paris zum Präsidenten de Thou. »Der gegenwärtige Überbringer ist der zweite meiner Söhne, den ich zu Ihnen schicke, damit er den Anwaltsstand erlernen möge. Er verfügt über einige ziemlich gute Grundlagen im Rechtswesen und außerdem in der Geschichte, *sogar der gallischen und fränkischen* [sogar: man muß verstehen, daß die römische Geschichte Gegenstand viel verbreiteterer Studien war]. Solcher Art, daß er fast die gesamten Jahre bis zum Jahr 500 nach Christi Geburt darlegen kann. [Es scheint so, als wäre es nach 500 unnötig, die Chronologie auswendig zu lernen.] Er überlegt jedoch, seinen ersten Aufsatz über vier oder fünf Seiten sowie eine topographische Karte zu fertigen, in der er den wahren Ursprung *unserer* Franken vor Augen führen will.«

Drei Jahre später schreibt der alte Godefroy erneut an de Thou: »Ich wage es kaum, Sie wegen meines jüngsten Sohnes zu belästigen, der, wie ich weiß, recht gut das Recht und die

Geschichte, *insbesondere die fränkische,* studiert hat. Ich mußte drei Jahre lang für ihn sorgen, ohne daß er, wie er sollte, ins Palais eingetreten wäre. Deshalb rufe ich ihn zurück, um seine Entscheidung zu hören und dafür Sorge zu tragen, in dem Maße, wie es Gott gefallen wird, mir Weisheit zu geben, das heißt, ihn entweder zurückzuschicken oder ihn anderswohin zu schicken, damit er seine fränkische Geschichte, über die er, wie ich weiß, getreulich und sorgfältig gearbeitet hat, beenden kann.«

Während seines Aufenthalts in Paris, wohin er dem Kanzler du Vair gefolgt war, verkehrte Peiresc im Kabinett von de Thou. Er war parlamentarischer Rat in der Provence und lebte in Aix, wo er die verschiedenartigsten Dokumente sammelte: aus der Archäologie, der Geschichte, den Naturwissenschaften und der Astronomie.

Nach dem Tode des Präsidenten de Thou versammelten die Brüder Dupuy in ihrem Kabinett die Stammgäste des gelehrten Beamten, dessen geistige Erben sie waren. Ihr Vater war Ratsherr im Parlament in Paris gewesen, wo einer von ihnen als Anwalt arbeitete.

Du Cange gehört zur nächsten Generation, er ist 1610 geboren. Auch er kommt aus einer Beamtenfamilie, Inhaber des Richteramtes in der Picardie: man übertrug die Gerichtsbarkeit von Beauquesne vom Vater auf den Sohn. Einer der älteren Brüder von Du Cange ließ sich in Paris als Parlamentsanwalt nieder. Er selbst hatte, bevor er wegen einer Pest aus Amiens floh, das Amt eines Schatzmeisters von Frankreich in dem Verwaltungsbezirk Amiens gekauft.

Diese Beamtenkreise ähnelten weder den Artistenkreisen des Humanismus der Renaissance noch den mondänen Zirkeln in den Salons oder im Versailles des 17. Jahrhunderts; bei ihnen entwickelte sich das geschichtliche Interesse an schriftlichen Dokumenten seit Ende des 16. Jahrhunderts.

Man kann annehmen, daß die Ausübung ihres Berufes diese Anwälte und Richter dazu verpflichtete, oft sehr alte Texte einzusehen, mittelalterliche, karolingische, byzantinische und römische Texte, denn das Recht, ob römisches oder Gewohnheitsrecht, kannte vor der Revolution keinen Zeitbruch, der die alten Urkunden hätte ungültig werden lassen und den Rückgriff auf sie verzichtbar gemacht hätte. Außerdem gelang es ihnen leicht, die Schwierigkeiten der Schrift, der Sprache und der Terminologie zu bewältigen, mit denen die mittelalterlichen Urkunden und Dokumente gespickt waren. Diese chronologische Kontinuität von der Vergangenheit in die Gegenwart war jedoch für einen historischen Forschergeist nicht immer günstig, insofern nämlich die Vergangenheit, berufsbedingt, zu vertraut wurde und sich nicht mehr hinreichend von der Gegenwart absetzte. Erst der Bruch von 1789–1815 brachte eine Entfremdung in der Zeit, die den Triumph von Augustin Thierry, Guizot und Michelet über Velly, Anquetil und Mézeray erleichterte.

Das Geschichtsinteresse der Parlamentarier zu Beginn des 17. Jahrhunderts rührt nicht ausschließlich von ihrer beruflichen Ausbildung her. Ursprünglich muß es in dieser beamteten Bourgeoisie, die aus der wirtschaftlichen Krise des 16. Jahrhunderts hervorgegangen ist, das Bemühen gegeben haben, in den Texten eine Bestätigung der sozialen, der politischen, einfacher noch: der protokollarischen Vorrechte ihres Berufsstandes und ganz allgemein ihrer Klasse zu finden. Die während der zweiten Hälfte des 16. Jahrhunderts geschriebenen Geschichten Frankreichs unterscheiden sich in ihrer Komposition von den Annalen, die ihnen vorausgingen, und von den literarischen Geschichten, die ihnen folgen werden. Der chronologische Bericht der Ereignisse – über den wir oben einige Untersuchungen angestellt haben – erschöpft das Thema nicht: er stellt nur eine Hälfte des Werkes dar; ihm folgt manchmal ein zweiter Teil, der wie ein Handbuch der Institutionen konzipiert ist. Es geht darum, die Ursprünge der wichtigsten Organe der Monarchie zu erklären: die Krone und die Weihe, die Fürstenhäuser, die hohen Ämter, die unabhängigen Gerichtshöfe, um daraus eine politische Philosophie zu entwickeln, der zufolge der königliche Absolutismus temperiert sei durch Institutionen, die auf Gewohnheitsrecht gründen und unter denen die parlamentarische Bourgeoisie sich einen wichtigen Platz erobert habe.

Später wurde dieses Interesse durch zahlreiche in Umlauf gebrachte Manuskripte genährt, die bis dahin in den Bibliotheken der Abteien begraben und vergessen waren, oft auch durch die Plünderungen und Vernichtungen während der Religionskriege zerstreut worden waren. Von nun an sammelten Amateure Manuskripte, genauso, wie sie bereits Antiquitäten und Münzen sammelten. De Thou, die Godefroy, Denis, Mazarin und Colbert besaßen in ihren Bibliotheken neben ihren Beständen an Druckschriften Mappen mit Manuskripten. Diese privaten Depots waren die Quellen, aus denen die Gelehrten des Ancien Régime ihr Wissen schöpften, bis die Revolution dem Anschwellen der im 16. Jahrhundert begonnenen Archive ein Ende bereitete. So zitiert Bernard de Montfaucon im Vorwort seiner *Monuments de la monarchie française* als eine seiner Quellen die von Peiresc in seinem Stadthaus in Aix angehäufte Sammlung: »Ich verdanke Herrn de Mozangues, dem Präsidenten des Parlaments in Aix [gewiß ein Erbe von Peiresc oder Käufer seiner Papiere] alle Bildnisse Karls des Großen, die sich in Aachen befinden, und mehrere andere Stücke, die den Manuskripten des berühmten Herrn de Peiresc entstammen.« Und Montfaucon schrieb ein Jahrhundert nach Peiresc.

Es handelte sich übrigens nicht um eine Sammlermanie: das Manuskript wurde nicht nur als wertvolles Objekt gesucht, sondern man gab sich, wenn man es nicht besitzen konnte, damit zufrieden, es abzuschreiben oder zu inventarisieren oder zu resümieren. Auch unterhielten, unter anderen, Peiresc und Heinrich II. Godefroy regelrechte Kopistenateliers, so wie die Äbte im Mittelalter. Laut einem seiner jüngeren Biographen, Cahen-Salvador, hatte Peiresc »einen Sekretär-Zeichner, einen Buchbinder und Kopisten eingesetzt, die seine Urkunden ordneten und seltene Stücke, Zeichnungen [daher das Interesse an diesem Bestand, der Montfaucon diente, so wie Montfaucon Emile Mâle diente] und Manuskripte reproduzierten, damit er sie entweder in seine Dokumentation aufnehmen oder Exemplare davon an seine Korrespondenten und Freunde schicken konnte.« »Das erste Ziel unserer Untersuchungen«, schreibt Peiresc, »ist kein anderes, als diejenigen, die sich dafür interessieren und die daraus ihren Nutzen ziehen können, zu unterrichten.« Genauso stellte fünfzig Jahre später, 1673, Denis II. Godefroy vier »Schrifsteller« und fünf »Gehilfen« ein, die Kost, Logis und einen Lohn bekamen.

Diese Texte wurden nicht nur gesammelt, reproduziert, inventarisiert und analysiert. Man begann damals auch, sie zu veröffentlichen, seit 1588, als Pithou als erster eine »Sammlung« unveröffentlichter Texte herausgab: Sammlung, das Wort entspricht zugleich dem modernen bibliographischen Sinn und dem alten Begriff des Raritätenkabinetts. Im Jahre 1618 veröffentlicht André Duchesne eine *Bibliothèque des auteurs ayant traité de l'Histoire de France* (Bibliothek der Autoren, die die Geschichte Frankreich behandelt haben) und dann die *Historiae Normanorum Scriptores Antiqui* (Geschichte der alten normannischen Schriftsteller). Er sah eine vollständigere Reihe in 24 Foliobänden vor. Das Projekt wurde später, gegen Ende des Jahrhunderts, von Colbert und den Benediktinern von Saint-Maur wiederaufgenommen, im 18. Jahrhundert fortgesetzt und auch im 19. Jahrhundert vom Institut de France verfolgt. Hier zeigt sich deutlich die Abstammung der modernen Gelehrsamkeit von den ersten Sammlern des 17. Jahrhunderts.

Gleichwohl bewahrten diese beamteten Amateure in ihren Arbeitsmethoden geistige Gewohnheiten und Vorlieben, die später von ihren Nachfolgern zur Zeit Ludwigs XIV. aufgegeben werden; sie sind noch der Renaissance und dem enzyklopädischen Geist der Humanisten verhaftet.

Ihre Gelehrsamkeit ist nicht immer zweckfrei, sie bleibt verbunden mit der Politik oder dem gesellschaftlichen Leben. Um 1620 geraten Peiresc, Godefroy, Duchesne und alle Gelehrten der Kabinette von de Thou und Dupuy in Bewegung, um der Schmähschrift eines flämischen Autors entgegenzutreten, der vorgibt, beweisen zu können, daß das Haus Österreich in direkter männlicher Linie von Pharamond, dem ersten König von Frankreich, abstamme. Théodore Godefroy veröffentlicht 1624 eine Abhandlung über den wahren Ursprung des österreichischen Hauses: *De la vraye origine de la Maison d'Autriche*, in der er aufzeigt, daß es von kleinen habsburgischen Grafen abstammt, und dazu noch über die weibliche Linie, daß es also einen späten und bescheidenen Ursprung hat. Die Genealogien nehmen einen bedeutenden Platz in ihren Beschäftigungen ein; Théodore Godefroy erstellte die Genealogien der Familien von Portugal, Lothringen, Bar, meistens mit einem die Rechte der Bourbonen begünstigenden Hintergedanken. Dieser Geschmack an Genealogien wird mit d'Hozier, Gaignères, Clérambault noch bis ganz ans Ende des Jahrhunderts fortdauern.

Wenn für einen Menschen der beiden letzten Jahrhunderte des Ancien Régime die Geschichte Frankreichs vor allem eine dynastische ist, neigt die Geschichte immer dazu, eine der Familie zu werden. Der unglückliche Baluze zog die Ungnade und die nie ermüdende Bosheit Saint-Simons auf sich, als er seinen Ruf riskierte wegen der Ursprünge des Hauses Auvergne.

Peiresc bewahrte sich die Leidenschaft des ausgehenden Mittelalters für Wappen. (Man hat mit Recht darauf hingewiesen, daß die Heraldik die einzige mittelalterliche Wissenschaft war, der es gelang, eine eigene Terminologie auszubilden. Von den 17 Notizensammlungen Peirescs, die in der Bibliothek Inguimertine in Carpentras aufbewahrt werden, betreffen zwei Wappen und Wappenkunde.

Peiresc beschäftigte sich auch mit dem Sammeln von Dokumenten über den Vorrang der Zunft, der der angehört: die Aktenschränke jener Zeit enthalten einen ganzen Bestand an Texten über Vorrechte und Rangordnungen.

Diese Neugier auf den historischen Text während der ersten Hälfte des 17. Jahrhunderts schloß keinesfalls das monumentale ikonographische Dokument aus. Peiresc interessierte sich für die Grabmäler von St.-Denis und kopierte Zeichnungen, die später Montfaucon dienten. Aber vor allem gegen Ende des 17. und zu Beginn des 18. Jahrhunderts wird die ikonographische Forschung zu einem Zweig der Gelehrsamkeit, so wie sie sich weiterhin auf mehr und mehr wissenschaftlichen Pfaden im Umkreis der Benediktiner entwickelte, insbesondere in Saint-Germain-des-Prés. Der Trödel ist nicht ganz aus den Papieren von Gaignères verschwunden, aber man hat es mit wirklichen Spezialisten zu tun, denen die enzyklopädische, von den Naturwissenschaften und der Astronomie bis zu den Verzeichnissen des Rechnungshofes reichende Neugier eines Peiresc widerstreben würde. Die beiden in dieser Hinsicht wichtigsten Namen, die es zu behalten gibt, sind die von Gaignères und Montfaucon.

Eine Stadtbeschreibung von Paris aus dem Jahre 1713 vermittelt uns einen Eindruck von der Bedeutung, die Zeitgenossen den von Gaignères zusammengetragenen Sammlungen beimaßen: »Ein Kabinett ohnegleichen, wenn man bedenkt, daß es unendlich viele Dinge enthält, die *frühesten Zeitalter* betreffend, die sonst nirgendwo zu finden sind.« Ein wirkliches Museum, würden wir heute sagen. »Es ist angefüllt mit einer sehr großen Menge von Porträts aller Personen, die irgendeinen Namen hatten; ihre Anzahl beläuft sich auf 27 000.« Neben den Porträts, die, allerdings in einem anderen Geist, die offensichtlich unterbrochene Tradition der historischen Galerien fortsetzen, finden sich hier »Zeichnungen von den bedeutendsten Grabmälern und von den Glasfenstern der schönsten Kirchen Frankreichs«. Man könnte des weiteren – denn wir kennen einen Teil dieser Sammlungen, die im Kupferstichkabinett aufbewahrt werden – Tapisserien des 15. und 16. Jahrhunderts erwähnen, die heute verschwunden sind. Der Verfasser der *Description* lenkt die Aufmerksamkeit des Besuchers auf das Porträt König Johanns und auf ein Gemälde, das einen Ball am Hofe Heinrichs III. zeigt (man nannte es später die Hochzeit der Joyeuse); beide genössen einen besonderen Ruhm. So viel zu den Stichen, Malereien und Zeichnungen. Der Führer weist dann auf die Bestände an Manuskripten und Autographen hin: »Mehrere Bände alter Originalschriften von zahlreichen berühmten Persönlichkeiten . . ., die eigenhändig unterzeichnet haben.« Und dann die kleinen Sammlerkuriositäten: Spielmarken und alte Kartenspiele (es ist der Aspekt »Sammlung«, der neben den fast wissenschaftlichen Beständen fortbesteht), die Serie der Ritter vom Heiligen Geist, die Gaignères in seinem Schlafzimmer aufgestellt hatte! Und schließlich das Kernstück der Schätze im Hôtel Gaignères: »Eines der einzigartigsten und seltensten Dinge ist eine Sammlung aller Kleidermoden, die in Frankreich, aber auch im Ausland, in Deutschland, getragen wurden, seit der Herrschaft Ludwigs des Heiligen bis zum heutigen Tage . . . Sie wurden mit großer Sorgfalt verschiedenen alten Bildern entnommen.« Kurz, das Hôtel Gaignères war eines der berühmtesten Privatmuseen in Paris – allerdings waren fast alle Museen vor der Revolution in privater Hand –, das der Reisende unbedingt besichtigen mußte.

Es gab also gegen Ende der Regierungszeit Ludwigs XIV. ein Museum, dessen Besuch in den Touristenführern dringend empfohlen wurde. Es war, vor dem Versailles von Louis Philipp, ein wirkliches Museum der französischen Geschichte, das in drei Abteilungen unterteilt war: wie in Beauregard Porträts, allerdings fast hundertmal so viele, Denkmäler wie bei Montfaucon und Kostüme. Diese beeindruckende Sammlung von Dokumenten ist von größter Wichtigkeit für die Ideengeschichte; das mag wie eine Binsenweisheit erscheinen, und doch haben sich einzig die Kunsthistoriker für Gaignères interessiert, weil seine Zeichnungen verschwundene Monumente festhalten und weil seine Sammlungen einen der wichtigsten Bestände des Kupferstichkabinetts bilden: man mußte also ihren Ursprung ermitteln. Doch die Politik, die Literatur- und die Sozialgeschichte haben sich kaum darum gekümmert, als wäre es nicht weiter erstaunlich, daß ein Mann des ausgehenden 17. Jahrhunderts sein Leben und sein Vermögen in den Dienst der Sammlung einer Ikonographie Frankreichs und der Bekleidungsgewohnheiten der Franzosen stellte! Es muß gesagt werden, daß der Fall Gaignères' ganz und gar außergewöhnlich und erstaunlich ist. In gewissem Maße knüpft er an eine Tradition an: die des historischen Porträts, die wir bereits kennengelernt haben, und die der Mode- und Kleidersammlungen, die noch gegen Mitte des 17. Jahrhunderts recht verbreitet waren und die im übrigen von einer auffälligen Neugier auf die Lebensgewohnheiten zeugen, denn es handelt sich nicht immer um die Kleider des Hofes. Sicher pflegt Gaignères auch Schrullen des Sammlers: Spielmarken und Kartenspiele interessieren ihn. Aber er würde nicht irgend etwas sammeln, wie Peiresc. Die Naturwissenschaften reizen ihn überhaupt nicht, er interessiert sich auch nicht für die antike Kunst. Einer seiner Korrespondenten schreibt ihm anläßlich seiner Funde: »Aber er weiß ihn wenig interessiert an römischen Antiquitäten.« Das ist ein für diese Epoche bemerkenswerter Zug. Schließlich zeugen sein Leben und seine Briefe von einem Forschergeist, der die Leidenschaft des Sammlers oder die Phantasie eines Liebhabers von Porträtgalerien übersteigt. Gaignères steht nicht allein. Er steht mit gelehrten Benediktinern in Verbindung und mit einer ganzen Gruppe von Prälaten und Schloßverwaltern, die seine Arbeit verfolgen, ihm schreiben, ihm Dokumente schicken und ihn auf interessante Bestände aufmerksam machen. Im Kreis von Gaignères trifft man auf ein recht sonderbares Milieu, das eine Vorliebe für die Geschichte und für das historische Dokument hat.

Gaignères ist häufiger Besucher der Treffen in Saint-Germain-des-Prés, wo er das ganze gebildete Paris seiner Zeit antrifft: Du Cange, Baluze, den Orientalisten d'Herbelot, den Hebraisten Cotelier, Redakteur des *Journal des Savants*, den Abbé Fleury, einen Kirchengeschichtler, den Numismatiker Vaillant. Er korrespondiert mit den Patres der Abteien in der Provinz, denen der Bretagne, die von den Ständen beauftragt sind, eine Geschichte des Herzogtums zu veröffentlichen: Ihre Verbundenheit in der Arbeit muß eng sein, denn Gaignères schlägt ihnen für ihr Werk einen von ihm selbst entworfenen Arbeitsplan vor. Er interessiert sich also nicht nur für das Sammeln von Dokumenten, sondern auch für ihre Veröffentlichungen. Als Gegenleistung lassen die Patres für ihn das Porträt eines Herzogs der Bretagne aus dem 11. Jahrhundert zeichnen.

Gaignères möchte von einer Reise des Pater de Montfaucon nach Rom profitieren und bittet ihn, für ihn die Pontifikalarchive in der Engelsburg zu konsultieren; aber Montfaucon antwortet ihm, daß nichts zu machen sei, denn man müsse eine Jahresgebühr von einem Teston entrichten. Das ist zu teuer!

Im Poitou halten seine benediktinischen Freunde die Überreste der Galerie Gouffier in Oiron im Auge. Sie kennen ihn gut, denn er kam zu ihnen, um ihr Cartularium zu kopieren. Sie übersenden ihm eine Kiste voller Porträts. Einer der Mönche schreibt ihm: »Ich schickte nach Oiron, um die 20 Bilder zu bekommen.« Man konnte sie für zehn Taler haben, »und sogar ein einundzwanzigstes obendrein, das einen Herzog von Burgund zeigt«. In dem Posten gibt es einige Bilder, die in schlechtem Zustand sind: »Guillaume de Montmorency ist entzweigebrochen.« Sie werden gut verpackt: »Alle sind in eine Kiste eingeschlossen und gut verpackt, mit Ausnahme von vier großen, die nicht hineinpaßten, das sind: Johann, der vor Poitiers gefangengenommen wird, der Herzog von Burgund, der stark beschädigt ist; der mit dem Sinnspruch an seinem Hut [ein Unbekannter!] und der Herzog von Guise der Benarbte.«

In Fontevrault erlaubt ihm die Äbtissin ebenfalls, das Cartularium zu kopieren. Er interessiert sich für die Texte fast genauso wie für die Ikonographie und unterzieht sich der Mühe langer Transkriptionen. Die Äbtissin ist die Schwester von Madame de Montespan. Sie ermutigt seinen »Geschmack an

Kuriositäten, die Ihre Hauptbeschäftigung sind«. Aber sie spricht nicht als Mitarbeiterin, die ebenso leidenschaftlich wäre wie die Mönche aus dem Poitou. »Dies ist eine Leidenschaft, die nicht nur unschuldig, sondern überdies noch lobenswert und nützlich ist . . .«

So steht Gaignères in direktem Zusammenhang mit der benediktinischen Bewegung der Erneuerung der historischen Studien. Aber er hat auch Korrespondenten in der Welt, Priester oder Laien, oft wichtige Persönlichkeiten. Man wird nicht überrascht sein, unter ihnen jemanden zu finden wie Mademoiselle de Montpensier (oder wenigstens ein Mitglied ihres Hauses) und Bussy-Rabutin. »Ich übersende Ihnen«, so schreibt er letzterem, »was ich in bezug auf Ihr Haus gefunden habe.« Rabutin hatte nämlich einen Teil seiner Galerie seinen Ahnen gewidmet.

Der Bischof von Avranches, Huet, besorgt ihm Dokumente; wie schon die Benediktiner in Oiron liegt auch er auf der Lauer nach einer interessanten Gelegenheit: hier harrt er auf den Tod eines »curieux« aus Lille, der 78 Mappen mit Porträts besitzt.

Der Erzbischof von Arles schickt ihm Siegel. Der Verwalter von Caen schreibt ihm: »Ich lasse die Gründungsurkunden der ehemaligen Abteien kopieren und die Gräber bezeichnen.« Er sammelt auch für sich selbst: er fand »ein Meßbuch, welches das merkwürdigste Stück ist, das Sie je gesehen haben«, ein großartiges Stück, mit Wappen versehen und mit Porträts von Königen, von Äbten illuminiert. »Man findet in diesem Buch eine unendliche Zahl von seltsamen Dingen und geschichtlichen Spuren«, und er fügt hinzu, daß man es, obwohl es nicht datiert sei, auf die Mitte des 15. Jahrhunderts »schätzt«. Es ist nicht seine erste Jagdbeute: »Ich sammle immer noch alte Stundenbücher . . . ich besitze bereits 123.« Und die Sammler lassen ihre seltenen Exemplare kopieren, um sie auszutauschen. Gaignères läßt sich übrigens beim Kopieren von seinem Kammerdiener helfen, der sich gleichfalls eine persönliche Porträtsammlung zugelegt hat, weshalb man ihn beim Tode Gaignères' verdächtigt, er wolle die Erbschaft veruntreuen; so wird alles versiegelt, noch bevor der alte Archäologe seinen letzten Seufzer getan hat.

Wie wir gesehen haben, war das Museum Gaignères' berühmt. Vielleicht weniger wegen seiner Reproduktionen von Monumenten und Glasfenstern als wegen seiner Sammlungen von Kleidern. Madame de Montespan interessierte sich für sie, der König ließ sie sich zeigen, der Herzog von Burgund besichtigte sie. Kluge Köpfe aber erkannten den archäologischen Wert dieses Fundus und die Bedeutung des Mannes, der ihn, dank seiner Ausdauer und seines Korrespondentennetzes, zusammengetragen hatte. Der Minister Le Peletier sagte von Gaignères: »Er besitzt ein Kabinett, angefüllt mit sehr schönen und sehr seltenen Manuskripten, mit einer Unzahl von Stichen und Dokumenten, die für die *Aufklärung der Geschichte* sehr nützlich sind.« Pontchartrain dachte sogar daran, für Gaignères ein Amt als Konservator historischer Denkmäler des königlichen Hauses einzurichten. Das Projekt wurde fallengelassen, es beweist aber, daß man in Gaignères nicht nur einen Sammler von »kleinen Bildern« sah, sondern einen Kenner von »Dokumenten, die für die Aufklärung der Geschichte sehr nützlich sind«.

Bernard de Montfaucon war einer von Gaignères' Korrespondenten. Er kam aus einer adligen Familie, gehörte also nicht, wie viele Gelehrte, dem kleinen Amtsadel an – oder gar dem Volk, wie Mabillon, der Sohn eines Bauern, oder Rollin, der Sohn eines Messerschmieds. Erst nach einem Aufenthalt in der Armee von Turenne trat er in den Benediktinerorden von St.-Maur ein. Er begann mit Ausgaben des hl. Athanasius, des Origenes, des Johannes Chrysostomos und veröffentlichte eine Abhandlung zur griechischen Paläographie, bevor er im Jahre 1719 zehn Foliobände der *Antiquité expliquée* herausgab. In weniger als zwei Monaten wurden 1 800 Exemplare verkauft, noch im selben Jahr kam eine zweite Auflage heraus: zehn Bände in 3 800 Exemplaren, das macht 38 000 verkaufte Bände. Und 1724 fügte der Autor noch fünf Ergänzungsbände hinzu. Es war ein regelrechter Buchhandelserfolg. Aber damit gab sich Montfaucon nicht zufrieden. Zu diesem Zeitpunkt kamen die großen benediktinischen Geschichtswerke in den Provinzen heraus: in der Bretagne, das von Dom Lobineau – für das Gaignères einen Plan vorgeschlagen hatte –, im Languedoc das von Dom Vaissette. Die Subventionierung dieser kostspieligen Veröffentlichungen durch die Stände beider Provinzen kennzeichnet das einzigartige Interesse, das die Notabeln der Geschichte ihrer Region entgegenbrachten. In der Tat kann man den Ursprung des regionalen Interesses im modernen Sinne, das sehr verschieden ist vom Partikularismus des Mittelalters, im 18. Jahrhundert finden.

Montfaucon wurde angesteckt von dem Interesse, das man um ihn herum für das »Kindesalter« unserer Geschichte empfand. Er entwarf das originelle Projekt, eine Geschichte Frankreichs auf der Basis archäologischer Daten zu schreiben: also das, was er für die Antike unternommen hatte, für das Mittelalter zu versuchen, mit einer zusätzlichen Hinwendung zur Sittengeschichte. Er stellte das Material für eine umfangreiche Sammlung zusammen, die er *Monuments de la monarchie française* nannte. Ihm blieb nicht die Zeit, das vollständige Werk, so wie er es vorgesehen hatte, zu vollenden. Aber sein Plan ist uns bekannt dank der Ankündigung der Verleger, die um Subskribenten warben. Es handelt sich also um eine Art Werbeprospekt mit der Absicht, die Aufmerksamkeit des Publikums zu erregen. Der große Buchhandelserfolg des vorhergehenden Werks von Montfaucon beweist, daß in der Tat ein treues Publikum hinter ihm stand.

Die Verleger beginnen mit einem Lob der Originalität des Unternehmens: »Man hat so viel von den Griechen und Römern gesprochen. Es ist nur vernünftig, einige Aufmerksamkeit auf das zu richten, was uns am nächsten berührt, ohne Furcht, sich vor dem Charakter der verehrungswürdigen Antike zu erniedrigen.« Man versündigt sich nicht, wenn man sich für das »Kindesalter« unserer nationalen Geschichte interessiert. »Abgesehen davon, daß der Geschmack und der Geist dieser grobschlächtigen Zeiten ein recht vergnügliches Spektakel sind [das ist bereits das Pittoreske des Primitiven!], kann hier das Interesse der Nation [wieder stoßen wir hier auf die Spur dieses historischen Patriotismus, die wir bereits in den traditionellen Geschichtswerken fanden], das Vergnügen kompensieren, das Zeugnisse von größerer Eleganz bereiten könnten.« Man wagt noch nicht, das Mittelalter und die Antike auf demselben ästhetischen Niveau anzusiedeln, aber man erkennt den Reiz und die Bedeutung des Mittelalters an.

Danach verkünden die Verleger das Vorhaben der Reihe. »Das allgemeine Vorhaben dieses Werkes ist es, zunächst, zusammen mit einer Kurzfassung der Geschichte Frankreichs, die Porträts von Königen, Fürsten und Herren zu zeichnen, von denen uns einige Zeugnisse erhalten sind.« Das ist nichts Besonderes. Schon Mézeray hatte seine Geschichte als einen mit Münzreproduktionen illustrierten Text präsentiert. »Die Wiedergabe im Porträt«, sagte er, »und die Erzählung sind fast die einzigen Mittel, mit denen man eine so schöne Wirkung erzielen kann.« Damit trägt er dem beständigen Geschmack an historischer Ikonographie Rechnung. »So wie der eine die Gesichter nachzeichnet und das Äußere und die Majestät der Person erkennen läßt, so erzählt der andere die Taten und beschreibt damit die Sitten.« »Die Geschichte, die ich begonnen habe«, fährt Mézeray fort, »besteht aus zwei Teilen: Feder und Meißel führen darin den edlen Wettstreit, wer von beiden auf die beste Weise die Gegenstände, von denen sie handelt, darstelle. Das Auge findet dabei ebenso Gefallen wie der Geist, und sie liefert *selbst denen, die nicht lesen können* oder die sich dieser Mühe nicht unterziehen wollen, eine Unterhaltung.« In der Folgezeit aber hatte man aufgehört, die Feder und den Meißel zu kombinieren. Pater Daniel hatte gegen die falschen Abbildungen von Mézeray protestiert, der seinerseits tatsächlich so vorsichtig war, seine Leser zu warnen: »Wenn es einige [Medaillen] aus sehr entfernten Jahrhunderten gibt, die nicht in ihrer Zeit gemacht worden zu sein scheinen, so sind sie dennoch nicht vollkommen falsch . . . Der Leser, der in Betracht ziehen wird, wie fachkundig sie erdacht sind, wird selbst am besten beurteilen können, daß es nicht in unserer Absicht lag, ihn zu täuschen, sondern *mit Hilfe dieses Mittels die Folge der Geschichte auszufüllen, die sonst an diesem Punkt unterbrochen worden wäre.*« Eine anspruchsvollere Einstellung will nichts mehr von solchen aus der Luft gegriffenen Illustrationen wissen. Montfaucon wird nur auf authentische Dokumentationen zurückgreifen. Dennoch soll sein Buch mit einer Geschichte Frankreichs beginnen, die von den traditionellen Geschichten inspiriert ist und begleitet wird von einer ikonographischen Serie in der Art der Sammler, Ardiers, Beauregards oder Gaignères'. Im Vorwort seiner ersten Ausgabe wird Montfaucon unter seinen

Quellen auch die Zeichnungen Gaignères' nennen, der sie ihm zur Verfügung gestellt hatte und mit dem er gute Forscher- oder Gelehrtenbeziehungen unterhielt. Man findet hier also wieder die doppelte Tradition der Geschichte Frankreichs in Text und Bild. Übrigens wird nur dieser erste Teil in fünf Foliobänden 1733 veröffentlicht werden; seine zahlreichen Stiche sind, mit den Zeichnungen von Gaignères, eine wertvolle Fundgrube für Kunsthistoriker, die darin Reproduktionen von Monumenten, von Glasfenstern und Dokumenten finden, die heute verschwunden sind. Im anfänglichen Projekt allerdings sollte es sich hierbei lediglich um einen ersten Band handeln.

»Dann«, heißt es im Prospekt der Verleger weiter, »die größten Kirchen und die wichtigsten Bauwerke des Königreichs«. Also ein illustriertes und kommentiertes Verzeichnis der weltlichen und kirchlichen Monumente. »Man wird darin die Gestalt der alten Kirchen sehen, den Ursprung dessen, was wir die Gotik nennen, die schönsten gotischen Kirchen des Königreichs, die bemerkenswerten Teile der Kirchen.« Des weiteren nahm man sich vor, »von da überzugehen zu all dem, was die Gebräuche des zivilen Lebens betrifft, wie die Bekleidung, die Feste und die Spiele [die Folklore], von den Anfängen bis zur Regierungszeit Ludwigs XIII.« Ein Abriß der zivilen Archäologie, die die Tracht mit einschließt, wie in den großen wissenschaftlichen Handbüchern des 19. und 20. Jahrhunderts: die Moden sind nicht mehr nur ein Gegenstand der Sammlerneugier. Aber ohne die »Neugierigen«, die in ihren Mappen und Laden alles sammelten, was sie finden konnten, wie der Liebhaber La Bruyère, hätte es keine Archäologen gegeben; man gleitet unmerklich von der »Neugier« zur Archäologie hinüber. Das gilt für die Geschichte wie für die Naturwissenschaften, wo das Phänomen schon des öfteren beobachtet worden ist.

Auf die zivile Archäologie folgt die militärische Archäologie: »Den Bräuchen des zivilen Lebens läßt er [Montfaucon] alles folgen, was in einem Zusammenhang mit dem militärischen Stand unter den drei Königsgeschlechtern steht, Feldzeichen und Fahnen, Kriegsmaschinen, Schlachtordnungen . . ., das Ganze wiedergegeben in Abbildungen nach den Originalen.« Montfaucon schließt mit der Gräberarchäologie: »Als letztes Detail wurden natürlich allerlei bemerkenswerte Grabmäler hinzugefügt.« Man findet hier die großen Unterteilungen der Sammlung Gaignères' wieder, und es ist in der Tat derselbe Geist, der Montfaucon beherrscht, obwohl er mit einer wissenschaftlicheren Methode gewappnet zu sein scheint. Gaignères hatte weltliche, kirchliche und religiöse Korrespondenten, die auf seine Kosten Originale kauften oder für ihn Zeichnungen von Monumenten anfertigten oder seltene Stücke kopierten. Genauso wandte sich Montfaucon an seine Bekannten und an die Liebhaber vergangener Dinge, um seine Dokumentation zu bereichern. Man hat Briefe von seinen Lesern aufbewahrt, die die zeitgenössische Einstellung gegenüber einer französischen Archäologie offenbaren. Der Marquis de Caumont schreibt ihm: »Ich weiß nicht, ob das Material Ihnen nicht gar ausgehen wird, und ob Stücke dieser Art die Neugier des Publikums zu befriedigen vermögen. [Er spricht vom Mittelalter, wie heute manche Leute von der Negerkunst.] Die Zeiten des Mittelalters können Ihnen nur wenig interessante Zeugnisse liefern. Der gotische Geschmack, der sich der gesamten Architektur bemächtigt hatte, ist fast immer derselbe. Die Gestalt der Schlösser, der Kirchen, der Burgen ... ist schwerfällig, bedrückend; es sind dies wie zufällig angesammelte Steinmassen; die Grabmäler, die Kirchenfassaden zeigen einen ganz anderen Geschmack, der aber nicht besser ist. Bei dieser Art von Monumenten kann man die Geduld des Bildhauers bewundern, ungefähr so, wie man die der Deutschen aus Nürnberg bewundert, die Kinderspielzeug aus Elfenbein herstellen, mit dem sie ganz Europa überfüllen.« Dieser Text ist seltsam, weniger wegen des Unverständnisses, das er dem Mittelalter gegenüber bezeugt, als wegen der Gründe, die ins Feld geführt werden und die es erlauben, diesen Gesichtspunkt besser zu verstehen. Wir haben festgehalten, was der Marquis de Caumont über die Basreliefskulpturen sagt: zweifellos denkt er an den Flamboyantstil ganz am Ende des Mittelalters, der manchmal köstlich und hübsch, aber zu oft, zugegebenermaßen, eine virtuose Übung geschickter Handwerker ist, die um des Vergnügens an der Schwierigkeit willen die Widerstände des Steins und des Holzes zu brechen versuchen; man versteht das Urteil des Marquis de Caumont sehr gut, und viele Künstler schließen sich ihm heute an. Nur kennt der Marquis de Caumont kein anderes Mittelalter als das des flamboyanten Schwulstes, und auch hier ist seine Unkenntnis noch erklärlich. Fast überall war das Erbe des 12. und 13. Jahrhunderts hinter der Üppigkeit der flamboyanten Dekoration versteckt oder von ihr erdrückt, etwa so, wie heute das Gold und die Farben der Renaissance die ursprüngliche Nacktheit der alten römischen Basiliken verdecken. Eine langdauernde archäologische Anstrengung war notwendig, um unter den Anschwemmungen des ausgehenden Mittelalters die ursprüngliche und klassische Gotik wiederzufinden. Selbst Viollet-le-Duc hat sich oft geirrt und bleibt in seinen Restaurierungen der flamboyanten Bildkunst treu. Gewiß, man hatte lange Zeit inmitten des Dekors des 15. Jahrhunderts gelebt, das seither, und zwar besonders seit dem Ende des 17. Jahrhunderts, verschwunden ist: Es genügt, die Landschaften zu betrachten, die in den Fenstern der Interieurs von Abraham Bosse erscheinen, oder die Stiche von Paris vor der Zerstörung der Türme von Nesle, der Samaritaine und des Châtelet. In den klassischen Epochen waren das 15. Jahrhundert und die mittelalterliche Vorrenaissance noch überall gegenwärtig. Man konnte sich kein anderes Mittelalter vorstellen. Daher das Interesse, das einige Liebhaber dafür aufbrachten, ein Interesse, das kaum weiter zurückging als bis zum Ende des 14. Jahrhunderts. Daher auch die Ermüdung bei den Menschen mit Geschmack. Denn der Marquis de Caumont ist, obschon der flamboyanten Virtuosität überdrüssig, der Poesie der Vergangenheit nicht verschlossen, wie sein Brief an Montfaucon im folgenden zeigt: »Die alten Gemälde, die Basreliefs etc. können etwas viel Interessanteres bieten [als Sittendokumente und nicht als Kunstwerke]. Man sieht mit Vergnügen die Vielfalt der Moden bei den Franzosen [hier sind wir wieder bei der Bekleidung], die militärischen Monturen, die Turniere, die Feste etc.« Da wird es wirklich interessant und lebendig, und Caumont bietet seine Mitarbeit an. »Ich könnte ihnen in dieser Art ziemlich einzigartige Kleidungsstücke liefern.« Und er schickt nun die Zeichnung von einem bischöflichen Palais und bietet Zeichnungen von Grabmälern an. Dieses Beispiel ist bezeichnend, denn es zeigt, daß sich auch unter den Männern mit modischem Geschmack Liebhaber vergangener Dinge befanden.

Einige aber begannen in dieser Morgendämmerung des

18. Jahrhunderts, sich von der Antike abzuwenden. Der Marquis d'Aubois ist entzückt; das Programm von Montfaucon entspricht seinem Bedürfnis: »Ich habe es begierig gelesen, und ich gestehe Ihnen, daß ich mit meinem Geschmack, *der ganz auf die letzten Jahrhunderte gerichtet ist*, dieses Werk mit mehr Ungeduld erwarten werde, als ich es bei ihrer *Antiquité expliquée* tat. Das hier ist ein neuartiges Werk, das uns persönlich interessiert«, und er fügt seinem Brief »etwas Sehenswertes« hinzu.

Der Bürgermeister von Nantes gibt Hinweise auf Dokumente. Er besitzt eine Sammlung von Illuminationen und liebt die Kunst der Miniatur. Er nennt Montfaucon eine Miniatur von Karl VI., »in Gold und in Farben gemalt, auf der er dargestellt ist, als er aus der Hand von Nicolas Oresmes ... die französische Übersetzung der *Politik* des Aristoteles empfängt.« Er hütet ein Manuskript aus Velin aus der Zeit Franz' I. »von bewundernswerter Schönheit«, das »einige Miniaturen von ausgezeichnetem Geschmack enthält«.

Es gibt auch einige, die sich aus familiärer Eigenliebe für das Werk über die Monumente der Monarchie interessieren: einer von ihnen möchte darin unbedingt die Treppe seines Schlosses abgebildet sehen! Die ganze Korrespondenz von Montfaucon beweist, wie die von Gaignères, die Existenz eines auf die konkreten Bilder der Vergangenheit neugierigen Publikums. Zu einer Zeit, als die Geschichtswerke von Bossuet, Daniel und Velly voneinander abgeschrieben waren, machten einige, die vielleicht auch diese farblosen Texte lasen, sich einen Satz aus dem Verlagsprospekt über Montfaucon zu eigen: »Nichts ist aufschlußreicher als die historischen Malereien, die in den jeweiligen Epochen selbst entstanden sind. Sie lehren oft Fakten, die die Historiker ausgelassen haben.«

Die Geschichtsbücher spiegeln nicht das genaue Bild, das man sich im 17. Jahrhundert von der Vergangenheit machte. Dagegen zeugt die Ikonographie von einer gewissen Vertrautheit mit der Geschichte, von der die gedruckten Dokumente nichts ahnen lassen. Dasselbe gilt für den Roman.

»Ich habe den Polexandre fünfundzwanzigmal gelesen«, gestand La Fontaine. In Wirklichkeit gibt es mehrere Polexandres, die keine Neuauflagen eines ersten Textes darstellen. In der Reihe der Polexandres behalten die Hauptpersonen im allgemeinen dieselben Namen, Handlungen und Epochen aber sind unterschiedlich. Der Autor, Gomberville, hat mit den Helden, die seinen Erfolg sicherten, immer wieder ein anderes Buch geschrieben.

Die erste Ausgabe von 1619 bewahrt noch die Neigung zum Wirrwarr der Epochen, die charakteristisch ist für die englische, italienische und – vielleicht in geringerem Maße – die französische Renaissance. Karl IX. und Ludwig XIII. leben zur Zeit des Germanicus in Ägypten. Ebenso gelangt der Leser des *Inceste Innocent* ohne Überraschung von Venedig nach Karthago. Aber kommen nicht auch die Figuren bei Shakespeare aus Neapel oder Böhmen, um das Orakel von Delphi zu konsultieren? Auf den Tapisserien des 15. und des beginnenden 16. Jahrhunderts wurde nicht gezögert, die mythologischen Figuren mit moderner Kleidung auszustaffieren. Man liebte es, die Antike auf ganz natürliche Weise mit dem gegenwärtigen Leben zu vermischen. Diese anachronistische Phantasie verliert sich in den ersten Jahren des 17. Jahrhunderts, obgleich hier und da noch Spuren verbleiben, wie im ersten *Polexandre*. Der Geschmack duldet nicht mehr die barocke Vermischung der Antike mit der nationalen Geschichte, ohne jedoch andere Anachronismen, insbesondere in den Beschreibungen des Mittelalters, gleicherweise abzulehnen.

Der *Polexandre* von 1629 trägt denselben Titel wie der erste: *Exil de Polexandre*. So wie die Geschichte, hat auch der Roman die Lobpreisung der Großen zum Ziel: »Allein diese Erwägung – die Fürsten sind gemeinhin gut – hat mich zu allen Zeiten die Lobreden auf Fürsten lieben lassen; ich spreche sogar von jenen, die das geringste Ansehen genossen.«

Die Handlung spielt zur Zeit von Lepanto und Don Juan d'Austria in der barbaresken Welt. Die beiden Protagonisten sind Bajazet, der General der Korsaren, eine Nachbildung Barbarossas, und sein Freund und Leutnant Polexandre. Die Türken und die Abtrünnigen, mit denen sie wohl oder übel verbündet sind, erscheinen in einem eher vorteilhaften Licht: nichts von den wilden Barbaren, den Feinden der Christenheit. Sie jagen die spanischen Galionen, lauern ihnen bei ihrer Rückkehr aus West-Indien auf. Die Spanier sind Gomberville regelrecht verhaßt. Er läßt keine Gelegenheit aus, einen unsympathischen Zug ihres Charakters oder ihrer Politik zu betonen. Bei der Plünderung der aus West-Indien kommenden Flotte entdecken Bajazets Männer einen indianischen Fürsten von edlem Äußeren, der ein Gefangener der Spanier ist. Seine Abenteuer – er erzählt sie den guten Korsaren, die ihn befreit haben – füllen die Hälfte des Buches. Sie ereignen sich in einem historischen Amerika, in Florida, in Mexiko, in Peru. Von den gewalttätigen und räuberischen spanischen Eroberern aus Peru vertrieben, flüchtet er nach Florida. Und der Name Floridas erlaubt es einem seiner barbaresken Zuhörer, die Ehre von dessen Entdeckung vor den Spaniern für die Franzosen zu reklamieren! »Ich bin aus demselben Land wie jene ersten, die den Fluß in Iaquaze an Land setzten, vor mehr als fünfzig Jahren, und ihm den Namen Florida gaben.« In seiner Antwort darauf anerkennt der indianische Fürst »sehr große Unterschiede zwischen ihnen und den Spaniern«!

Sein überlanger Bericht wird durch eine Szene ganz anderer, vielfarbigerer Art unterbrochen: die Beerdigung eines türkischen Kapitäns, der bei der Plünderung der Galionen getötet wurde, und die Festlichkeiten, die seiner Ersetzung folgen. Gomberville beschreibt mit Vergnügen den arabischen Ritus, zitiert Ausdrücke in arabischer Sprache, kommentiert die Zeremonien. Bei Gelegenheit liefert er sogar einen kleinen islamischen Katechismus. Und all das wird ohne Feindseligkeiten erzählt.

Dann wird der Nachfolger des Verstorbenen bestimmt – eine schöne Gelegenheit für den Glücklichen, uns seine Geschichte zu erzählen. Sie ist kürzer als die des peruanischen Fürsten und deshalb besser, wenigstens für unseren Geschmack, aber ich glaube, sicher auch für den Geschmack der Zeitgenossen, die große Liebhaber von »türkischen Geschichten« waren. Dieser Türke wurde als Sohn provenzalischer Eltern in Marseille geboren, am denkwürdigen Tag der Schlacht von Ravenna, als die »Franzosen siegreich Italien verloren«. Man erinnert sich daran, daß Gaston de Foix, der Held von Ravenna, sich in fast allen Porträtgalerien befindet, von Paolo Giovio bis zu Bussy-Rabutin. Dieser Renegat ist kein Edelmann, und das ist einigermaßen außergewöhnlich im »historischen« Roman. »Ich bin Franzose, und ich sehe, daß dieser Vorteil die anderen Nachteile der Geburt verbergen kann.« Im Alter von zehn Jahren »war das Meer mein Element«. »Ich lebte auf dem Wasser lieber als auf dem Lande und kannte auf der Welt kein anderes Vergnügen, als in meinem kleinen Fischerboot Winde und Wellen zu bekämpfen.« Bei einer seiner Ausfahrten aufs Meer wurde er, im Alter von fünfzehn Jahren, in der Nähe der Hyerischen Inseln von Korsaren gefangengenommen und nach Algier gebracht, wo er ohne zu zögern seinem Glauben abschwor. Sein Gebieter in Algier versprach ihm »die Freiheit für den Fall, daß ich Türke werden wollte. Ich überlasse es Ihnen, darüber nachzudenken, ob ich wohl Schwierigkeiten machte und um eine Sache, die ich kaum kannte, feilschte für eine, ohne die ich nicht leben konnte.« »So wurde ich also beschnitten.« Das ewige Heil wiegt nicht schwer gegen die Freiheit!

Neben diesem wilden Abtrünnigen wirkt der Fall von Bajazet viel subtiler. Dieser barbareske General ist kein Türke, nicht einmal Muselmane. Er gesteht es in einem Moment, als er sich verloren glaubt, nach einer im Duell erlittenen Verletzung. Er hat nie dem Glauben abgeschworen: »Ich bin Christ«; und Franzose. Seine Taufe hindert ihn aber nicht daran, der Beisetzung nach islamischem Ritus vorzustehen. Wenn er als »Anführer der Christenfeinde« gilt, dann nur, weil die Notwendigkeit ihn zu den Barbaren getrieben hat. Man erfährt nicht, welche Notwendigkeit, weil er, entgegen aller Hoffnung, zu schnell für unsere Neugier gesundet. Seine Ehre aber ist unverletzt, denn unter dem Turban und dem Halbmond hat er »die Feinde seines Vaterlandes« bekämpft, das heißt die Spanier und die ihnen verbündeten Italiener. In jedem Fall ist seine lange Genesungszeit günstig für Vertraulichkeiten. Nun ist es an Polexandre, seine Geschichte zu erzählen und zu gestehen, daß auch er, der sympathische »junge Pirat«, ein »französischer Türke« ist. Und seine Abenteuer führen uns zurück vom barbaresken Mittelmeerraum in das Frankreich der Religionskriege.

Er stammt aus einer dem königlichen Haus verwandten Familie. Sein Vater fiel in Ungnade und mußte unter Franz I. ins Exil gehen: eine mögliche Anspielung auf die Vorfälle um den

Konnetable von Bourbon. Dank der Montmorency rief ihn Heinrich II., gleich nach seiner Thronbesteigung, zurück und bat ihn, seinen Sohn als Gefährten für den Dauphin an den Hof zu entsenden. So war Polexandre seit seiner frühesten Jugend in die öffentlichen Angelegenheiten verstrickt. Der Tod Heinrichs II. »durch einen Lanzenstoß«, nach dem Friedensschluß mit Spanien, wird als eine Katastrophe dargestellt. Er erlaubte den Leidenschaften, sich Bahn zu brechen, eröffnete eine Ära der Unruhen, »lieferte uns erschreckliche Gründe zur Auseinandersetzung und zur Revolte. Seit jenem Tage hat er nicht aufgehört, uns Blut vergießen zu lassen und dem Begräbnis dieses beherzten Fürsten das eines Drittels seiner Untertanen folgen zu lassen.« Gomberville folgt der Geschichte demnach sehr genau. Er beschreibt »den Unstern einer sechzehn Monate währenden Herrschaft [der von Franz II.], unter welcher die Wut der Hälfte der Franzosen, die man Hugenotten nennt, an ihrem Herrscher alles ausließ, was die Gier nach Macht dem Geist der Großen eingibt und die *blinde Leidenschaft, das ewige Heil zu finden*, in die Seelen der Schwachen legt.«

Wir befinden uns hier inmitten der authentischen, kaum romanhaft gestalteten Geschichte. Wir nehmen an den Vergnügungen des Hofes in Fontainebleau teil, am Lanzenstechen, an Balletten, Maskenfesten, Verkleidungen. Polexandre folgt Katharina von Medici zu der berühmten Begegnung von Bayonne, wo sie ihre Tochter, die Königin von Spanien, trifft. Er nimmt teil an der Verteidigung der königlichen Familie, als sie bei Meaux von den Hugenotten überrascht zu werden droht. Er ist an der Seite Montmorencys, als dieser tödlich verletzt wird, und wir kennen ja, dank dem Zeugnis der Porträts und Stiche, die Beliebtheit des Konnetabel von Montmorency. Er ist in Jarnac, wo der spätere Heinrich III. über die Protestanten triumphiert.

Die Erzählung geriete zu einer wirklichen Geschichte der Religionskriege, wenn Polexandre sie nicht unterbrechen würde: »Wie Sie sehen, verlasse ich Fortuna um Amors willen *und betreibe anstelle der Geschichte Frankreichs meine eigene*«. Halten wir beiläufig diese Gleichstellung von Geschichte und Fortuna fest. Wir kehren also zu einem galanten Abenteuer zurück, welches dem des peruanischen Fürsten in Mexiko ähnelt, als dieser glücklos um die Tochter des Königs wirbt. Polexandre hat sich in Olympia, das heißt Margarete von Navarra, die spätere Königin Margot, verliebt. Die Geschichte wird endgültig quittiert zugunsten der vertrauen Welt der heroischen Liebe. Polexandre möchte die Heirat von Olympia mit Phelismond, einem Favoriten des Königs von Dänemark, verhindern. Wir werden ihn in Dänemark verlassen, wo er selbstverständlich zum Freund Phelismonds wird, eines vollkommenen Edelmannes, ohne daß diese Freundschaft die beiden Rivalen daran hindern könnte, sich in einem Duell, dessen Preis Olympia sein soll, zu messen.

Im Laufe dieser mit Absicht auf die geschichtlichen Situationen begrenzten Analyse haben wir im Vorübergehen einige der Hauptelemente der Romanhandlung des 17. Jahrhunderts wiedererkannt.

Die höfische Galanterie. Edelmänner verlieben sich, wie vom Blitz getroffen, in eine Dame, die für sie unerreichbar ist, sei es aus äußerlichen Gründen (Entführung, Widerstand der Eltern) oder aus Verachtung zu oberflächlicher Gefühle. Unsere Werbenden geben nie auf und fordern für ihre platonische Verehrung keine Gegenleistung.

Die ritterliche Kameradschaft. Sie entsteht mit derselben Plötzlichkeit wie die Liebe zwischen zwei Unbekannten, manchmal zwei Rivalen oder Feinden, die gegenseitig ihren Adel und ihre Tapferkeit erkennen.

Die romanhaften Abenteuer. Erkenntnis mit Hilfe von »Schachteln«, die Briefe, Portraits oder Dokumente enthalten. Waffenhändel und Turniere mit hervorragenden Heldenleistungen, die wie sportliche Wettkämpfe präsentiert werden. Das ist wohlbekannt.

Aber neben diesen Merkmalen, die sowohl die griechisch-römische Hirtendichtung als auch die Ritterromane aufweisen, muß hier das neue *Bemühen, die Handlung in eine historische Zeit einzubetten*, hervorgehoben werden. *L'Exile de Polexandre* ist ein historischer Roman, und die gesamte Intrige dreht sich um drei geschichtliche Themen: die Entdeckung West-Indiens und seine Ausbeutung durch die Spanier in Mißachtung der Rechte der Eingeborenen; die Religionskriege in Frankreich seit dem Tode Heinrichs II.; die Welt der barbaresken Korsaren. Es ist interessant zu beobachten, was aus diesen geschichtlichen Themen in der Ausgabe von 1641 geworden ist. Der *Polexandre* in fünf Teilen ist ein neues Buch mit einer neuen Romanhandlung, in dem man jedoch Polexandre, Bajazet und den indianischen Fürsten wiederfindet.

Der Hof der Katharina von Medici ist durch den der Königin Anne ersetzt, die Handlung um mehr als ein halbes Jahrhundert zurückverlegt. Polexandre ist König der Kanarischen Inseln. Er zeigt sich weiterhin als Feind der Spanier, wird aber zum Gegner der treulosen Türken: seltsame Entwicklung seit der Ausgabe von 1629. Allerdings bleiben die Barbaren aus Algier sympathischer als die Sultane von Konstantinopel.

Polexandre ist ein direkter Nachkomme Karls von Anjou, des Bruders von Ludwig dem Heiligen. Seit 1629 hat er also dazugewonnen; das wird mit fast allen Romanhelden geschehen: aus den einfachen Edelleuten vom Anfang des Jahrhunderts werden unter Ludwig XIV. Fürsten und Könige. Die Vorfahren von Polexandre beherrschten den östlichen Mittelmeerraum: »der schönste Teil Italiens, Griechenlands und Thrakiens«. Das entspricht ungefähr der Thalassokratie Anjous im 14. Jahrhundert. Gomberville kannte sein Mittelalter und zögerte nicht, seinen Helden dorthin zu versetzen, mit einem sagenhaften Ursprung, der dem *Polexandre* des Jahres 1629 fehlt.

Aber die Vorfahren Polexandres wurden von den Byzantinern, den Aragonesen – also den Spaniern – und schließlich den Türken aus dem Orient vertrieben. Sein Vater Periandre mußte Griechenland aufgeben nach der Einnahme von Konstantinopel durch den Sultan Bajazet (dieser böse Sultan ist nicht mit dem guten Bajazet von der barbaresken Küste zu verwechseln). Er ehelichte die Erbin des Paléologue und flüchtete auf die Kanaren, deren König er wurde. Von dort aus versuchte er Vergeltungsfeldzüge gegen die Türken, denen es gelang, ihn gefangenzunehmen. Der junge Polexandre kam zusammen mit seiner Mutter zum Hofe des Sultans, um seine Auslieferung zu erbitten. Die Entschlossenheit Polexandres beeindruckte Bajazet: »Dieses Kind erinnert mich an den Verräter Scandenberg.« »Es steht zu befürchten, daß dieser hier ein zweiter Scandenberg ist.« Der Sultan war damit einverstanden, Periandre auszuliefern, sagte aber nicht eindeutig, ob dies lebendig geschehen solle, und ließ der Königin der Kanaren die erdrosselte Leiche ihres Gatten übergeben. Endlich mal eine gute türkische Geschichte, mußten wohl die entzückten Leser denken!

Um den Intrigen der Spanier und Portugiesen, die die Kanarischen Inseln begehrten, auszuweichen, flüchtet Polexandre unter dem Schutz eines »bretonischen Piraten« in die Bretagne, das heißt an die Loire, nach Nantes. Er wird am legendären Hof der Herzogin Anne empfangen, der er, nach ihrer Verehelichung, an den Hof von Frankreich folgt. Wir befinden uns also in der Zeit um 1490. Er war soeben bereit, die Heere Frankreichs nach Italien zu geleiten, als Karl VIII. ihn entmutigte; der König fürchtete, ohne es einzugestehen, daß ein Erbe des Hauses Anjou versucht sein könnte, die italienischen Königreiche seiner Vorfahren zu beanspruchen. Er verstand es, seine Gründe zu verschleiern: »Da er der Sohn eines Vaters war, der ihn niemals etwas anderes gelehrt hatte, außer daß nicht zu regieren versteht, wer nicht zu täuschen weiß, beherrschte er die Lehre seines Vaters so gut, daß Polexandre seine List und seine Verstellungkunst nicht einmal erahnte.« Ein Hieb im Vorübergehen auf Ludwig XI., der wahrhaftig bei den Romanschriftstellern nicht beliebter war als bei den Historikern.

Polexandre kehrt auf die Kanaren zurück. Die Erzählung verläßt endgültig die Geschichte zu Gunsten einer Phantasiewelt, der der Glücklichen Inseln – die von Ptolemaios bekannt sind –, wo man die Sonne anbetet und wo das Königreich der schönen Prinzessin Aldiciane ist, in die er sich verliebt und die er, über fünf Bände, entlang der afrikanischen Küste verfolgt.

Im *Polexandre* des Jahres 1641 ist die Geschichte romanhafter gestaltet als in der Ausgabe von 1629: trotzdem, ob nun am Hofe der Herzogin Anne oder am Hofe Katharinas von Medici, im barbaresken Mittelmeerraum oder im Amerika der Inkas und der spanischen Eroberung, ein Bemühen um historisch-geographische Genauigkeit oder ein Anspruch darauf begleitet immer die romanhafte Erfindung: sie wird zu einer der Bedingungen der literarischen Wahrscheinlichkeit.

Dieses Bedürfnis, die Intrigen in einer datierten Zeit und an einem kartographierten Ort anzusiedeln, fehlte bei den hellenistischen, den italienischen oder spanischen Vorläufern, welche die französischen Autoren gegen Ende des 16. Jahrhunderts übersetzten, bevor sie eigene Werke schrieben: *Theagenes und Charikleia*, der *Amadis*, die Ritterromane und die Romane des Spaniers Montemayor handelten in einer Zeit und in einem Universum der Phantasie, halb erdichtet, halb zeitgenössisch. Als er nach Frankreich kam, hörte der Roman auf, zeitgenössisch und erfunden zu sein, um historisch zu werden, abgesehen vom realistischen oder komischen Roman, der aber für unser Vorhaben nicht interessant ist. Diese neue Tendenz erscheint vielleicht zum ersten Mal in der *Astrée*, wo die Handlung in das 5. Jahrhundert, in ein archäologisches Forez verlegt ist, das mit Hilfe von ortsansässigen Gelehrten rekonstruiert wurde. Gomberville steht in der Tradition Honoré d'Urfés, wie im übrigen das gesamte 17. Jahrhundert.

So wurde die Historizität zu einer neuen Regel der Gattung des Romans, als diese nach Frankreich gelangte.

Die Geschichte der Romane besteht aus wenig Lokalkolorit und viel Anachronismen, ersteres wächst und letztere verringern sich mit dem fortschreitenden Jahrhundert.

Von *Astrée* bis *Polexandre*, das heißt also während der ersten Hälfte des 17. Jahrhunderts, sind Lokalkolorit und pittoreske Szenen reichlich vorhanden. In der *Astrée* gibt es druidische Zeremonien; im *Polexandre* wird der sagenhafte Reichtum der Inkas beschrieben: das Wort Inka erscheint in der Ausgabe von 1641, während es in derjenigen von 1629 nicht vorkommt. Konkrete Züge finden sich immer wieder. Als Polexandre und sein Gefolge inkognito nach Dänemark fahren: »Wir hatten uns alle drei nach Art der Deutschen gekleidet, ab Köln.« Auch technische Begriffe bei Schiffen werden angegeben: »Er schiffte sich mit ihm auf einem Schiff ein, das die Engländer erfunden haben und dem sie den Namen Remberge gaben.« Die arabischen Gärten sind so, wie man sie noch in Fez vermuten kann, ausgemalt: »Wir befanden uns in einer Allee, die zu beiden Seiten gesäumt war mit Palisaden von Orangen- und Granatapfelbäumen.« Die zum Teil schäbigen Abenteuer der Abtrünnigen könnten fehl am Platz erscheinen in diesen Romanen, in denen alles, selbst das Schlechte, in vornehmster Weise ausgedrückt wird. Aber der Verfasser zeigt eine wahre Vorliebe für sie. Ich habe oben ein Beispiel angeführt. Hier nun, aus der Ausgabe von 1641, ein weiteres Geständnis eines Renegaten: »Seit meiner Kindheit liebte ich die Unternehmungen, bei denen man etwas gewinnen konnte, so gewagt sie auch sein mochten. Ich habe das Meer und das Land durchquert. Ich trug die Waffen der Araber und der Türken. Ich habe meinen Glauben in gleicher Weise behalten und geschändet, und all das, um mir einen Vorteil zu verschaffen.« Selbst vor einer Anspielung auf die in den muselmanischen Gesellschaften so häufige Päderastie macht Gomberville nicht Halt. Bajazet wollte bei der Aufteilung einer bei den Spaniern gemachten Beute Polexandre bevorteilen. Das mißfällt jedoch einem seiner Kapitäne sehr, »einem alten und tapferen Korsaren.« »Lange Zeit schon hatte die Schönheit Polexandres diesem Teufel schändliche Gedanken eingegeben, und seine ungeheuerliche Leidenschaft trieb ihn dazu, auf Bajazet eifersüchtig zu sein.« Er fordert Bajazet zu einer Erklärung auf: »Wenn du so sehr in dieses Weibergesicht verliebt bist, so kaufe seine Ehre mit dem, was dir gehört.« »Zieh den Lohn einer Hure nicht von den Belohnungen so vieler tapferer Männer ab!« Die Szene wirkt fast wie eine erlebte.

Dennoch ist das Lokalkolorit, wenn es existiert, auf die äußeren Umstände der Handlung beschränkt, und auch nur auf einige von ihnen. Schnell gleitet man in den Anachronismus durch Übertragung der gegenwärtigen Sitten auf die Vergangenheit.

Nach den vorhergehenden Zitaten kann man bereits festhalten, daß sich im *Polexandre* das Lokalkolorit, die realistische und pittoreske Beobachtung nicht viel weiter erstreckten als auf die Schilderung des mediterranen, hispano-maghrebinischen, türkischen und vor allem barbaresken Islam. Es handelt sich dabei um ein vereinzeltes Faktum, das man nicht verallgemeinern kann. Die barbareske Welt war den Autoren, den Lesern, den Menschen aller Schichten zu vertraut, um nicht ein besonderes Bemühen um Wahrheit zu erfordern. Wir sahen bereits bei den historischen Galerien von Giovio und Ardier de Beauregard das spezielle Interesse für die Sultane, für Barbarossa, für Scandenberg. In der Geschichte, wie man sie in der ersten Hälfte des 17. Jahrhunderts sah, nehmen die Türken und der muselmanische Mittelmeerraum einen gesonderten, privilegierten

Platz ein. Es ist interessant, diesen Platz zugleich in den Romanen für das große Publikum und in der Ikonographie der Sammler wiederzufinden.

Dagegen verlieren die Beschreibungen ihre Farbigkeit und Lebendigkeit, sobald die mediterrane Welt verlassen wird. Die Abenteuer eines Inka oder eines Senegalesen ähneln denen des Franzosen und Christen Polexandre.

Wenn die Nähe des barbaresken Mittelmeerraums die Neugier auf das Pittoreske und Fremde anregte, begünstigte die Entfernung des transatlantischen Kontinents vielmehr den Gemeinplatz eines goldenen Zeitalters, in einem utopischen Land, das durch seine Isolierung vor den Korruptionen der Geschichte bewahrt blieb. Das gab es bereits bei Thomas Morus, bevor es in die Philosophie des 18. Jahrhunderts einging. »Wir haben«, verkündet der Inka in *Polexandre*, »Tempel, in denen der lebendige Gott ebenso rein wie in Spanien verehrt wird [das ist bereits die primitive Revolution, ohne die Priester und die Kirchen, welche die Dekadenz notwendig gemacht hat; als wenn man darauf verzichten könnte!]. Wir haben besser bewachte Städte als ihr.« Man lebt im Überfluß: »Alles, was zum Leben notwendig ist, gibt es bei uns in Fülle.« »Jeder gibt sich mit wenig zufrieden«, deshalb kennt man weder Massaker, noch Raubzüge, noch Kriege. Die glückliche Unkenntnis der Seefahrt hat dieses patriarchalische Leben lange Zeit gehütet: »Diese Weigerung [zur See zu fahren] hatte uns aller Möglichkeiten beschnitten, uns durch die Ansteckung mit fremden Sitten korrumpieren zu lassen.« Die Ankunft der Spanier trübte dieses ruhige Glück: »Diese hielten uns für Barbaren, für Wilde, Monster . . . Menschen ohne Geist, ohne Gesetze, ohne Ordnung, ohne Licht und, was das Schlimmste ist, ohne Tugenden.«

In Amerika gibt es keine Wilden. Die Barbarei der Indianer ist eine Erfindung der Spanier zur Rechtfertigung ihrer Ausbeutung. Die Reichtümer der Katholischen Könige müssen als auf schlechtem Wege erworbene Güter betrachtet werden, die von den französischen (bretonischen) oder türkischen Korsaren berechtigterweise mit Gewalt zurückzuerobern sind.

Ebenso erscheinen die Neger niemals als Primitive oder Wilde. Westafrika nimmt einen breiten Raum im *Polexandre* des Jahres 1641 ein: die Königreiche von Thombert (vermutlich

Tombuktu), Senegal, Guinea, Benin, Kongo . . . Sehr selten nur spielt Gomberville auf die Farbe der Schwarzen an, und dann auch nur in einem besonderen Fall und um eine moralische Schlußfolgerung daraus zu ziehen: »Der Prinz des Senegal«, Almanzor, fällt auf *»durch seine rußige Farbe und sein krauses Haar*, durch seine kleinen Augen und die Disproportion seiner Gesichtszüge«. Diese Merkmale aber, die Polexandre auf einem Porträt feststellt – das Porträt eines senegalesischen Negers im 17. Jahrhundert! –, erlauben ihm vor allem zu beurteilen, »wie grausam« dieser Almanzor war. Ein Charakterzug, kein Rassenmerkmal. Gomberville interessieren die Fragen der Rasse und der Farbe überhaupt nicht.

Im übrigen leben diese Negerkönige nach dem Muster der europäischen Fürsten und Edelmänner. So war der senegalesische Prinz Zabaïm »noch nicht ganz 18 Jahre alt, als der Wunsch nach Ruhm und die Neugier auf fremde Länder ihn sein Königreich verlassen ließen. Er zog mit einem seinem Stand entsprechenden Gefolge über das Meer. Er verbrachte einige Zeit am Hofe des Königs von Guinea, von dort ging er an den Hof von Benin, schließlich an den des Kongo.« Wie man sieht, entspricht diese Afrikareise der normalen Reihenfolge der Länder, durch die man kommt, wenn man zum Äquator zieht. Gomberville kannte seine Geographie.

Der König des Kongo ist Almanzor, »der gestrengste und eifersüchtigste Fürst der Welt«. Sein »Kabinett« unterscheidet sich kaum von dem eines europäischen Fürsten, außer daß sein Palast mit Stroh gedeckt ist, immerhin. Zabaïm verlilebt sich in die Tochter des furchterregenden Almanzor. Er verkleidet sich als Frau – genauer gesagt als Prinzessin von Guinea –, um sich ihr zu nähern. Als er entdeckt wird, muß er sich wie ein rechtschaffener Edelmann, den man in einer derart klassischen Situation ertappt, der üblichen Prüfung stellen: er muß als Sieger aus einem Turnier hervorgehen. Aber da wir in Schwarzafrika sind, muß er außerdem im öffentlichen Amphitheater des Kongo über Löwen triumphieren. Hier verknüpft sich der Exotismus mit der Erinnerung an die lateinische Antike. Selbstverständlich wird die Tapferkeit Zabaïms seinen Erfolg sichern und die Wut Almanzors besänftigen. Die beiden Liebenden werden vom »großen Oberpriester der Götter des Kongo« vereint. Das erinnert an das Ägypten der mehr als ein Jahrhundert späteren *Zauberflöte*. Das lyrische Theater hat demnach die seit langem aus der Literatur verschwundenen anachronistischen Traditionen bewahrt.

Wenn Polexandre am Hofe Heinrichs II. und Katharinas von Medici sein Leben erzählt, dann ignoriert er nicht die Entfesselung der Gewalten und Leidenschaften, nicht mehr, als Gomberville den Unterschied zwischen einem Neger und einem Edelmann ignoriert. Aber die Gewaltsamkeit dieser unruhigen Zeiten durchdringt, wenn sie in abstrakten Begriffen, in Historikersätzen erwähnt wird, die Erzählung nicht und trübt in keiner Weise die romanhaften Beziehungen zwischen Polexandre, Olympia und dem Favoriten des dänischen Königs. Die Handlung ist nicht notwendigerweise in dieses Dekor versetzt: sie würde sich ebensogut einem anderen Dekor anpassen.

Schließlich ist das Lokalkolorit, wo es vorkommt, auf die Nebenfiguren beschränkt. Jener Korsarenkapitän besitzt durchaus die Würze seiner Rolle. Sein General Bajazet aber hat nichts mehr von einem Abenteurer. Er ähnelt also Polexandre, dem Inka, dem senegalesischen Prinzen: ein tapferer und standhafter Edelmann, beharrlich in der Werbung um eine schöne Flüchtige, seinem Waffenkameraden in Treue verbunden.

Während der zweiten Hälfte des 17. Jahrhunderts stellt der historische Realismus strengere Anforderungen an die Wahl des Themas, aber das Lokalkolorit verflüchtigt sich ganz und gar aus den Detailbeschreibungen.

Im Jahre 1661 veröffentlicht La Calprenède seinen Roman *Faramond*, mit dem Untertitel: *oder die Geschichte Frankreichs*. Das schon ist bezeichnend. Im Vorwort an den Leser erläutert er seine Methode, anhand seiner letzten Romane *Cassandre, Cléopâtre* . . . »Man wurde ihnen mit dem Namen, den man ihnen gab, nicht gerecht . . . Anstatt sie Romane zu nennen, wie *Amadis* und ähnliche, in denen es weder Wahrheit noch Wahrscheinlichkeit, *weder Urkunden noch Chronologie* gibt [hier also ihr oben bereits erwähnter Unterschied zum französischen Roman], könnte man sie als *Geschichtswerke* ansehen, die mit einigen Erfindungen ausgeschmückt sind und durch solche Verzierungen vielleicht nichts von ihrer Schönheit einbüßen.« Man habe ihn »als einen Mann betrachtet, der über die Angelegenheiten am Hofe des Augustus und Alexanders besser Bescheid wußte als jene, die einfach nur deren Geschichte geschrieben haben«.

Aber diesmal, mit *Faramond*, widmet sich La Calprenède einem viel »finstereren« Zeitalter. Diese Finsternis »ist nicht so nachteilig, wie man sich vorstellt. Sie läßt mir für die Erfindung eine viel größere Freiheit, als ich sie bei den aller Welt bekannten Wahrheiten hatte«, will sagen bei den Ereignissen der klassischen Antike. Aber handelt es sich nicht um eine »vorgebliche Finsternis«? »Es ist gewiß, daß das Jahrhundert, welches ich gewählt habe, seine Schönheiten besitzt.« »Mit der Dekadenz des Römischen Reiches erblickt man in ihm den Beginn unserer schönen Monarchie.« Faramond ist der »berühmte Gründer« eines Hauses, das seit mehr als 900 Jahren regiert und das Frankreich mehr als 40 Könige (!) geschenkt hat. Denn es gab keinen Bruch in der legitimen Nachfolge. »Dieselben Pippiniden, von denen das dritte Geschlecht unserer Könige nicht weniger abstammt als das zweite, sind direkte Nachkommen von Marcomire, dem Bruder Faramonds und Fürsten des Frankenlandes.« Wir erkennen den patriotischen und königstreuen Ton wieder, der den traditionellen französischen Geschichtswerken eignet.

Im Verlauf des Romans wird Faramond Gelegenheit haben, sich über die Ursprünge seiner Familie auszulassen: »Jene, die unseren Ursprung in Germanien sehen und die Völker überzeugen wollen, daß die Franken, Franzen oder Franzosen ihren Namen vom Frankenland erhalten haben, sind nicht über die Wahrheit unterrichtet, und es ist nicht nur sicher, daß wir aus Gallien stammen, sondern auch, daß das Haus unserer Könige dasselbe ist, das seit mehr als sechzehn Jahrhunderten die schönsten Teile Galliens beherrscht« – das heißt, lange vor der christlichen Zeitrechnung, seit Ankunft des Francus. In der Folge erobert der Fürst Guenebaud Germanien, »legte dort die Grundlagen für eine Monarchie, die er nach dem Namen seiner Franzosen Frankenland nannte und die mehrere Völker aus Respekt vor dem anderen Frankreich Ostfrankreich genannt haben.« Demnach könnten die Franzosen im Namen des geschichtlichen Rechts einen Anspruch auf die Oberhoheit über die deutschen Gebiete erheben. Diese Theorie vom gallischen Ursprung der Franken, ihrer Emigration nach Germanien und ihrer triumphalen Rückkehr auf den Trümmern des usurpatorischen Imperiums war zählebig, und noch zu Beginn des 18. Jahrhunderts wurde Nicolas Fréret einige Zeit in der Bastille eingesperrt, weil er sie in einer Denkschrift für die Académie des inscriptions in Frage gestellt hatte.

La Calprenède kannte also das, was man zu seiner Zeit wußte oder zu wissen glaubte, gut. Hat er als Romanschriftsteller mehr Pittoreskes und mehr Lokalkolorit in die Handlung eingeführt als Mézeray und der Abbé Velly? Im Grunde ist sein Faramond so wenig merowingisch wie der Childerich des Abbé Velly. Offener als d'Urfé oder Gomberville hat er die galanten und höfischen Manieren, gemäß dem Ideal seiner Zeit, in das 5. Jahrhundert verlegt. Bei ihm gibt es bis auf die Namen und Ereignisse fast nichts Mittelalterliches mehr: die Fee Melusine hat einen schüchternen Auftritt, aber sie ist bald vergessen, und er kommt nicht mehr auf sie zurück.

Da verlassen in Köln »der verliebte Marcomire und der tapfere Guenebaud« das Lager zu einer Erkundung. Um sie herum tragen Knappen ihre Wappenschilder an ihren Waffen. Marcomire aber ist verträumt: »Der schöne Marcomire, dessen Seele von einer lieblichen Leidenschaft entflammt war, trug in seinen Augen und auf seinem Gesicht die Spuren dessen, was er fühlte.«

Rosamonde, die »Geliebte« Faramonds, wird vom König von Burgund entführt. Ein fahrender Ritter stößt auf den Gefangenenzug: es ist Balamir, Sohn des Hunnenkönigs, der bereits »in der Welt bekannt ist«. In welcher Epoche die Handlung auch spielen mag, man behält die nie ganz vergessenen Themen der alten Ritterromane bei.

Um mit seiner Schönen in Verbindung zu treten, befestigt man einen Liebesbrief an einem Pfeil, den man in die belagerte Stadt schleudert und der immer sein Ziel erreicht.

Faramond ist ein großartiger Ritter, wie man ihn noch um 1660 erträumte, wie es ihn einige Jahre zuvor noch gab, wenn nicht in den wirklichen Kämpfen, so wenigstens in den Zweikämpfen um die Ehre: »Seine Waffen funkelten vom Gold und den Steinen, mit denen sie verziert waren, und sein Helm war an der prachtvollen Rückseite mit weißen Federn geschmückt, die sein Haupt beschatteten und bis auf die Schultern herabfielen.« Man liebte den Federbusch noch immer, zu einer Zeit, als er gerade verschwand.

Der *Charles Martel* von Carel de Sainte-Garde, der 1666 erschien, gleicht dem großartigen Ritter wie ein Bruder:

> »Le casque du héros d'argent orne sa teste,
> Des plumards enflammez descendent de la creste,
> Dont les bouillons flottans, d'un baiser amoureux,
> Viennent autour du col flatter ses longs cheveux.«

Der Anachronismus ist nicht der bloßen Unkenntnis zuzuschreiben; er geht darüber hinaus, er ist gewollt. Hinter einer historischen Romanhandlung, die sie als verbindlich ansahen, suchten die Leser nach zeitgenössischen Anspielungen. Einige davon springen uns heute in die Augen. Faramond entwickelt sich sehr schnell zum Bild des jungen Ludwig XIV. in den ersten Jahren seiner persönlichen Herrschaft: eine »wahrhaft charmante Unterhaltung«, die »Lebhaftigkeit und Empfindsamkeit seines Geistes, begleitet von der vollkommenen Kenntnis aller schönen Wissenschaften«. »Die Franzosen verspürten mit unmäßiger Freude das Glück, von einem so großen und liebenswürdigen Fürsten gelenkt zu werden.« Andere Anspielungen sind weniger durchsichtig und geraten zum Rätsel. Man begeisterte sich im übrigen an diesem Spiel, und jedes neue Buch reizte zu Identifizierungen, manchmal sehr abgeschmackten. Dies war eine eingewurzelte und dauerhafte Gewohnheit. Von der *Astrée* bis zur *Prinzessin von Kleve* verlangte das Publikum vom Roman, daß er historisch sei, allerdings um seinen Scharfsinn besser üben zu können und in diesen Geschichten Schlüssel für Menschen und Dinge seiner Zeit zu finden. So war der Roman, dank der unwillkürlichen Interpretation des Lesers, gleichzeitig gegenwartsbezogen und historisch.

Das Bild der Gegenwart schien in der literarischen Fiktion nur annehmbar zu sein, wenn es einer chronologischen Transposition unterzogen wurde und zeitlich weit entfernt lag. So wird Madame de La Fayette aus unvollständigen Auszügen aus

Brantôme die Personen eines Liebesdramas entlehnen, obwohl sie den Sitten der *Capitaines Illustres* und der *Dames Galantes* recht fremd waren. Es scheint so, als sei die direkte Zeichnung unschicklich gewesen. Der historische Anachronismus griff wie ein notwendiger Vermittler zwischen der zeitgenössischen Realität und ihrem literarischen Abbild ein.

Die Trägheit, mit der sich die Gesellschaft und ihre Sitten bis ins 18. Jahrhundert hinein bewegten, verlangte nach dem Anachronismus. Sie erlaubte nicht die sofortige Verwandlung der Gegenwart in eine sei's auch nahe Vergangenheit, so wie die Schnelligkeit der heutigen Zeit sie vollzieht. Die Ritter trugen in den Schlachtenbildern Richelieus noch Waffen, die denen des ausgehenden Mittelalters ähnelten. Sie haben sie nach und nach abgelegt, fast ohne sich dessen bewußt zu werden. Keine brutale technische Revolution, um die Veränderungen des sozialen Lebens zu unterstreichen: ein unmerkliches Hinübergleiten. Dieser verlangsamte Rhythmus begünstigte die noch lockere Konzeption des klassischen Menschen, der sich immer gleich bleibt, in welcher Epoche er auch lebe.

Aber diese Gleichheit der Zeitalter bedeutete keinesfalls eine Negation der Geschichte in einem zeitlosen Roman. Im Gegenteil, der chronologische Anspruch war stärker als zu Beginn des Jahrhunderts, als das Lokalkolorit weniger selten war. Dies schließt eine wißbegierige und subtile Beziehung zur Vergangenheit ein.

Ebenso hat der Hang zum gewollten Anachronismus – der zugleich Bestätigung und Verneinung der Geschichte ist – ein Zerlegen der Chronologie nach dem Geschmack des Jahrhunderts, eine Auswahl privilegierter Perioden nicht verhindert. Wenn man also innerhalb der Geschichte seine Wahl traf, gehorchte man einer Neigung, die unbewußt war, aber etwas anderes als der literarische Kunstgriff der einfachen Verfremdung oder Entrückung. Wenn man von den antiken Themen absieht, so wird man feststellen, daß die Romanschriftsteller ihre Stoffe bestimmten, keinesfalls beliebigen Perioden der Geschichte entlehnt haben. Nennen wir die, die mir als die beliebtesten erscheinen: die merowingischen Ursprünge zwischen dem Ende des Römischen Reichs und dem Beginn der »ruhmreichen Monarchie«; die türkische Eroberung, die »negro-pontischen« Geschichten, die barbareske Welt; die Herrschaft Franz' I. mit der Episode des Konnetable von Bourbon; der Hof der letzten Valois. Die Vergangenheit hört mit Heinrich IV. auf. Das Dunkel der merowingischen Ursprünge war kein Hinderungsgrund, darin galante Heldentaten einer höfischen und preziösen Tradition einzubetten. Es ist der Anfang der Geschichte Frankreichs, einer der Ausgangspunkte der Geschichte Frankreichs, und die Historiker werden, trotz der Kritik von seiten der entstehenden Gelehrsamkeit, lange zögern, auf die legendäre Version zu verzichten. Die weiteren Epochen der Romanschriftsteller entsprechen den von den Sammlern der Porträts und Stiche bevorzugten Perioden: Franz I., die Zeit der Unruhen. Den Zeitgenossen erschienen sie wie Blitze, die aus einer zu eintönigen Zeit auftauchten. Die Religionskriege und Heinrich IV. nahmen als erste für die Menschen des 17. Jahrhunderts greifbare Gestalt an. Im 18. Jahrhundert wurden sie durch die Persönlichkeit Ludwigs XIV. ersetzt. Wenn man sich zurückversetzte, ging man geradewegs auf eine dieser großen Perioden zu. Ihre Beliebtheit zeugt von einer Art geschichtlichem Instinkt, den die Fabrikanten der Geschichten Frankreichs nicht kannten.

1951

Sechstes Kapitel

Die »wissenschaftliche« Geschichte

Am Tag vor ihrem Staatsexamen unterhielten sich einige Jungen und Mädchen in der den Studenten der Geschichte vorbehaltenen kleinen Bibliothek. In Grenoble hielt Klio ihre Sitzungen fern von den großen studentischen Ansammlungen, weit weg vom banalen und verwaltungsmäßigen Universitätsgebäude, inmitten des malerischen Viertels des Vieux Temple. Ich hatte damals die höhere Schule beendet und trat mein Studium mit dem Feuereifer eines Neubekehrten an. Mir schien, ich würde eine spannende Welt entdecken, deren Überfluß an vergangenen Existenzen mir ein wenig von ihrer dramatischen Kraft eröffnen könnte. Deshalb hörte ich aufmerksam den vertraulichen Mitteilungen der Älteren zu, die schon vertraut waren mit ihrem Fach, und ihre Enttäuschung bestürzte mich sehr.

In dieser Provinzfakultät zog das Ansehen Jacques Chevaliers die mondäne Zuhörerschaft zur Philosophie hin, und es gab keinen brillanten Professor, der zur Geschichte lockte. Das Studium der Geschichte betrieb nur eine kleine Schar ernsthafter Arbeiter, die den Lehrberuf und die Agrégation anstrebten und sich diesem Studium ohne Hoffnung auf Umkehr widmeten; eine winzige und bescheidene Mannschaft, ein wenig glanzlos und ohne Inspiration. Ihre naive Enttäuschung war für mich von um so größerer Bedeutung.

Sie beendeten die schnelle Durchsicht ihrer Notizen und schlossen die Lehrbücher, mit denen sie ein letztes Mal ihre überfrachteten Gedächtnisse aufgefrischt hatten. Ein junges Mädchen, das die Agrégation ablegen sollte, ordnete die Papiere, die sie ihren Kommilitonen geliehen hatte, und der Anblick dieser kleinen Blätter voller Namen und Daten, die sorgfältig in Absätze unterteilt waren, verursachte ihr plötzlich einen solchen Überdruß, daß sie begann, von der Begeisterung zu erzählen, die sie anfangs zur Geschichte geführt hatte. Von der Neugier, die Anderen kennenzulernen, aufeinanderfolgende und weiterwirkende Serien anderer Kulturen. Sie sagte ganz naiv, daß sie die Würze andersartiger Epochen gesucht habe, deren Leben und

Sitten, deren menschlichen Inhalt. Und was hatte sie am Vorabend der Prüfung, die ihre Studien abschließen sollte, gefunden, was hatte man ihr gegeben? Eine trockene Summe von Fakten, peinlich genau erstellt und erläutert, mit Logik und oftmals auch mit Einsicht, aber ohne die von ihr erhoffte Wärme. Sie hatte ihre Tage und Abende damit verbringen müssen, kompakte Bücher durchzuarbeiten, in denen alle Ereignisse und Personen einer bestimmten Geschichtsperiode erzählt wurden, in denen kein Name eines Ereignisses, eines Potentaten, einer politischen oder sozialen Institution fehlte, und in denen wahrhaftig, ohne Ausnahme, alles versammelt war, was die Dokumente noch an Fakten und Taten der Vergangenheit bewahren. Und die Unglückliche mußte eingestehen, daß diese mühsame Kompilation die Leidenschaft der ersten Stunde abgetötet hatte. Man hatte sie so und so oft gewarnt vor der Anekdote und vor dem Pittoresken der populären Darstellungen für das breite Publikum! Sie hatte schließlich die menschliche Neugier mit der schlechten Vulgarisation verwechselt; und die Geschichte, die der Examina und Wettbewerbe, begann erst da, wo dieses Erzittern der Phantasie und des Staunens endete; sie begann mit dem Überdruß. Der Appell ihrer ersten Berufung war verhallt, und sie fuhr in ihrer Routine fort, weil es ein Beruf war wie jeder andere.

Dieses enttäuschte Geständnis beeindruckte mich in einer Stunde, da ich meinte, in der Geschichte so viele dunkle und noch unbestimmte Dinge zu entdecken, die ganz gewiß sehr spannend wären. Ich war nicht auf dieses von Langeweile und Überdruß gezeichnete Zeugnis gefaßt.

Und dennoch, wie viele Historiker, mehr gestern als heute, könnten sich, wenn sie ihre Wahrheit einzugestehen wagten, eben diesem Gefühl der Dürre und Mittelmäßigkeit hingeben. Um das Gesicht zu wahren, mußten sie, wenigstens implizit, die Abtötung der Geschichte zur Methode erheben. So entstand der Graben, der die berufsmäßigen Historiker (man spricht von der »wissenschaftlichen« Geschichte) vom normalen Publikum und auch von den anderen Spezialisten der geisteswissenschaftlichen Disziplinen, insbesondere der Philosophie, getrennt hat. Über diese Kluft möchte ich hier nachdenken, ganz schlicht, ohne jeden Anspruch auf eine Geschichte der Geschichtsschreibung oder auf eine systematische Methodologie.

Der ehemals unbekannte Begriff einer Kontinuität der Zeiten taucht im 18. Jahrhundert auf. Die Organisation der Gesellschaften wird zum Gegenstand von Überlegungen, ob es sich um alte oder moderne Gesellschaften handelt, um das Rom von Montesquieu oder das Polen von Rousseau.

Man pflegt weiterhin die alten Literaturen, man bewahrt immer noch die traditionelle Devotion vor den Helden des Livius oder des Plutarch. Aber es ist nicht mehr die Geisteshaltung des vorhergehenden Jahrhunderts. Die Antike hat aufgehört, isoliert in der Zeit zu stehen. Man bindet vielmehr die modernen Institutionen an die alten Republiken an. Man mißt die einen an den anderen. Die Antike bleibt weiterhin ein Hort moralischer und staatsbürgerlicher Modelle und Beispiele. Die modernen Gesellschaften aber beabsichtigen, daraus Prinzipien des politischen Handelns zu schöpfen; sie mobilisieren die Antike zu ihren Diensten. Einer der Lehrer im Louis-le-Grand, Pater Porée, glaubt sich verpflichtet, seine Schüler vor gefährlichen Anpassungen der Vergangenheit an die Gegenwart warnen zu müssen: »Kinder, hütet euch davor, das Schicksal der Republikaner, sei es der alten oder der modernen, zu beneiden.« Dieses Risiko bestand einige Jahrzehnte vorher noch nicht, als die griechisch-römische Vergangenheit zwar einen bildenden Wert, aber ohne enge Verbindung zur Gegenwart hatte. Am Ende des 18. Jahrhunderts half die mit römischer Geschichte überfütterte Jugend, in Amerika eine Gesellschaft nach dem Vorbild der antiken Polis aufzubauen.

Die Kenntnis der Antike konnte nicht länger von der Gestaltung der Gegenwart abgehoben sein. Vergangenheit und Gegenwart waren einander nicht mehr so gleichgültig. So verband sich der Kult der Antike, der lebhafter war denn je, mit dem Bewußtsein einer stetigen Bewegung des Menschen. Diese Kontinuität zeigte sich sofort in der Geschichtsliteratur. Zwischen 1776 und 1788 schrieb ein englischer Autor, Edward Gibbon, eine umfassende *History of the Decline and Fall of the Roman Empire*, die das Ende der Alten Geschichte und das gesamte Mittelalter abdeckte bis hin zur Einnahme von Konstantinopel im Jahre 1453. Dieses Werk, das einen großen Erfolg hatte und in mehrere Sprachen übersetzt wurde, wäre ein Jahrhundert früher undenkbar gewesen. Von nun an verschanzte sich die Antike nicht mehr in der abgeschlossenen Welt eines Goldenen Zeitalters. Sie setzte sich über ihr traditionelles Ende hinaus fort, und die Geschichte mobilisierte Zeiten, die vorher in einer Art von Verschwommenheit verharrt hatten.

Die Alten trafen sich mit den Modernen im Begriff des Fortschritts, so wie er in Voltaires *Essai sur les mœurs et l'esprit des nations* erschien. Die Bedeutung der Kontinuität zeigt sich in der kindlichen und hartnäckigen Form des Fortschritts. Condorcet wird bald die *Esquisse d'un tableau historique des progrès de l'esprit humain* schreiben. Man versteht die Ursprünge des Fortschrittbegriffs besser, wenn man darin ein noch partielles Geschichtsbewußtsein erkennt.

Von jetzt an erschienen keine Epoche und kein Land der historischen Kenntnis unwürdig, weder dem Abbé Dubos das fränkische Mittelalter, noch Raynal die europäische Expansion jenseits des Ozeans oder Voltaire die Herrschaft Ludwigs XIV. Und neben diesen großen Namen: wie viele mindere und obskure Werke füllten die Regale der Bibliotheken in den alten Provinzwohnsitzen: regionale Geschichten, nationale Geschichten, Religionsgeschichten – eine unermeßliche Bibliographie.

Eine Geschichtsliteratur entstand, zusammen mit ihrem Publikum, zur selben Zeit wie ein neues Bewußtsein von der Stetigkeit in der Fortentwicklung der Gesellschaften. Dennoch fehlt dieser Geschichte unserer Ansicht nach ein wesentliches Merkmal: der Sinn für den Unterschied der Zeiten. Die Kluft zwischen der Antike und dem Rest der Zeit hat sich geschlossen. Trotzdem überlebt immer noch ein von dem beharrlichen Idealismus der griechischen und römischen Helden angeregter Begriff des menschlichen Prototyps. In seiner Einleitung zur *Cité antique* hob Fustel de Coulanges 1864 hervor, wie schwierig es noch zu seiner Zeit für den Historiker sei, sich von dem traditionellen Vorurteil zu befreien, das den alten Völkern die geistigen Gewohnheiten der modernen Gesellschaften zuschrieb. Der Sinn für die Stetigkeit ging mit einem Glauben an die Ähnlichkeit der Zeiten einher: »Unser Erziehungssystem, das uns von Kindheit an unter Griechen und Römern leben läßt, gewöhnt uns daran, sie ständig mit uns zu vergleichen, ihre Geschichte nach der unseren zu beurteilen und unsere Revolutionen mit den ihren zu erklären. Das, was wir von ihnen übernommen haben, und das, was sie uns hinterlassen haben, veranlaßt uns zu glauben, daß sie uns ähnlich waren; fast immer aber sind wir es, die sich in ihnen sehen.«

Nach den Konvulsionen der Revolution und des Kaiserreichs markiert das 19. Jahrhundert die endgültige Etappe in der Entstehung des modernen Geschichtsbewußtseins. Hatte man im 18. Jahrhundert den Sinn für die Kontinuität wiedergefunden, so entdeckte man im 19. Jahrhundert die Unterschiede der menschlichen Farbigkeit in der Zeit. Dieser Gesichtspunkt ist zu bekannt, als daß er hier erörtert werden müßte: die Offenbarung des fremden und bunten Mittelalters von den *Récits des Temps mérovingiens* Augustin Thierrys bis zu den *Croisés entrant à Constantinople* von Delacroix und der *Légende des Siècles* von Victor Hugo. Warum überhaupt das Mittelalter, ein oft der Phantasie entsprungenes Mittelalter? Vielleicht deshalb, weil man in ihm eine ganz einzigartige Epoche erahnte, deren Lebensgewohnheiten weder denen der Helden Plutarchs noch denen der noch nahen Generationen des Ancien Régime ähnelten?

Der romantische Historiker, Augustin Thierry oder Michelet, nahm sich vor, die Vergangenheit heraufzubeschwören, sie unter all ihren köstlichen und pittoresken Aspekten in der ihr eigenen Farbigkeit aufleben zu lassen. In dem authentischen Bericht über vergangene Ereignisse trachteten die Historiker nach derselben Verfremdung, die Dichter und Romanschriftsteller von der Fiktion und der geschichtlichen Fiktion verlangten. Aber dieses Bemühen um Verfremdung, das von nun an den Historiker auf die lebendige Schilderung verwies, war im Grunde ein rudimentäres Gespür für den Unterschied der Zeiten. Rudimentär, weil es sich mit einer einfachen pittoresken Evokation begnügte und an der Oberfläche der Dinge verblieb: es war mehr das Gefallen an den Merkwürdigkeiten als an den Abweichungen in der Tiefe der geistigen oder sozialen Struktur. Nichtsdestoweniger war dieses Erstaunen vor der Vergangenheit ein wichtiger Erwerb der Geschichte. Voller Eifer entdeckte man, was anders war. Deshalb ist Michelet, trotz seiner Lükken und Irrtümer, auch heute noch (und heute mehr denn gestern) von fesselndem Interesse. Er war für die Einzigartigkeiten der Geschichte zu empfänglich, um nicht intuitiv die Gegensätze und Unterschiede zu erfassen, die der zeitgenössische Historiker zwar auf einer gesicherteren wissenschaftlichen Grundlage aufspürt, aber letztlich ohne den hellsichtigen, wenngleich ungewissen Beobachtungen des genialen Romantikers zu widersprechen.

Indessen fehlte den Autoren dieser ersten Hälfte des 19. Jahrhunderts eine kritische Methode, um eine sichere Dokumentation zu erstellen. Sie schrieben zu schnell, ein wenig wie Romanautoren, die sie ja auch waren. Deshalb verbleibt ihr Werk heute mit Ausnahme der visionären Beobachtungen eines Michelet toter Buchstabe.

Um zu einer brauchbareren Geschichtskonzeption zu gelangen, die in Zukunft als intellektuelle Neugier definiert wird, war eine Methode notwendig: die wissenschaftliche Methode, wie man in der zweiten Hälfte des Jahrhunderts sagen wird.

Die Gelehrsamkeit war schon vor der Romantik bekannt. Aber die Gelehrten des Ancien Régime, vor allem des 17. Jahrhunderts, haben das Verhalten von Antiquitäten- und Raritätensammlern nicht abgelegt. Die kritische Edition von Texten und Dokumenten entwickelte sich hauptsächlich zu Beginn des 19. Jahrhunderts, parallel zur lebendigen Geschichte. Wir wollen zur Erinnerung zwei große dokumentarische Sammlungen nennen, die *Monumenta Germaniae Historica* (1826) und die *Documents relatifs à l'Histoire de France* von Guizot (1835). Die Fortschritte der Gelehrsamkeit erlaubten es den Historikern, ihre Forschungen mit mehr Genauigkeit zu betreiben, und zahlreiche Arbeiten aus vierziger und fünfziger Jahren haben noch immer gültigen Wert; sie standen am Ursprung des meisterlichen Werkes von Fustel de Coulanges.

Oft wurden die Ursachen für diese Blütezeit der Gelehrten erörtert. Die Unruhen der Revolution und der Kaiserzeit hatten, indem sie mit der Vergangenheit reinen Tisch machten, den regelmäßigen Ablauf der Geschichte unterbrochen. *Von nun an gab es ein Vorher und ein Nachher*. Vor 1789 wurden die Revolutionen nie als ein Halt vor einem neuen Ausbruch verstanden, vielmehr als Rückkehr zu einem früheren und besseren Zustand. Die Eigenart der Revolutionen des 18. und 19. Jahrhunderts ist es, daß sie beabsichtigen, der Vergangenheit ein Ende zu bereiten und die Gegenwart bei Null zu beginnen. Selbst die römische Kirche ist dieser Ansteckung nicht entgangen, als das Konkordat von 1802 alle Bischöfe Frankreichs absetzte, um das kirchliche Leben auf einer neuen Grundlage wieder aufzubauen. Es tauchte damals die der öffentlichen Meinung sehr entgegenkommende Idee eines neuen Zeitalters auf, das vollkommen von der Vergangenheit, auch von der jüngsten, losgelöst wäre. Und diese Idee eines neuen Zeitalters, die sich über den ehemaligen Fortschrittsbegriff des 18. Jahrhunderts stülpte, findet sich seither am Ausgangspunkt fast aller ideologischen Bewegungen. Außerdem wurde der Historiker hauptsächlich von der Erforschung des Neuen angezogen, so daß er oft die zähe Trägheit des Vergangenen vergaß. Sobald irgendwo ein neues Phänomen auftauchte, wurde es sogleich auf die gesamte Gesellschaft ausgedehnt, und die Widerstände, auf die es stieß, wurden als einem baldigen Ende geweihte Überlebsel vernachlässigt. So entstand die Vorstellung einer unwiderstehlichen Evolution. Aber bevor sich diese Auflösung der Kontinuität zwischen Vergangenheit und Gegenwart auftat, die seit 1789 periodisch immer wieder ins Spiel gekommen ist, wurden die Archive, selbst die ältesten, noch als Staatsarchive betrachtet, die für die Praxis der Verwaltung unentbehrlich waren und überdies vertraulich. Nach der Revolution und dem Kaiserreich, zu Beginn des neuen Zeitalters, verloren die Regierungen, die auf konstitutionellen (den Dokumenten der alten Archive fremden) Grundlagen errichtet waren, das Interesse an den Archiven als Verwaltungsinstrumenten. So schreibt L. Halphen in seiner *Introduction à l'Histoire:* »Eine Fülle von Urkunden und Papieren, bisher eifersüchtig gehütet, sei es als juristische Grundlage für nunmehr hinfällige Rechte und Ansprüche, sei es als notwendig für das Funktionieren von Institutionen, die mit dem Sturm hinweggefegt wurden, sieht sich von einem Tag auf den anderen jedes Interesses beraubt, außer für die an toten Dingen Interessierten.« Aber diese »an toten Dingen Interessierten« beschränkten sich nicht mehr auf einige Sammler nach Art der Renaissance-Humanisten. Zusammen mit dem wachsenden Interesse für die pittoreske und lebendige Vergangenheit hatte sich ihre Zahl erweitert.

Alles verläuft also so, als hätten die westlichen Gesellschaften lange Zeit ohne das Gefühl für die Dauer gelebt, weil ihre politischen Institutionen sich nur langsam weiterentwickelten, ohne brutalen Bruch. Lediglich die griechisch-römische Antike war lange als außerhalb ihrer Geschichte stehend erschienen. Und wenn man sich im 18. Jahrhundert darum bemüht hatte, ihre Isolierung aufzuheben, geschah dies, um alle Zeiten zusammenzufassen, indem man das humanisitische Ideal der Antike auf die modernen Epochen ausdehnte.

Dagegen trat nach den Umwälzungen der Revolution und des Kaiserreichs die Geschichte plötzlich ans Licht und erschien als eine besondere Wirklichkeit, unterschieden von der gelebten Gegenwart, unterschieden auch von einer sterilen Chronologie. Wir, die wir nach dem großen Riß von 1940–1945 etwas Analoges erfahren haben, verstehen dieses Gefühl sehr gut.

Die neue Sensibilität für die Unterschiede der Zeiten hätte, wenn sie von Gelehrsamkeit unterstützt worden wäre, in eine authentische Geschichte münden können. So wäre es beinahe gekommen. An der Kreuzung von Gelehrsamkeit und einer Geschichte, die nicht mehr die romantische Geschichte ist – wir befinden uns nicht mehr in der Zeit Michelets, aber kurz vor der Taines und des Positivismus –, die jedoch deren Erbin ist, steht Renan, der Fürst der französischen Geschichte; trotz aller seitherigen Fortschritte der Dokumentation besitzt sein Werk immer noch Gültigkeit und Einfluß.

Man hat hundertmal die Skrupel Fustels erwähnt, und seinen Respekt vor den Texten, der ihn den zu schnellen »Auferstehungen« der romantischen Geschichte entgegentreten ließ. Sehr gut – obwohl man zu leichtfertig extrapolierte und überbetonte, was nichts als Redlichkeit und Ernsthaftigkeit im Sinne einer sogenannten wissenschaftlichen Methodologie ist: vorher die literarische, nachher die wissenschaftliche Geschichte. Aber man hat nicht genug auf einem mindestens ebenso wichtigen Aspekt des Werkes von Fustel beharrt: seinem Sinn für die geschichtliche Besonderheit. In der Einleitung zur *Cité antique*, aus der wir schon reichlich geschöpft haben, bricht Fustel mit den klassischen Traditionen, die den Alten die Züge eines für alle Zeiten und Orte gültigen menschlichen Prototyps verliehen haben: »Ich werde mich bemühen, die radikalen und wesentlichen Unterschiede hervorzuheben, die für immer diese alten Völker von den modernen Gesellschaften unterscheiden.« Konnte er mit größerer Klarheit und Präzision das wesentliche Ziel der Geschichte umreißen, wenigstens ihr erstes Ziel, nämlich ihre Art und Weise, sich zu bestätigen, indem sie sich abhebt von den anderen Reflexionen über den Menschen: als Suche nach den Unterschieden der Zeiten?

Fustel kannte den Skrupel vor dem Text; man folgte ihm in diesem Punkt, und das war gut so. Wenn man allerdings sein Geschichtsverständnis noch bei Camille Jullian findet, dann lebt weniger sein Geist als vielmehr seine Methode fort. Der Kritiker und der Glossator wurde gehört; der Historiker dagegen fand keinen Fortsetzer. Die Versprechungen seines Werkes sind von seinen Nachfolgern schlecht gehalten worden. Nach ihm betritt man eine undankbare Periode der Geschichtsschreibung, die es nun in groben Zügen zu charakterisieren gilt.

In der zweiten Hälfte des 19. Jahrhunderts und ganz zu Anfang des 20. Jahrhunderts gab es nur zwei Geschichtsgattungen: die akademische Geschichte und die universitäre Geschichte. Später wird man die Bekanntschaft einer dritten Gattung machen, der populären Geschichte, von der wir bereits in einem vorhergehenden Kapitel sprachen und die vor allem in die Zeit nach dem Ersten Weltkrieg fällt.

Die universitäre und die akademische Geschichte definieren sich mehr über ihr Publikum als über ihre Methoden.

Die akademische Geschichte, die sich vom Herzog von Broglie bis Hanotaux und Madelin erstreckt, wurde vom kultivierten Bürgertum gelesen: Verwaltungsbeamte, Juristen, Rentiers ... Menschen mit viel Muße, wenn die Geldstabilität und die Sicherheit der Vermögensanlagen es ihnen erlaubten, von den Einkünften zu leben. Die privaten Bibliotheken jener Epoche zeugen von den intellektuellen Beschäftigungen dieser Klasse: wenig Romane, abgesehen von denen Balzacs, und auch die nicht immer. Die letzten Romantiker und die Realisten gefielen diesem Publikum mit seinem anspruchsvollen Geschmack kaum. Sie konnten durchaus Schlüpfrigkeiten lieben, fanden es allerdings dezenter, diese bei Horaz, bei den Lateinern zu genießen, die sie noch in Originalsprache lasen. Auf jeden Fall nimmt in den Bücherregalen unserer Großväter die Geschichte den größten Platz ein: Barante, Guizot, Broglie, Ségur, Tocqueville, Haussonville, dann Sorel, La Gorce, Hanotaux. Es genügt, die alten Verlagsprospekte von Plon oder Calman-Lévy zu überfliegen, um an Hand der Autorennamen und der behandelten Themen zu erkennen, welche Art, Geschichte zu schreiben, zur Akademie führte. Noch heute lebt sie fort im Werk von Madelin, im *Richelieu* von Hanotaux und des Herzogs de La Force.

Diese umfangreiche Literatur ist nicht ohne Belang. Sie wurde ohne die Absicht zu vulgarisieren, nach einem gewissenhaften Studium der Dokumente geschrieben. Sie ist oft gelehrt, vermeidet es aber, die Gelehrsamkeit durchscheinen zu lassen, denn man ist schließlich unter Leuten von Welt. Daher auch eine ernsthafte und vornehme Haltung, ohne Pedanterie, mit gerade so viel Verweisen wie nötig, eher weniger, aber ohne jedes Heucheln von Leichtigkeit, ohne Zugeständnisse an das Pittoreske und die romanhafte Handlung. Man befindet sich in der Zeit der Doktrinäre oder der Notabeln.

Diese Geschichtsliteratur wollte im wesentlichen die politische Entwicklung von Regierungen und Staaten, die Revolutionen, Regimewechsel, die Unruhen und Krisen in den Parlamenten und Ministerien, die Diplomaten und Kriege erzählen und erklärend erläutern: eine politische Geschichte, national und international. Im allgemeinen handelte es sich um eine Thesengeschichte – und in diesem Sinne schließt der konservative Historizismus nach 1914 daran an. Wie bei A. Sorel zielte sie darauf ab, eine Interpretation zu liefern, die mit ausreichender Genauigkeit das turbulente Auf und Ab der Phänomene zu erklären vermochte. Diesen Autoren widerstrebte keinesfalls die Vorstellung eines geschichtlichen Determinismus, allerdings eines konservativen Determinismus, der die innersten Triebkräfte der Masse des Volkes nicht zur Kenntnis nahm, aber der politischen Kausalität der Regierungen und Nationen Rechnung trug. Es handelte sich nicht um eine auf die Rehabilitierung des Ancien Régime gerichtete »reaktionäre« Geschichte, wie es bei der *Action française* der Fall sein wird. Aber es war eine konservative, gegenüber sozialen Neuerungen sehr mißtrauische Geschichte, geschrieben von Adligen oder Großbürgern, die in der Akademie endeten, und gelesen vom liberalen oder katholischen Bürgertum. Sie war dem Ancien Régime gegenüber mit einem negativen Vorurteil behaftet, das im 20. Jahrhundert unter dem Einfluß der *Action française* fallen wird; sie erhob Anspruch auf einen aufgeklärten und vorsichtigen Liberalismus, den der Akademie und bald darauf der École des Sciences Politiques. In der Wahllandschaft der Dritten Republik richtete sie sich an die Rechte und das linke Zentrum.

Man darf nicht vergessen, daß dieses am Ende des 18. und zu Beginn des 19. Jahrhunderts zu Wohlstand und Ehren gekommene Bürgertum in Frankreich das Monopol der öffentlichen Angelegenheiten innehatte. Es behielt dieses Monopol unter dem Kaiserreich und zu Anfang der Dritten Republik, bevor das allgemeine Wahlrecht, die staatliche Schule und die Demokratisierung des Reichtums es ihm entzogen. Auch interessierte es sich gewissenhaft und leidenschaftlich für politische Probleme. Es erwartete von seiner Lektüre Aufklärung seines Verständnisses für die Staatsangelegenheiten, wenigstens der einzigen, die es weiter verfolgte: parlamentarische, institutionelle, diplomatische. Die Geschichte der sozialen Konflikte wurde nicht zur Kenntnis genommen, so als ob man, sie ignorierend, ihnen die Existenz absprechen könnte. Die Religionsgeschichte wurde gemeinhin in ihrer Beziehung zur politischen Geschichte behandelt. Dieser Klasse eines politisierten konservativen Bürgertums entspricht eine politische Geschichte, die den menschlichen Problemen diesseits oder jenseits der Nation oder der Regierung gleichgültig gegenübersteht.

Das Bürgertum suchte keinesfalls nach einer Möglichkeit, über diese Literatur sein Schicksal als Mensch oder als Gesellschaft im Werden der Welt, der Nationen und der Klassen zu begreifen. Es gab im übrigen kein Werden, und die politischen Beziehungen waren von Gesetzen *ne varietur* festgelegt. Das Bürgertum hatte in einer Welt, deren Bewegung es nicht für möglich hielt, für eine Geschichtsphilosophie keine Verwendung: es erwartete von der Geschichte, in ihrer akademischen Gestalt, lediglich eine Technik des Regierens.

Weiterhin erscheint jene Geschichte der alten Kataloge von Plon und Calman-Levy als eine politische Kultur, notwendig für den durch Zensus oder Einfluß »aktiven« Staatsbürger, als eine »politische Wissenschaft« neben den übrigen Wissenschaften der Regierung und Verwaltung, die in der Schule von Boutmy unterrichtet wurden für eine homogene Klasse von müßigen Menschen, die die öffentlichen Angelegenheiten ernst nahmen.

Man versteht nun, warum diese akademische Literatur kaum den Augenblick überlebt hat, da jenes Bürgertum sein politisches Monopol verlor, von neuen Elementen überspült wurde und seine soziale Sicherheit gefährdet sah. In dem neuen Bürgertum, das von der Gegenwart nicht mehr abgesichert, sondern bedroht wurde, ging es nicht mehr um eine politische Technik, sondern um eine Rückkehr zur rettenden Vergangenheit, als Quelle des Heimwehs und der Erlösung. Damals, nach dem Krieg von 1914–18, tauchte gleichzeitig mit dem Neo-Royalismus der Action française eine andere Geschichtsliteratur auf, als eine erste Antwort auf die Beunruhigung des modernen Menschen, dem die Nacktheit und Zerbrechlichkeit des abstrakten Universums, so wie es der Liberalismus erdacht hatte, bewußt geworden war. Allerdings war es nicht länger die vornehme und distanzierte Art von Broglie oder La Gorce; es war eine Kampfliteratur. Wir erwähnten oben, wohin sie geführt hat.

Während die akademische Geschichte ein recht breites Publikum aus dem Bürgertum ansprach, richtete sich die universitäre Geschichte ausschließlich an Universitätsabsolventen.

Noch heute wissen die meisten der »ehrbaren Leute« kaum, daß sie existiert. Ich habe Gelegenheit, Manuskripte zu lesen, von Amateurhistorikern, die man gewöhnlich die kultivierte Elite nennt: Verwaltungsbeamte, hohe Funktionäre, wichtige Geschäftsmänner, die vor oder nach ihrem Ruhestand über Muße verfügen. Aus ihren Reihen kamen früher die Autoren der akademischen Gattung. Leider ist nichts davon zu vergleichen mit den trotz der Beschränktheit ihres Horizonts großen, sachkundigen und klaren Studien eines La Gorce, Segur oder Haussonville. Ein Mangel an Kultur? Übertriebene Hast einer oft nur hingepfuschten Arbeit? Gewiß, aber die Mittelmäßigkeit der von Laien geschriebenen Geschichte gründet hauptsächlich in der fehlenden Kommunikation mit den anderen Historikern, in ihrer Isolierung, die eine Folge der Aufspaltung und Abkapselung der gegenwärtigen Intelligenz ist. Unsere Amateure sind überzeugt davon, alles gelesen zu haben, und man ist verblüfft über ihre naive Unkenntnis der universitären Literatur: Lehrbücher für Studenten, Doktorarbeiten, Artikel und Dokumente in Fachzeitschriften, große Werke, die Wissenschaftler gegen Ende ihrer Laufbahn geschrieben haben. Ein Student im ersten Jahr der Licence wäre jenem Staatsrat oder jenem ehemaligen Schüler der École Polytechnique überlegen. Man macht sich, bevor man sie nicht konkret ermessen hat, keine Vorstellung von dieser Trennung zwischen berufsmäßigen Historikern und dem »kultivierten« Publikum, bei dem der Hang zur ernsthaften und in Art von Sorel oder La Gorce begründeten Geschichte überlebt.

Das war anders zur Zeit der romantischen Geschichte von Michelet, Augustin Thierry oder Guizot. Sie waren gleichzeitig populäre und beliebte Autoren, Spezialisten, ehemalige Schüler der École Normale, Archivare, Professoren an der Sorbonne und am Collège de France. Sie waren Persönlichkeiten à la mode. In der Philosophie hat sich diese Tradition nicht ganz verloren. Aber seit Fustel, dem Lehrer der Kaiserin Eugénie, konnte kein Geschichtsprofessor um seinen Lehrstuhl eine derart elegante und mondäne Zuhörerschaft versammeln, wie sie sich in den Vorlesungen von Bergson und Valéry drängte.

Hier der wesentliche Grund: Das Geschichtsstudium hat den Kontakt zum großen Publikum verloren, es ist zu einer technischen Vorbereitung für in ihrer Disziplin isolierte Spezialisten geworden. Die Veröffentlichungen werden immer »professioneller« in dem Sinne, daß es eine professionelle und technische Literatur gibt. Die Autoren scheuen sich nicht, in der endgültigen Fassung alle gelehrten Schritte ihrer Forschungen aufzuführen. Sie verschanzen sich vielmehr hinter einer wissenschaftlichen Kritik, als gälte es, sich gegen indiskrete Neugier zu verteidigen. Sie haben die Geschichte der Menschen erforscht, ohne daran zu denken, nach dem Interesse zu fragen, das der Mensch ihrer Zeit dafür aufbringen könnte. Schlimmer noch, sie haben diese Gleichgültigkeit zur Methode erhoben. Je unzulänglicher ein Thema für einen Nichtfachmann war, desto gefragter war es, desto geschätzter sein Autor. Das geht so weit, daß man die Menge der Ereignisse bis ins kleinste analysiert, ohne ein anderes Ziel, als sie nebeneinanderzustellen und aufzulisten, sich dabei vor jeder Gesamtkonzeption, vor jedem ein wenig übergreifenden Gesichtspunkt hütend wie vor der Pest. Das Mißtrauen gegenüber den großen Theorien und waghalsigen Thesen der romantischen Geschichte erklärt und rechtfertigt zum Teil diese Scheu vor einer Interpretation, selbst vor einer Reflexion, die weder eine Systematik – im Sinne der Naturwissenschaften – noch eine Chronologie wäre.

Dennoch reicht diese legitime Reaktion nicht aus, um die radikale Abgeschlossenheit der universitären Geschichte zu erklären. Man muß auch den sozialen Hintergrund derjenigen, die sie unterrichteten oder schrieben, in Betracht ziehen.

In der zweiten Hälfte des 19. Jahrhunderts hat das Bürgertum der Universitätskarriere den Rücken gekehrt – wie auch einigen Verwaltungsämtern – und den Lehrkörpern einem demokratischeren Nachwuchs überlassen. Die Kinder aus gutem Hause wurden von ihren Eltern einer Korporation entzogen, die durch die kurz zuvor erfolgte Verstaatlichung eine antikirchliche Prägung erhalten hatte; für die protestantischen Familien galt dies nicht im selben Maße, so daß sie mit den Monods eine Zeitlang die Universität kolonialisierten. Noch heute ist die Auswahl des Nachwuchses in der juristischen Fakultät, in Saint-Cyr, strenger als in den philosophischen Fakultäten. Die neuen Abgänger der staatlichen Hochschulen hatten kaum die Möglichkeit, in den literarischen Salons zu glänzen, selbst wenn diese sich für Bohemiens und Abenteurer interessierten, um der Unterhaltung willen und um sich den Anschein der Vorurteilslosigkeit zu geben. Die Akademie schmollte lange mit ihnen, genau wie das gebildete Publikum, das noch dem traditionellen Bürgertum entstammte. Dagegen bot der Lehrkörper der Universität ihren Ambitionen einen Freiraum.

So reduzierte sich die Zuhörerschaft der Professoren ziemlich schnell auf die zukünftigen Lehrer. Von nun an war der Hochschulunterricht nicht länger kultureller Bildungsunterricht, sondern wurde zur Vorbereitung auf den Gymnasialunterricht. Mit der Verbreitung der höheren Bildung und der allgemeinen Verbürgerlichung der Gesellschaft wurde dieses Publikum der

Lehrerkandidaten immer zahlreicher. Aber es vergrößerte sich, ohne sich zu erweitern, ohne aus seiner technischen Spezialisierung herauszutreten. Im Gegenteil, es konstituierte für sich allein eine kleine, abgeschlossene Welt, zahlreich genug, um sich selbst zu genügen mit seiner Literatur, seinen Verlegern, seinen Zeitschriften.

Es rekrutierte sich oft aus den eigenen Reihen. Die meisten meiner Studienkameraden waren Söhne von Gymnasial- oder Volksschullehrern. Die Agrégation oder die École Normale wurde von einem Volksschullehrer, der danach strebte, seinen Kindern den Eintritt in die Welt des Bürgertums zu ermöglichen, als Übergangsritus hoch geschätzt. Auf diese Weise entstand eine neue soziale Kategorie mit ihren Gewohnheiten, Sitten und bald auch ihren Traditionen. Politisch siedelte sie sich links an. Ob gehobene oder mittlere Laufbahn, der Lehrkörper war für Dreyfus. Mit Jaurès hielt er Einzug in die Parlamente; zu diesem Zeitpunkt entstand im oppositionellen Bürgertum der verächtliche Ausdruck: »die Lehrerrepublik«, im Gegensatz zur Herrschaft der »rechtschaffenen Leute«, der »fähigen Männer«.

Seltsamerweise hat dieser dreyfusfreundliche, radikale, mit Jaurès bald sozialistische Lehrkörper keine historische Kampfliteratur ins Leben gerufen – wenigstens wenn er sich an sein eigenes Hochschulpublikum wandte. In den Schulbüchern, die weniger wie Geschichtsabhandlungen als wie Propagandabroschüren geschrieben waren, wimmelte es von linken Gemeinplätzen. In den ehrgeizigeren Werken, wie in der großen *Histoire de France* von Lavisse, erschienen sie allerdings gedämpfter. Der radikale und republikanische Lehrkörper kannte nie die Parteilichkeit der Wissenschaftler in den totalitären Staaten. Vielmehr hat diese dreyfusfreundliche, politisch stark engagierte Welt sich mit aller Aufrichtigkeit den Anschein gegeben, die zeitgenössischen Vorurteile zu ignorieren und ihnen den Zugang zur Geschichte zu verweigern. Selbst wenn sie nicht immer eine vollkommene Unparteiigkeit erreichte, hat sie doch deren Prinzip als Grundlage der historischen Forschung anerkannt.

Das war in der Tat etwas Neues. In der ersten Hälfte des 19. Jahrhunderts war die Geschichte schnell zu einer Kampfmaschine geworden. Daniel Halévy hat uns berichtet, wie im Jahre 1842 Michelet, zusammen mit Edgar Quinet und Mickiewicz, der Mann der »Bewegung« wurde, der Apostel der neuen Zeiten. Als er seinen Unterricht bei den Prinzessinnen von Orléans einstellte, unterbrach er den Kurs seiner Geschichte Frankreichs, verließ sie im Mittelalter, um sofort zur Revolution überzuspringen. Diese Konzeption von Geschichte als gesteuertem Politikunterricht überlebte bis in unsere Tage in den akademischen Werken und, später, in den systematischen Rehabilitierungen der Vergangenheit, diesen Reaktionen auf die revolutionären Apologien der Romantik. Dem Lehrkörper – das muß man unterstreichen, denn es erforderte eine wahre Askese, die ihre Größe hatte – widerstrebte immer diese Indienstnahme der Geschichte. Er stellte im Gegenteil das Prinzip auf, daß die Geschichte nichts beweise, daß sie nur in dem Maße bestehe, wie man sie ohne Not befrage. Im übrigen glaubte er, daß man die Geschichte niemals befragen sollte: jeder Appell an sie wäre eine Wahl, eine Auswahl aus der Fülle der Geschichte; man dürfe kein gegenwärtiges Interesse, nicht einmal ein unpolitisches, sich einmischen lassen.

Welcher Wißbegier antwortete die derart sorgsam von der Gegenwart losgelöste Geschichte bei den professionellen Historikern? Eine wichtige Frage, von der die Bedeutung abhängt, die man der gesamten modernen Geschichtsschreibung geben muß, dem Werk französischer wie ausländischer Universitäten; eine Frage, auf die zu antworten recht heikel ist, denn man muß in Betracht ziehen, daß die Historiker sie niemals gestellt haben. Mathematiker, Physiker, Chemiker, Biologen, Naturwissenschaftler überhaupt konnten sich einer philosophischen Rechtfertigung nicht entziehen. Die Historiker sind unter den Wissenschaftlern ungefähr die einzigen, die Reflexionen über den Sinn ihrer Disziplin verweigern. Sie haben lediglich Abhandlungen über Methoden, ich würde lieber sagen: Technologien geschrieben: wie benutzt man Archive, Bibliographien, wie kritisiert man Texte, wie datiert man sie, wie beglaubigt man sie, etc.; kurz, wie bedient man sich seiner Arbeitsmittel. Aber über die technischen Schwierigkeiten hinaus – nichts; keine Reflexion über den Anteil, den die Wissenschaften von der Vergangenheit an der Erkenntnis der Conditio humana und ihrer Zukunft haben kann. Die französischen Geschichtsphilosophien sind Philosophen zu verdanken: gestern Cournot, heute Raymond Aron. Sie werden selbstsicher ignoriert oder mit einem Schulterzucken beiseite geschoben, wie das theoretische Geschwätz inkompetenter Amateure: unerträgliche Eitelkeit des Technikers, der im Innern seiner Technik verharrt, ohne jemals den Versuch einer Betrachtung von außen zu machen!

Trotzdem ist dieses Schweigen gebrochen worden, im Innern der Schule selbst. Ein großer zeitgenössischer Historiker, unser bester Mediävist, Louis Halphen, hat kürzlich ein kleines Buch veröffentlicht: *Introduction à l'Histoire,* das in Wirklichkeit eine Verteidigung der Geschichte ist, insbesondere gegen die Kritik Paul Valérys. Es ist seltsam, wie die universitäre Epidermis, die lange unempfindlich war für die diffizilen Analysen der Philosophen, unter den Grillen eines Dichters erschauerte.[1]

Dieses kleine Buch, in dem ein Historiker sich zur Geschichte befragt, ist das Werk eines hervorragenden Wissenschaftlers, aber es erstaunt durch seine Ungeschicklichkeit und Naivität. Es ist ganz in Form eines Plädoyers abgefaßt: man hat gesagt, die Geschichte sei bodenlos, sie sei unfähig, die Echtheit der Fakten, die sie rekonstruieren will, zu begründen, weil sie entweder die wichtigsten nicht kenne oder von falschen oder zweideutigen Dokumenten getäuscht werde. Und der Autor versucht ganz ernsthaft darzulegen, wie man letztlich dazu berechtigt sei, »selbst für die am wenigsten durch Dokumente belegten Epochen eine Gesamtheit von recht bekannten Fakten« zu sammeln, »um daraus die Bedeutung und die Tragweite zu ermessen, das heißt, sie zum Gegenstand einer wirklichen Wissenschaft zu machen«.

Laut Schulmeinung würde die Rechtfertigung der Geschichte auf den Beweis hinauslaufen, daß es Fakten gibt, die als ausreichend gesichert gelten, um eine wissenschaftliche, das heißt objektive Untersuchung zu erlauben. Dieser Angleichung der Geschichte an die exakten Wissenschaften wurde, vom Begriff

1 Diese Seiten wurden vor dem Tode L. Halphens geschrieben. Ich hätte Skrupel, meine Bewunderung für diesen großen Historiker und sein Werk nicht einzugestehen. Aber die Schwäche seiner Geschichtstheorie ist nur um so bezeichnender.

des Experiments her, widersprochen. In der Geschichte kann man das Experiment nicht wiederholen; strenggenommen kann man nicht einmal ein Experiment machen. Man bescheidet sich mit der Rekonstruktion einer einmaligen und unmittelbaren Erfahrung nach den Zeugnissen Handelnder, die sich ihrer Rolle als Subjekt oder Beobachter nicht bewußt sind. Und hat man denn das Recht, die Dramen, in denen Menschen sich verzehrt haben, Experimente zu nennen?

Aber es ist nicht nur ihre Unfähigkeit, Experimente zu machen, was die Geschichte von den exakten Wissenschaften unterscheidet. Es ist auch die Art ihrer Forschungen, und hier finden wir uns mitten im Widersinn der universitären Geschichte. Ihre Vertreter haben, eifersüchtig auf die Positivität der exakten Wissenschaften, implizit oder explizit das Prinzip aufgestellt, die Geschichte sei eine Wissenschaft der Tatsachen. Dieser Begriff der geschichtlichen Tatsache bildet die Grundlage ihrer Konzeption und ihrer Methode. Aber gerade der Begriff der erwiesenen *Tatsache,* als Gegenstand der Geschichte, ist es, der fragwürdig erscheint.[2] Besser als durch eine theoretische Analyse definiert sich die *Tatsache* der Historiker durch die drei Hauptanliegen des Historikers: die Aufstellung der Tatsachen, die Kontinuität der erstellten Tatsachen, die Auslegung der derart aneinandergereihten Tatsachen.

Die Aufstellung der Tatsachen. Man rekonstruiert die Tatsache durch Rückgriff auf zeitgenössische Dokumente und deren kritische Interpretation. Das ist Textarbeit, so nah wie möglich an den Quellen. Trotz der scheinbaren Nüchternheit bildet sie in jedem, auch im mittelmäßigen Geschichtswerk den wertvollsten und immer authentischen Teil, den, der das Werk vor positivistischen Verirrungen bewahrt. Das wie auch immer geartete Originaldokument enthält, weil es ein Zeuge ist, zu viel Leben, als daß es selbst dem in die Objektivität vernarrtesten Wissenschaftler gelänge, es vollständig auszutreiben.

Halten wir aber fest, daß das, was übrigbleibt, das komplexe

2 Siehe die entscheidenden Analysen von Raymond Aron: *Introduction à la philosophie de l'Histoire.* Die Geschichte ist nicht vor dem Historiker existent.

Ganze des Zeugnisses ist und nicht die *Tatsache*, die der Historiker aus diesem lebendigen Material herzuleiten glaubt. Die Tatsache verdankt sich dem Historiker, sie war vor ihm nicht im Dokument enthalten: sie ist eine Konstruktion des Historikers. Von diesem Augenblick an, da die Tatsache derart definiert und etabliert ist, verselbständigt sie sich und wird zur Abstraktion. Indem er das menschliche Verhalten zerlegt, wie ein Chemiker in seinem Labor die Stoffe seines Experiments scheidet, verwechselt der Historiker das, was er die Tatsache nennt, mit der Anordnung des Experiments. Aber was bleibt an Lebendigem in dieser Anordnung übrig? Der Historiker glaubt jenes Leben wiederzufinden, indem er die so aufgestellte Tatsache in die Kontinuität der anderen Tatsachen, die ihr vorangegangen oder gefolgt sind, einbettet.

Die Kontinuität der Tatsachen. Sind die Tatsachen einmal katalogisiert, so verbindet der Historiker sie zu einer Ordnung, die die Kontinuität der Zeitendauer wiederherstellt.

Aber man greife zu einem »wissenschaftlichen« Lehrbuch, zum Beispiel zum ersten Band der *Histoire de Byzance* von E. Brehier aus der Reihe »L'évolution de l'Humanité«. Alle oder fast alle bekannten Tatsachen sind darin enthalten. Ihre Kenntnis ist erschöpfend, ihre Aufeinanderfolge sehr genau. Und dennoch hat man niemals den Eindruck von Dauer, diesen ganz reellen Eindruck, ohne irgendeine Subjektivität, den man verspürt, wenn man seine eigene geschichtliche Kontinuität lebt. Wenn ich an meine Zeit denke, an das, was um mich herum geschieht, brauche ich die Elemente – die Tatsachen – dieser Geschichte nicht einzeln zu schildern. Ich spüre sehr wohl und ganz unmittelbar, daß diese Zeit existiert, daß sie für mich eine wichtige und wesentliche Realität darstellt, und doch kenne ich nicht einmal die Hälfte der Tatsachen, von denen der Historiker von morgen glauben wird, daß er sie in die erschöpfende Rekonstruktion dieser Realität einbauen müsse. Die Geschichte, die sich mir aufdrängt, und die Rekonstruktion *a posteriori* durch den Historiker sind so verschieden, daß einer von beiden sich täuschen muß, der Mensch oder der Historiker. Der Mensch, weil er nicht alle Tatsachen, die er erlebt, objektiv kennt, oder der Historiker, weil die Tatsachen selbst in ihrer

Vollständigkeit nicht die gesamte Geschichte enthalten?[3]

Es ist evident, daß die geschichtliche Zeit, so wie wir sie leben, sich nicht auf eine Aufeinanderfolge von Tatsachen, so zahlreich sie auch sein mögen, beschränkt. Die geschichtliche Zeit ist keine Unendlichkeit von Tatsachen in der Art, wie die geometrische Gerade eine Unendlichkeit von Punkten ist.

Ich will nicht behaupten, daß die in die Dauer zurückversetzte Tatsache des Historikers nicht existiert. Sagen wir, daß sie deren Skelett ist. Ferner sollten wir in bezug auf diese Dauer zwei Arten von Tatsachen unterscheiden: monumentale Tatsachen, die das Gewebe der Dauer zerreißen und gewisse Augenblicke der Zeit herausheben; man könnte glauben, daß die Zeit sich an sie klammert und daß niemand in der Zeit sie ignorieren kann. Aber es gibt andere, viel verborgenere Tatsachen, die aufgrund ihrer Natur im Schatten bleiben und von den Menschen, die in der Zeit leben, nicht vermutet werden. Sie sind nicht ohne Einfluß auf die Zeit, denn sie tragen dazu bei, ihre sichtbare Fassade zu errichten. Sie gehen aber nicht direkt in das Bewußtsein ein, das die Menschen von ihrer geschichtlichen Dauer haben. Nun waren sie aber einer der beliebtesten Gegenstände der Geschichtsforschung. Die Historiker haben sich ganz besonders bemüht, all das zu entdecken, was die Zeitgenossen nicht kannten. Das gilt etwa für die politische und die diplomatische Geschichte. Als fürchteten die Historiker das Mysterium der Dauer, das durch ihre Nebeneinanderstellung von Tatsachen nur schlecht erhellt wurde, als wollten sie dane-

3 Hüten wir uns davor zu glauben, daß das der abstrakten Dauer der wissenschaftlichen Historiker fehlende Element ersetzt werden kann durch das Pittoreske und die literarische Einbildungskraft. Die Bücher, in denen ignorante Autoren sich zwingen, »lebendig zu sein«, sind dieser mysteriösen Realität, die es zu entdecken und zu schildern gilt, nicht weniger beraubt. Aber ihr Fall verdient nicht länger beachtet zu werden, denn einzig die Leichtgläubigkeit des Publikums und die Inkompetenz der Verleger ermöglichen es ihnen, die Regale der Buchhandlungen mit ihren langweiligen Phantasien zu füllen. Das Scheitern des authentischen Historikers, der sich bemüht, die Vergangenheit zu rekonstruieren, indem er die Gesamtheit der Tatsachen auskundschaftet, ist des Interesses viel würdiger.

ben eine eigene Dauer errichten, verschieden von der der Zeitgenossen, die aber ihr Eigentum wäre, das von Spezialisten.

In jedem Fall ergibt die Kontinuität des objektiven Historikers nicht die Erfahrung, die wir von der Dauer haben. Mehr noch, er detemporalisiert die Geschichte, indem er Tatsachen nebeneinanderstellt: die einen, die in der Zeit waren, die er aber herausgeholt hat und vernachlässigt, und die anderen, die nicht darin waren, die er aber mit Vorliebe hineingebracht hat. Daher entsteht beim Lesen der Eindruck, daß die Dinge bei ihm anders verlaufen, als sie nach unserem Wissen um uns herum geschehen; ein entmutigender Eindruck, der die Enttäuschung der Enthusiasten, die wir zu Beginn dieses Kapitels schilderten, begründet.

Die Auslegung der Tatsachen. Das ist ungefähr das, was L. Halphen in seiner *Introduction à l'Histoire* die Synthese nennt, wenn er ohne Bedenken schreibt: »Synthese und Analyse sollen also gemeinsam voranschreiten, aneinander angelehnt, einander vervollkommnend.« Die Auslegung der Tatsachen, der Art und Weise, wie sie sich auseinander ergeben, ist also das letzte Mittel des Historikers, sie anders als durch die einfache chronologische Aufeinanderfolge miteinander zu verbinden. Man muß in dieser Synthese auch ein Bemühen erkennen, der Geschichte einen Sinn zu verleihen, sie als eine Wissenschaft der Evolution zu rechtfertigen, bei der, wie L. Halphen schreibt, »die Dinge uns auf ihren wirklichen Platz zurückgestellt erscheinen, nicht wie aus dem Nichts aufgetaucht, sondern wie aus einer langdauernden Brutzeit hervorgegangen und wie einfache Etappen eines Weges, dessen Ende niemals erreicht wird«.

Für den Historiker erklären sich die Tatsachen also aus der Beziehung von Ursachen und Wirkungen, die sie anbinden an die Tatsachen, die ihnen vorangingen und die ihnen nachfolgen. Ich bezweifle nicht, daß diese Kausalität die Verkettung der Tatsachen und die Aufeinanderfolge der aus der Dauer ausgeschnittenen Muster erklärt. Sie erklärt, warum jene Tatsache an jener Stelle auftritt. Aber wird sie der globalen Wahrnehmung gerecht, die die Zeitgenossen von ihrer Geschichte haben? Eine entscheidende Frage. Wenn wir unser Verhalten oder das einer Person aus unserer Umgebung analysieren, können wir diese

Aktivitäten durch eine ganz und gar zuverlässige Kausalität miteinander verbinden, die zu leugnen nicht folgerichtig wäre. Wir wissen jedoch gut, daß das Verhalten sich nicht allein auf diese kausale Mechanik beschränkt. Diese Mechanik gewinnt nur dann Realität, wenn sie im Innern einer Struktur, die sie einbegreift und über sie hinausgeht, erhalten wird. Um den Zug zu nehmen oder einen Gegenstand zu erlangen, begehen wir einige Handlungen, die wir in eine Folge von Ursachen und Wirkungen auseinanderlegen können. Dennoch verlöre diese Kausalkette ihre Realität, wäre sie vom gesamten Unternehmen losgelöst: die Reise oder die Bemühung um den Gegenstand. In einem Unternehmen steckt etwas mehr als die Kaskade von Ursachen und Wirkungen, die eine *a posteriori* angestellte Überlegung uns zu analysieren erlaubt.

Schon hier wird deutlich, an welcher Stelle sich der Irrtum einschleichen kann: einerseits, indem man jeder der vermittelnden Handlungen Autonomie verleiht; andererseits, indem man die Realität dieser intermediären Handlungen zurückweist und sie in der Totalität des Unternehmens ertränkt.

So geschieht es bei der objektiven Interpretation der Geschichte. Die Historiker haben zwar die zweite Klippe vermieden, aber sie verstanden es nicht, die globalen Strukturen, die den intermediären Kausalitäten ihren konkreten Sinn verleihen, beizubehalten.

Wir erkennen, daß irgendein Phänomen heute etwas anderes ist als ein anderes Phänomen vor einem Jahrhundert. Und dennoch kann sich jedes der beiden Phänomene in eine Kette von recht ähnlichen Ursachen und Wirkungen einschreiben. Ohne Zweifel, sagt uns der wissenschaftliche Historiker, der die Unterschiede der Zeiten kennt und darauf besteht, sie zu betonen, aber diese beiden Kausalketten sind nicht identisch. Zwei Tatsachen wiederholen sich nie in derselben Weise, ihre Identität ist künstlich, Sie haben einen Ring in der Kette vergessen!

Das ist wahr. Dennoch haben wir das Gefühl, daß der wesentliche Unterschied nicht zurückzuführen ist auf diesen einen Ring mehr oder weniger in der Kette der Kausalitäten. Der Unterschied besteht im Gegenteil in der Form, in der diese Kausalitäten, selbst wenn sie sehr nah verwandt sind, sich uns darstellen. Um gehört zu werden, muß man zu einer anderen

Terminologie greifen. Man muß von Beleuchtung, von Klangfarbe sprechen, weniger an das Experiment im Labor als an das Kunstwerk denkend. Im Grunde ähnelt *der Unterschied von einer Epoche zur anderen dem Unterschied zwischen zwei Bildern oder zwei Symphonien: er ist ästhetischer Natur*. Der wirkliche Gegenstand der Geschichte liegt in der Bewußtwerdung der Aura, die einen Augenblick der Zeit auszeichnet, so wie die Malweise eines Malers sein gesamtes Werk charakterisiert. Das Verkennen der ästhetischen Natur der Geschichte hatte bei den Historikern eine völlige Entfärbung der Zeiten, die sie beschwören und erläutern wollten, zur Folge.

Ihr Bemühen um erschöpfende Darstellung und Objektivität mündet in der Schaffung einer Welt, die neben der lebendigen Welt entsteht, einer Welt der vollständigen und logischen Tatsachen, aber ohne diese Aura, die den Dingen und den Lebewesen ihre wahre Dichte verleiht.

So erklärt sich die Enttäuschung der jungen Historikerin, die ich zu Beginn dieses Kapitels schilderte. Die Studentin hatte sich der Geschichte zugewandt, weil sie diesen besonderen Reiz spürte, den die Farbigkeit der Zeit dem Menschen vermittelt. An der Fakultät lehrte man sie eine tote Anatomie. Manches Mal wandte sie sich der unwissenschaftlichen Geschichte zu, aber bis auf einige wenige Ausnahmen war ihre Enttäuschung nur um so größer: das oberflächlich Pittoreske der Populärwissenschaftler erschien ihr als vulgärer Ersatz für die Farbigkeit, die den universitären Skeletten abging. Sie zog schließlich doch die Nüchternheit der einen den Illusionen der anderen vor.

Einige glaubten damals, daß man dennoch dem Puzzlespiel der Historiker einen Sinn geben könnte: das Studium der Vergangenheit erlaube es, die Ursachen der Gegenwart zu entdekken. Wir leben heute die Auswirkungen vorhergegangener Ereignisse. Die Hauptaufgabe der Geschichte bestünde darin, diese Gegenwart zu erklären, indem man sie in die Folge der Phänomene, die sie verursacht haben, einsetzt.

Das führt zu einer Beschränkung der Geschichte – der Geschichte, deren Existenz gerechtfertigt werden soll – auf die Suche von unmittelbaren und fernen Ursachen gegenwärtiger Ereignisse. Betrachtet man die Geschichte als die Wissenschaft der Tatsachen, so kann man dieser Beschränkung nicht entkommen. Das ist das geringste Übel.

Ich für meinen Teil habe dieser Rechtfertigung der Geschichte als einer dritten Dimension der Gegenwart zugestimmt, als ich mich nach meiner Studienzeit mit den gewaltigen Ereignissen der vierziger Jahre konfrontiert sah. Man verspürte damals das Bedürfnis, diese gigantischen und revolutionären Phänomene an eine viel frühere Geschichte anzuknüpfen, um sie besser zu verstehen und ihnen den Aspekt des Unbekannten und Unverständlichen zu nehmen, der sie noch furchtbarer und bösartiger machte. Ich hatte damals, im Jahre 1941, die Gelegenheit, mich in Jugendzentren und Schulungskursen um den Geschichtsunterricht zu kümmern. Es ging darum, Jungen für die Geschichte zu interessieren, die aus Mangel an literarischer Bildung und wegen fehlender familiärer Traditionen sich von der Vergangenheit nicht einmal eine Vorstellung machen konnten und nicht wußten, was dieses Wort abdeckte: etwas Schwarzes und Konfuses, weder von Interesse noch von Nutzen. Große Jungen. Um ihre Neugier zu wecken, mußte man diese unbekannte Vergangenheit in Zusammenhang bringen mit dem, was sie in der Gegenwart kannten, und dann, beharrend auf deren Solidarität und Kontinuität, von dieser bekannten Gegenwart in die unbekannte Vergangenheit zurückgehen. Wir sahen uns also veranlaßt, den umfangreichen Geschichtsstoff durchzuseihen und Themen auszuwählen, deren Spuren noch wahrnehmbar waren, und nur solche. Wir mußten Fragen, die im offiziellen Unterrichtsprogramm zu schnell behandelt wurden, ausführlich entwickeln, wie die Geschichte der Technik, der nicht klassischen Zivilisationen etc. Hingegen ließen wir eine ganze Menge von diplomatischen, militärischen und politischen Ereignissen fallen, auf die Gefahr hin, ohne Bedenken über einige Regierungen und Revolutionen hinwegspringen zu müssen: wir hielten die Vergangenheit fern, deren Überreste zu schwach waren, um in den zeitgenössischen Strukturen genügend sichtbar zu werden. So gelangten wir zu einer Perspektive auf die Geschichte, die sich sehr von der der offiziellen Lehrpläne – diesen einfachen Zusammenfassungen der Kenntnisse auf einem bestimmten Stand der Geschichtswissenschaft – unterschied.

Diese Erfahrung erlaubte es mir, den Wert einer als dritte Dimension der Gegenwart gedachten Geschichte zu überprüfen. Tatsächlich gibt es kaum andere Mittel, ein Publikum von Nichtfachleuten aufrichtig zu interessieren, wenn man sich weigert, auf ein Arsenal von würzigen Anekdoten und zweifelhaften Anachronismen zurückzugreifen.

Ein Mensch, der nicht beruflich mit der Handhabung von »Tatsachen« vertraut ist, mit ihrer Anhäufung und mit den Freuden ihrer willkürlichen Verkettung, zum Vergnügen, der verspürt keinerlei Neugier auf Rekonstruktionen, und seien sie noch so genau und geschickt. Die Wunder der Gelehrsamkeit lassen ihn kalt. Diese Mechanik ist ihm fremd. Wenn er Diplomat oder Offizier ist, kann er sich für die Aufstellung und Interpretation von diplomatischen oder militärischen Tatsachen interessieren, als Diplomat oder Offizier; der Mensch in ihm aber bleibt von diesem Problem des Fachmannes unberührt. Für den Nichtfachmann gibt es keine Geschichte der Tatsachen.

Dagegen staunt selbst der weniger gebildete Mensch, vorausgesetzt, daß er etwas von einem Beobachter hat, wenn er um sich schaut. Das Universum, in dem er lebt, scheint ihm, wenn seine Aufmerksamkeit einen Moment dabei verweilt, unverständlich, wie eine Quelle nicht gelöster Probleme. Einzig die Geschichte vermag auf dieses Erstaunen zu antworten und die Absurdität der Welt zu verringern, sie wenigstens einzugrenzen und genauer zu formulieren. Sie erklärt ihm das Warum der Befremdlichkeiten, die er feststellt, sie verleiht dem Tiefe, was sonst nur eine Oberfläche ohne Dichte wäre. Es gibt keine andere Möglichkeit, das Interesse zu wecken, das der Mensch dem Menschen in der Geschichte entgegenbringt. Die Fachleute haben zu sehr vergessen, daß die Geschichte, zumindest die Wissenschaft der Tatsachen, die sie erfaßten, sich nur in dem Maße rechtfertigt, wie sie auf die von der Gegenwart gestellten Probleme antworten kann.

Man darf nicht zulassen, daß die Geschichte ein Monopol der Spezialisten wird, selbst wenn gewisse Leute dies beanspruchen. Es ist eine wirkliche soziologische Deformation, die die Geschichte in den engen Kreis der Lehrer und der Lehrer von Lehrern eingemauert hat. Die Öffnung zur Gegenwart ist der einzig mögliche Ausweg, im Innern einer erschöpfenden und objektiven Konzeption. Man findet sie in dem kleinen apologetischen Buch von L. Halphen, *Introduction à l'Histoire*, von dem wir oben sprachen. Das ist eine annehmbare Position. Dennoch bleibt sie für den Historiker unbefriedigend. Sie rechtfertigt die Suche nach Ursachen, allerdings nur nach bestimmten Ursachen. Die daraus folgende Methode mündet, wenn sie streng angewandt wird, glattweg in der Unterdrükkung eines ganzen Teiles der Geschichte, jenes, dessen Spuren in der gegenwärtigen Welt zu verwischt sind. Das führt dazu, der Gegenwartsgeschichte eine übermäßige Bedeutung einzuräumen und alles Veraltete, alle Archaismen und damit letztlich ganze Epochen, deren Hinterlassenschaft heute erloschen ist, zu verbannen.

Muß man also zugeben, daß die Vergangenheit, die keine hinreichend unmittelbaren Auswirkungen auf die Gegenwart hat, auch nicht von Interesse ist, es sei denn für den Fachmann? Muß man zugeben, daß es eine Vergangenheit ohne menschlichen Belang gibt? Einige werden ohne Bedauern zustimmen – die nämlich, die den Geschichtsunterricht auf die gegenwärtigen Zeiten beschränken wollen und damit unterscheiden zwischen einer Geschichte für Spezialisten, ohne chronologische Begrenzung, und einer Geschichte für die Menschen, die auf ihre spätesten Abschnitte reduziert ist.

Allerdings kennt keine Ehrfurcht vor der Vergangenheit, wer bereit ist, sie dermaßen zu verstümmeln. Die meisten Historiker, allen voran die Universitätswissenschaftler, würden dies wie ein Sakrileg zurückweisen. Es handelt sich wirklich um ein Sakrileg, und trotz ihres wissenschaftlichen Anspruchs zeigen unsere objektiven Gelehrten eine Art religiöse Reaktion. Denn am Ursprung ihrer zweckfreien, objektiven, erschöpfenden Arbeiten muß man eine Ehrfurcht erkennen, und es ist diese oftmals verschämte Ehrfurcht, die ihre Werke vor der Nichtigkeit bewahrt.

Gibt es also eine auf ihre gegenwärtigen Überreste reduzierte Vergangenheit für den Menschen und eine totale Vergangenheit ohne Brüche für den Spezialisten? Diese Aufteilung der homogenen Vergangenheit ist nicht zu vertreten. Jedoch sieht man im Innern der objektiven und erschöpfenden Konzeption der historischen Tatsachen nicht, wie man sie vermeiden könnte. Entweder gibt sich die Geschichte damit zufrieden, eine Spezialität zu sein, ohne Bezug zur Sorge des Menschen um den Menschen, oder aber sie akzeptiert es, verstümmelt zu werden, und trennt sich von einem ganzen Teil ihrer selbst. Von dem Begriff der geschichtlichen *Tatsache* her ist das Problem nicht zu lösen. Will man dem entkommen, so muß man auf den zu engen Begriff der *Tatsache* verzichten, muß man zugeben, daß die Geschichte etwas anderes ist als die objektive Kenntnis der *Tatsachen*.

1949

Siebtes Kapitel

Die existentielle Geschichte

Seit der Zeit, in der die im vorstehenden Kapitel erwähnte Studentin an der Nüchternheit ihrer Lehrer verzweifelte, hat die universitäre Geschichte ihre Methoden und Prinzipien verjüngt, und der Student von heute, der ein wenig unterrichtet ist, läuft nicht mehr Gefahr, wie seine Vorgänger enttäuscht zu werden: zu viele verlockende Perspektiven eröffnen sich seiner Neugier im Innern der *Alma Mater* selbst. Bereits frühere, allerdings lange unterdrückte Tendenzen haben sich gekräftigt, und es scheint, daß sie sich mit den heranwachsenden Generationen endgültig durchsetzen werden. Die Geschichte der *Tatsachen*, objektiv und erschöpfend nach positivistischem Vorbild, behauptet sich zwar noch in der wissenschaftlichen Literatur und überlebt im Lehrbuch, sogar im Lehrbuch des Hochschulunterrichts, erscheint aber wie ein zähes, doch chancenloses Überbleibsel. Seit ungefähr zwanzig Jahren erneuert sich die universitäre und gelehrte Geschichte von Grund auf. Die Horizonte, die sie der gegenwärtigen Wißbegier öffnet, müssen dieser verjüngten Wissenschaft einen Platz in der intellektuellen Welt einräumen, den sie seit den Romantikern, seit Renan und Fustel de Coulanges eingebüßt hatte. Der Positivismus der klassischen Schule hatte sie von den großen geistigen Auseinandersetzungen ferngehalten. Der Marxismus und der konservative Historizismus hatten sie, jenseits der existentiellen Sorge des zeitgenössischen Menschen, in den Dienst ihrer Geschichtsphilosophien gestellt.

Bemerkenswerte Wissenschaftler gaben ihr wieder ihren Rang, oder besser – da sie diesen Rang niemals wirklich eingenommen hatte – ermöglichten es ihr, Antworten zu finden für das leidenschaftliche Interesse, das der Mensch heute dem Menschen entgegenbringt, nicht dem ewigen, sondern einem bestimmten, in seiner Bedingung engagierten Menschen.

Bevor wir den Geist dieser neuen Geschichtsschreibung definieren, wollen wir kurz einige der hervorragendsten Werke in

Erinnerung rufen, zumindest jene, die Schule gemacht haben. Zwei Namen drängen sich sofort auf: Marc Bloch und Lucien Febvre.[1]

Marc Bloch ist mit Sicherheit einer der bedeutendsten französischen Historiker. Der Krieg hat seinem Werk in dem Augenblick ein Ende bereitet – er wurde 1943 von den Deutschen hingerichtet –, da ihm sein langwährender Reifeprozeß erlaubte, Sichtweisen zu entwickeln, deren Kühnheit es erforderte, daß er sie auf eine beeindruckende Gelehrsamkeit gründete. So wie es ist, hat das Werk Marc Blochs einen ausschlaggebenden Einfluß auf die Historiker ausgeübt. Zusammen mit Lucien Febvre steht er am Ursprung der Erneuerung einer Wissenschaft, die sich in Langeweile auflöste. Es ist seltsam, daß diese beiden Meister der französischen Geschichte von der Universität Straßburg kommen, an der sie lange Jahre unterrichteten. Der lebendige Kontakt mit der rheinisch-germanischen Welt, bei dem aus der Franche-Comté stammenden L. Febvre aber auch mit spanischen Einflüssen, war gewiß nicht ganz unbeteiligt an ihrer Konzeption einer vergleichenden Geschichte von charakteristischen Zivilisationsformen.

Aus dem Werk Marc Blochs, das zwar relativ schmal, aber bedeutend ist, werde ich zwei Aspekte auswählen, die geeignet sind, Aufmerksamkeit zu erregen.

Da ist zunächst seine meisterliche Geschichte der *Caractères originaux de l'histoire rurale en France*. Unter ländlicher Geschichte verstand M. Bloch nicht die Geschichte der Agrarpolitik der Regierungen oder Verwaltungen, sondern die Geschichte der landwirtschaftlichen Strukturen, der Arten des Grundbesitzes, der Aufteilung und Nutzbarmachung des Bodens. Es ist tatsächlich die Geschichte der von Menschenhand gestalteten Landschaft. Das ist auch bereits der Titel des Buches, zu dem sie G. Roupnel anregte, diesen anderen bescheidenen und passionierten Neuerer: *Histoire de la campagne française*. M. Bloch eröffnete der Großen Geschichte den in Frank-

1 Dieses Kapitel wurde geschrieben vor dem Erscheinen des Buches *Combat pour l'Histoire*; Lucien Febvre hat in diesem besonders anregenden Sammelband kritische Artikel versammelt, in denen er seine Ideen zur Geschichte entwickelt.

reich (anders als in England und in den skandinavischen Ländern) ziemlich unberührten Bereich der Wandlungen der ländlichen Landschaft im engsten Kontakt mit dem Menschen und seiner alltäglichen Existenz. Vor ihm, bei dem alten Babeau, hatten solche Untersuchungen einen beschreibenden und anekdotischen Charakter. M. Bloch versah sie mit einem Sinn für das Verständnis der bis ins 17. Jahrhundert fast ausschließlich ländlichen französischen Gesellschaft. Seine Methode ermöglichte es ihm, von innen an die sozialen Strukturen zu gelangen, jenseits der pittoresken Beschreibungen, die nicht das Wesentliche trafen: den geometrischen Ort des Menschen und seiner täglichen Arbeit, des Bauern und der Erde.

Eine weitere Neuerung: die *Caractères originaux* ... von M. Bloch sind nicht auf einen kleinen Zeitausschnitt beschränkt, obgleich es bei den Gelehrten Tradition war, sich auf eine bestimmte Periode zu spezialisieren, und je kürzer die Periode, desto angesehener der Wissenschaftler. Obwohl Mediävist, hat M. Bloch nicht gezögert, seine Geschichte der landwirtschaftlichen Strukturen bis auf das 19. Jahrhundert auszudehnen, und immer mit derselben glücklichen Gelehrsamkeit. Eine horizontale Spezialisierung in der Zeit ersetzte er durch eine vertikale Spezialisierung über die Zeit hinweg. Diese Methode war gefährlich, denn sie verlangte ein beachtliches Wissen, aber sie erlaubte es, die Gestalten der Evolution klar herauszustellen, anstatt das Thema im Grau-in-grau zu naher und also zu ähnlicher Tatsachen zu ertränken. Sie sprengte den Rahmen einer Spezialisierung, die es in ihrer Zuspitzung unmöglich machte, die Unterschiede der Zeiten und Orte zu erfassen. Blochs Methode machte glücklicherweise Schule, denn man hatte nun festgestellt, daß die Geschichte der Institutionen beinahe unverständlich wird, wenn sie nicht eine Periode umfaßt, die lang genug ist, um Veränderungen spürbar werden zu lassen: die institutionellen Phänomene sind dem Nicht-Zeitgenossen nur verständlich im Rahmen der Veränderungen, durch die sie sich voneinander unterscheiden und absondern.

Deshalb wurde die Erforschung des Feudalismus von Bloch vollständig erneuert in seinen beiden bemerkenswerten Werken *La Société féodale. La formation des liens de vassalité* (1939) und *Les Classes et le Gouvernement des hommes* (1940).

Vor Marc Bloch betrachteten Mädiävisten oder Juristen das Feudalsystem gewöhnlich als eine ein für allemal vorgegebene »Organisation«, die es so, wie sie in ihrer Vollendung war, zu beschreiben und dann durch ihre Ursprünge zu erklären galt. Nehmen wir das kleine Buch von J. Calmette über die *Société féodale*, das den Stand der Frage im Jahre 1923 zeigt. Im ersten Kapitel, »Die Ursprünge des Feudalismus«, beruft sich der Autor auf das barbarische und das römische Recht, um aufzuzeigen, wie das Lehen aus der Verbindung von zwei früheren Institutionen, dem Beneficium und der Vasallität, entstanden ist: worin man die klassische Methode der Verkettung der Tatsachen erkennt. Die Verkettung kann objektiv richtig sein, sie erklärt jedoch nichts von den Bedingungen, die aus dem Leben etwas anderes machen als die Vasallität oder das Beneficium. Dem Kapitel über die Ursprünge folgt das über die »feudale Organisation«, wo ein Idealtyp des Feudalismus beschrieben wird, ohne daß die regionalen Unterschiede und die Verschiedenartigkeit der Evolutionen Berücksichtigung fänden.

Marc Bloch hat das Problem anders als seine Vorgänger aufgegriffen. Auf die Gefahr hin, seinen Weg bis zum äußersten zu vereinfachen, kann man zwei Hauptrichtungen feststellen.

Zunächst gibt es keinen *Feudalismus*, sondern eine feudale *Mentalität*. Das Studium der Institutionen verläßt damit den Bereich des Rechts – ohne die rechtlichen Gegebenheiten zu vernachlässigen – und wird zurückgeführt auf die Geschichte einer geistigen Struktur, eines Zustands der Lebensgewohnheiten, eines menschlichen Milieus. M. Bloch untersucht also, in welcher Weise sich der Mensch der Feudalzeit von seinen Vorfahren unterschied, anstatt sich damit aufzuhalten, die Fortsetzungen der vorfeudalen in der feudalen Welt aufzuspüren. Vor ihm wurde das Lehen mit der Vasallität oder dem Beneficium erklärt. Mit ihm wird der Lehnsinhaber dem (germanischen) Gefolgsmann und dem (spätrömischen) Pfründeninhaber entgegengestellt.

Der zweite Ansatz seiner Methode liegt dann darin, daß es nicht den *einen* Feudalismus gibt, der für das gesamte Abendland gültig wäre, sondern *mehrere* Zustände einer Gesellschaft, die ähnlich genug sind, um sie unter dem Etikett »feudal« zu erfassen, aber auch unterschiedlich genug, um sie nicht zu verwechseln – übrigens mit weiten, außerhalb der feudal genannten Gewohnheiten verbliebenen Flächen. Von Beginn seiner Untersuchung an unterscheidet er sorgfältig die Zeiten und Orte, um sie miteinander zu vergleichen.

Wenn Marc Bloch sich auf diese Weise gezwungen hat, die Verschiedenheit der feudalen – und nicht-feudalen – Morphologien einzukreisen, geschah dies jedoch keinesfalls, um dem traditionellen Imperativ »Sei erschöpfend!« zu genügen und einen vollständigen Katalog mehr oder weniger verwandter Institutionen aufzustellen. Für ihn war es im Gegenteil eine Möglichkeit, das diesen unterschiedlichen Formen Gemeinsame zu definieren und zu interpretieren.

Tatsächlich erkannte gewiß ein jeder die Mannigfaltigkeit der Institutionen und ihrer Entwicklungen. Aber man nahm es hin, daß diese Verschiedenheit zweitrangig sei, daß es einen gemeinsamen Inhalt dieser Polymorphie gebe, und die klassische wissenschaftliche Geschichte setzte sich das Ziel, diesen Inhalt zu definieren durch Beseitigung zufälliger Details, die als äußere Zusätze, Archaismen oder unter fremden Einflüssen entstandene Verfälschungen betrachtet wurden. Die Verschiedenheit wurde auf einen mehr oder weniger verformten Prototyp reduziert, und dieser Prototyp blieb das Wesentliche.

Marc Bloch leugnet nicht die Realität einer Feudalgesellschaft, aber er sucht sie nicht in einem Mittelwert der Unterschiede. Er findet sie vielmehr im Vergleich der Unterschiede selbst, ohne je zu versuchen, sie jenseits ihrer Verschiedenartigkeit auf die Fiktion eines gemeinsamen Prototyps zu reduzieren. *Wenn es eine Einheit gibt, so entdeckt man sie nicht außerhalb, sondern inmitten der Verschiedenheit selbst.* Diese Einheit erscheint als das Ergebnis einer Spannung zwischen Verschiedenheiten, und wir nehmen sie als Einheit wahr dank der Eigentümlichkeit dieses Komplexes im Vergleich mit den anderen Komplexen von Verschiedenheiten, die ihm vorangingen, ihm folgen oder neben ihm bestehen.

Die Einheit ist das, was bewirkt, daß die anderen anders sind. Und diese Andersartigkeit läßt sich nicht auf einen Durchschnitt zurückführen, der den Unterteilungen ein und desselben Ganzen gemeinsam wäre. Überdies verändert sich das konkrete Bewußtsein dieser Einheit in dem Maße, in dem man sich von einer scharfen Wahrnehmung der nicht auf eine höhere Stufe der Verallgemeinerung reduzierbaren Differenzen entfernt. Eine Sozialstruktur kennzeichnet sich durch das, was sie in der Zeit und im Raum unterschiedlich macht.

Das Bemühen Lucien Febvres ist von dem Marc Blochs nicht zu trennen. Gemeinsam gaben sie die bewundernswerten *Annales d'histoire sociale* heraus, die der wissenschaftlichen Welt und einem beachtlichen Teil des breiteren gebildeten Publikums eine lebendige und fruchtbare Geschichtskonzeption vermittelt haben. Niemand trug mehr zu dieser Erneuerung bei als L. Febvre. Aus seinen Büchern und aus den in den *Annales* und der *Revue de synthèse historique* erschienenen Artikeln ließe sich leicht das Material für einen eindringlichen Aufsatz zur Methode der Geschichtsschreibung sowie für die ersten Grundlagen einer Geschichtsphilosophie entnehmen. In dieser Hinsicht ist sein Werk von entscheidender Bedeutung, die hier hervorgehoben werden muß. Dennoch werde ich nicht weiter darauf eingehen, denn das wäre die Arbeit einer Anthologie, und man müßte zu viele Auszüge und Zitate aneinanderreihen: das ist nicht das Ziel dieses Aufsatzes. Andererseits würde ich auch zu viele Wiederholungen riskieren, weil so mancher Abschnitt auf den vorhergehenden Seiten ganz unmittelbar von der Sichtweise L. Febvres beeinflußt ist.

Wie schon bei Marc Bloch möchte ich lediglich an einige Aspekte seiner Methode erinnern und aufzeigen, in welche Richtung diese neue Schule weist. Ich stütze mich dabei auf die beiden jüngsten Werke von L. Febvre: *Le Problème de l'incroyance au XVIème siècle. La religion de Rabelais* (1942) und *Autour de l'»Heptaméron«. Amour sacré, amour profane* (1944).

Beide handeln von den mentalen Strukturen, die den Menschen des 16. Jahrhunderts zu eigen sind. Aber keines greift dieses Thema direkt auf: die Absicht des Verfassers geht kaum aus den Titeln oder Untertiteln hervor. L. Febvre nimmt sich nicht vor, sein Thema: die Gesellschaft des 16. Jahrhunderts, oder einen Querschnitt seines Themas, einen Bereich dieser Gesellschaft, erschöpfend zu behandeln. Tatsächlich durchbohrt er sie in ihrer Gesamtheit, aber an einem von ihm gewählten Punkt, so wie man es bei einer Probebohrung macht. Den Ort der Bohrung wählt L. Febvre dort, wo seine Forschungen ein in seinen Augen fremdartiges und rätselhaftes Phänomen zu Tage fördern. Er erzählt keine Geschichte, er stellt ein Problem. Das betrifft im allgemeinen eine Person (Rabelais, Bonaventura, Des Périers, Margarete von Navarra) oder ein Merkmal der Lebenspraxis: die Hexenprozesse. In der Gebärde der Vergangenheit unterstreicht er das, was ihm als eine Abweichung in der Sensibilität des damaligen von der des heutigen Menschen erscheint. Worin besteht diese Differenz? Das ist die Problemstellung. Was entspricht diesem Unterschied im Wesen der verglichenen Zivilisationen? Das bedeutet, eine Interpretation antragen und eine Hypothese vorbringen. In welchem Maße ist diese auf einen einzelnen Fall gegründete Hypothese auf die Gesamtheit der Gesellschaft anwendbar? Das bedeutet, den Versuch einer geschichtlichen Rekonstruktion zu unternehmen, ohne die Geschichte wie einen ununterbrochenen Ereignisfilm ablaufen zu lassen, sie aber auf das Eingangsproblem zurückzuführen, nämlich auf das Erstaunen des Heute vor dem Gestern, das am Ursprung der Untersuchung stand und fortfährt, sie zu stützen und zu lenken.

Die Geschichte stellt sich also als die Antwort auf eine *Überraschung* dar, und der Historiker ist zunächst derjenige, der des Erstaunens fähig ist, der sich der Abweichungen, so wie er sie in der Aufeinanderfolge der Phänomene wahrnimmt, bewußt wird.

Diese Haltung vor der Geschichte impliziert eine Beziehung zwischen dem Historiker und der Vergangenheit sowie eine Evolutionskonzeption, die von den in der klassischen Schule vertretenen Prinzipien sehr verschieden ist.[2]

War Rabelais der Vorläufer der Libertins und Freidenker, wie die Historiker behaupteten? Konnte er überhaupt in dem auf religiöser Basis errichteten geistigen und sozialen Universum,

2 Sie setzt selbstverständlich die Überzeugung voraus, daß die Geschichte nicht als eine vom Historiker zu rekonstruierende Realität besteht: es ist im Gegenteil der Historiker, der ihr eine Existenz verleiht. Verweisen wir dazu auf Raymond Aron: *Introduction à la philosophie* . . .

in das er eingetaucht war, von jedwedem Glauben losgelöst sein? So ist der Fall Rabelais nicht länger eine Merkwürdigkeit der Literaturgeschichte, sondern wird zu einem entscheidenden Problem, und von der Lösung, die man dafür finden wird, hängt eine ganze Konzeption des Menschen in der Geschichte ab. Entweder konnte Rabelais ein mehr oder weniger erklärter Atheist sein, und die Geschichte erscheint als ein langes Reifen, bei dem die neuen Gegebenheiten unmerklich aus den früheren erwachsen. Oder aber Rabelais mußte in der Welt des 16. Jahrhunderts die Empfindungen seiner Zeit teilen und bildete eine Einheit mit seiner Zeit, einer Zeit, die keiner anderen glich. Dann ist die Geschichte keine Evolution mehr, bei der die Elemente der Veränderung von einem Moment zum anderen kaum wahrnehmbar sind, sondern sie wird zum eher schroffen Übergang von einer Zivilisation in die andere, von einer Totalität in die andere.

Es geht nicht darum, L. Febvre etwas sagen zu lassen, das er weder geschrieben noch gedacht hat, ihn im Sinne einer der Geschichte innewohnenden Diskontinuität zu bemühen. Die Geschichte ist in ihrer meßbaren Dauer durchaus zusammenhängend. Die problematische Methode von L. Febvre aber führt ihn so weit, die Geschichte als eine Aufeinanderfolge totaler und abgeschlossener, nicht aufeinander zurückführbarer Strukturen zu verstehen. Man erklärt die eine nicht durch die andere, indem man sich auf eine Abstufung von der einen zur anderen beruft. Zwischen zwei aufeinanderfolgenden Zivilisationen bestehen wesentliche Gegensätze. Von der ersten zur zweiten ist etwas geschehen, das nicht in der ersten begründet liegt, etwas wie eine Mutation in der Biologie. Die Methodologie L. Febvres lenkt ihn also, obgleich er sich meines Wissens noch nicht ausdrücklich zu diesem Punkt geäußert hat, hin zu einer Soziologie, die sich von dem für die Historiker des 19. und 20. Jahrhunderts so bezeichnenden vagen Transformismus entfernt. Eine Gesellschaft erscheint ihm als eine umfassende und homogene Struktur, die fremde Elemente ausstößt oder zum Schweigen bringt. Und wenn sie verfällt, baut sie sich nicht unmerklich, in entlehnten Formen wieder auf, sondern sie verteidigt sich, und selbst als vernichtete überlebt sie noch mit Zähigkeit, zwar nicht in der Gesellschaft, die jetzt ihren Platz einnimmt, aber daneben: in dem, was man Archaismen nennt.

Nur können diese zusammenhanglosen Strukturen – in einer materiell zusammenhängenden Dauer – nicht in isoliertem Zustand erfaßt werden. Innerhalb einer begrenzten Epoche, in die sich die alten Spezialisten gewissenhaft einnisteten, ähneln sich alle Phänomene, eingetaucht in dieselbe farblose Grisaille. Es ist das Privileg des lebendigen Menschen, mühelos die Besonderheit der ihn umgebenden Welt zu erfassen. Aber der Historiker ist kein Mensch der Vergangenheit. Seine Einbildungskraft ersetzt ihm das Leben nicht, und der Griff nach der pittoresken und anregenden Anekdote hilft der Entfernung nicht ab. Der Historiker kann die Einmaligkeit des Vergangenen nicht so direkt erfassen wie der Zeitgenosse, der ohne Vermittlung die seiner Zeit eigene Färbung wahrnimmt.

Die Originalität der Vergangenheit zeigt sich dem Historiker nur durch Bezugnahme auf einen Vergleichspunkt, der ihm unmittelbar bekannt ist, das heißt seine Gegenwart, die einzige Form der Dauer, die er ohne Anstrengung des Bewußtseins oder der Objektivierung wahrnehmen kann. So wird L. Febvre dazu gebracht, das eigentümliche Milieu des 16. Jahrhunderts zu rekonstruieren, ausgehend von den Unterschieden, die dessen Mentalität der unseren entgegenstellen. Das ist das Thema seines Buches über Margarete von Navarra. Wäre es heute denkbar, daß eine aufrichtige und geschätzte, dem sozialen Kanon ihrer Zeit und ihrer Klasse unterworfene Frau zugleich und ohne Sinneswandel den *Heptaméron* und den *Miroir de l'âme pécheresse* schreibt? Könnte man sich heutzutage vorstellen, daß ein Mann, ein König, ohne Gewissensbisse oder Hypokrisie inkognito zur Beichte geht, nachdem er dem Bett seiner Maitresse entstiegen ist? Selbst Montaigne fand, daß es etwas zuviel des Guten war. Margarete von Navarra wäre heute nicht möglich, ja nicht einmal mehr, in stetig abnehmendem Maße, fünfzig Jahre nach ihrem Tod. Warum? Weil es, so erklärt L. Febvre, damals einen Bezug zwischen Moral und Religion gab, der sich von dem unseren unterscheidet, eine andersfarbige Religion und Moral. Das kann in Frage gestellt werden: es ist nicht wichtig. Hier interessiert uns nur das Verfahren des Historikers. Zunächst stellt er die Unterschiede fest, dann rekonstruiert er mit diesen Unterschieden eine Struktur, die bald nicht mehr aus Negationen gebildet ist, sondern als eine originale Gesamtheit erscheint. Schließlich nimmt der Historiker seine Vergangenheit mit einem Bewußtsein wahr, das dem des Zeitgenossen dieser Vergangenheit sehr verwandt ist.

Wenn ihm nun diese Überschreitung seiner selbst und der Vorurteile eines Menschen seiner Zeit gelungen ist, dann nicht, weil er sich von seiner Zeit losgelöst, sie vergessen oder unterdrückt hätte, sondern gerade deshalb, weil er sich zunächst auf seine Gegenwart bezogen hatte. Demnach scheint es schwierig, die besondere Natur der Vergangenheit zu erfassen, wenn man in sich selbst den Sinn für seine Zeit verkümmern läßt. Der Historiker kann nicht länger der Stubenhocker, die Karikatur eines Gelehrten sein, der sich hinter seinen Karteikästen und Büchern verschanzt, vom Lärm der Außenwelt abgeschlossen. Ein solcher hat seine Fähigkeit zu staunen absterben lassen und ist für die Kontraste der Geschichte nicht länger empfänglich. Daß er Archive und Bibliotheken kennt, versteht sich von selbst, ist unabdinglich. Aber das genügt nicht. Er muß außerdem das Leben seiner Epoche erfassen können, um sich von da aus zu den Unterschieden führen zu lassen, die ihm den Weg in eine unzugängliche Welt erschließen.

Die Erneuerung der zeitgenössischen Geschichte beschränkt sich nicht auf M. Bloch und L. Febvre. In Wirklichkeit zeigt sie sich in den verschiedenartigsten Milieus. Auch die Alte Geschichte ist dem nicht entgangen. Die anregendsten Entdeckungen sind nicht allein der Perfektionierung des archäologischen oder philologischen Rüstzeugs zu verdanken, sondern der Anwendung ebendieses Rüstzeugs nach der Zeit und Raum vergleichenden Methode. Die Geschichte der Antike macht nicht mehr bei der Chronologie oder der klassischen Geographie halt. Sie grenzt an die Vorgeschichte und erstreckt sich bis nach Indien oder Zentralasien: die griechische Geschichte wurde auf diese Weise erneuert, dank einer komparatistischen Methode und dank der Entdeckung von Dokumenten. Die Historiker nehmen sich solcher Themen an, wo das Vergleichen möglich ist. Zugleich lösen sie sich von klassischen Perioden, die von der alten Geschichtsschreibung in einer – übrigens anfechtbaren – Einheit isoliert worden sind, und bevorzugen die Räume und

Zeiten, wo mehrere Zivilisationen aufeinanderstoßen und einander überlappen, die hellenistische, die iranische, die levantinische Welt, der Austausch zwischen Abend- und Morgenland entlang der Seidenstraßen und Karawanenpfade.

Die moderne und vor allem die Zeitgeschichte zeigt sich gegenüber der Erneuerung der Methoden und Prinzipien noch sperrig. Zunächst, weil die politischen Tatsachen hier ihre beherrschende Rolle bewahrt haben. Unsere Zeitgenossen verspüren kaum das Bedürfnis, sich das Bewußtsein ihrer Zeit durch die Geschichte erhellen zu lassen: es ist ihnen unmittelbar gegeben. Schließlich muß man erkennen, daß die Masse der Dokumentationen eine Spezialisierung erfordert, nicht mehr nur im Zeitraum, sondern auch in der Materie der Geschichte: neben den Historikern der politischen Geschichte stehen die der Wirtschaftsgeschichte, als gäbe es eine Trennung von Politik und Wirtschaft und keine menschliche Totalität, die zugleich politisch, wirtschaftlich, moralisch, religiös ist und sich unmöglich auflösen läßt. Auch enden die Untersuchungen dieser Spezialisten, so neuartig und fruchtbar ihre Fachgebiete, wie zum Beispiel die Wirtschaftsgeschichte, auch sein mögen, in Sackgassen. Sie zu befragen ist von Nutzen, aber ihre gelehrten Untersuchungen sind von den Methoden der alten Schule nicht so weit entfernt. Ich denke insbesondere an die Untersuchungen zur Geschichte der Preise, die gewiß sehr wichtig sind, deren Bedeutung aber noch nicht richtig erkannt wurde, nämlich im Hinblick auf die Auswirkungen der Preise auf die Mentalität der Menschen.

Obgleich die Erneuerung in der Zeitgeschichte weniger allgemein und weniger kraftvoll als in der alten oder mittelalterlichen Geschichte ist, hat sie dennoch sehr wichtige Untersuchungen inspiriert. In diesem Fall bezog sich der Vergleich weniger auf die Zeit als auf den Raum, insbesondere dank der parallelen Fortschritte der Soziologie und der Sozialgeographie: vergleichende Untersuchungen zum Wahlverhalten und zum religiösen Leben in unterschiedlichen Regionen, Studien über den Lebensstandard und die kollektive Mentalität, über demographische Phänomene, die Einstellung zum Leben, zum Tod . . .

Dieser kurze Überblick, so unvollständig er sein mag, genügt, um sich ein Bild vom Überfluß der neuen Ideen – Themen und Methoden – in der gegenwärtigen Geschichte zu machen. Wir wollen nun versuchen, einige der diesen Forschungen gemeinsamen Züge zu charakterisieren und zu sehen, in welchem Maße sie eine Haltung vor der Geschichte definieren.

Nehmen wir also das, was wir zu diesem oder zu jenem Punkt bereits gesagt haben, in einen kleinen Katechismus einer »existentiellen« Geschichte auf, einen zugleich zu strengen und zu unvollständigen Katechismus, der es uns aber erlauben wird, auf diesem mitten in der Umwandlung befindlichen Gebiet etwas klarer zu sehen.

Die klassische Geschichte des ausgehenden 19. Jahrhunderts definierte sich als die Wissenschaft von den Tatsachen und ihrer logischen und chronologischen Aufeinanderfolge. Die moderne Geschichte behauptet sich als die Wissenschaft von den Strukturen, und man wird das Wort *Struktur* in einem dem Wort *Gestalt* sehr benachbarten Sinn zu verstehen haben. Diese Struktur ist nicht nur eine Gesamtheit von Tatsachen, die durch ihre Reihenfolge in der Zeit und ihre kausale Verkettung miteinander verbunden sind. Die Tatsachen sind nur das Material. Die Struktur oder, wie die Historiker lieber sagen, das Milieu ist eine organische Totalität, welche Tatsachen gruppiert, aber in einer Gestalt und einer Beleuchtung – gemäß einer Ästhetik –, die ihnen zu einem Augenblick der Zeit und an einem Ort des Raumes eignen. Eine selbe Struktur hat sich nie wiederholt und wird sich auch niemals wiederholen. Ihre archäologische Rekonstruktion durch den Historiker trifft sich mit dem unmittelbaren Bewußtsein, das der Zeitgenosse von der Besonderheit der Zeit hat, in der er lebt. Die Erforschung einer solchen Struktur hängt weniger von der Natur der Tatsachen ab als von ihrer gesamten Organisation.

Wir haben gesagt, daß die Erneuerung der Geschichte der Wahl des Themas zu verdanken war. Die Geschichte nach altmodischer Art wäre dann die Schlachtengeschichte oder die politische Geschichte. Die Geschichte gemäß den modernen Konzeptionen wäre die Wirtschafts- oder Sozialgeschichte. Das ist nicht richtig. Die Geschichte von heute ist total. Sie schließt weder die politischen noch die militärischen Tatsachen aus. Sie hütet sich nur vor dem Begriff der isolierten Tatsachen, der Herbarien- oder Labortatsachen. Es fügt sich, daß die militärischen, diplomatischen und politischen Ereignisse besser als die anderen sozialen Phänomene der positivistischen Definition der Tatsache entsprechen. Denn sie selbst sind Mittelwerte, erste Abstraktionen. Sie befinden sich auf einer Stufe der Institutionalisierung, die sich von der konkreten Repräsentation des Menschen in seiner Zeit entfernt hat. Außerdem weisen sie untereinander, von einer Epoche zur anderen, eine Familienähnlichkeit auf, die für Moralisten, Politiker und Gelehrte verführerisch war. Sie sondern sich leichter ab, befreien sich mühelos aus der bewegten Flut der Phänomene. Sie nehmen widerstandslos dieses autonome Leben der *Tatsache* an, die sich in die fortlaufende Kette der Wirkungen und Ursachen einfügt. Sie befinden sich an der Grenze des geschichtlich Konkreten und der abstrakten *Tatsache* der Geschichten. Deshalb haben die klassischen Historiker sich ihrer mit Begeisterung angenommen und den Gegenstand ihrer Forschungen bald auf sie allein begrenzt.

Das soll nicht heißen, daß sie nicht existieren. Aber man müßte sie wieder in die Struktur, der sie angehören, einsetzen, das heißt, sie nicht wegen ihrer selbst befragen, als wären sie unabhängig und autonom, sondern in bezug auf die Struktur, zu deren Grundbestandteilen sie gehören. Denn es ist die Eigenheit des menschlichen Milieus, daß jeder dieser Bestandteile nicht einfach ist, sondern die gesamte Komplexität seines Milieus reproduziert. So können auch diplomatische Tatsachen Stoff liefern für einen Beitrag zu dieser strukturellen Geschichte, von der wir sprechen, wie in den Untersuchungen von J. Ancel zur europäischen Politik der Begriff der Grenzen, etc.

Nichtsdestoweniger wird der Historiker weitaus mehr Vorliebe für die Phänomene zeigen, die nicht, wie die politischen Phänomene, dem Prozeß der Verallgemeinerung unterworfen waren. Mit Eifer wird er die Gegebenheiten erforschen, die *vor* der Institution liegen, die den Schmelz der Besonderheit noch unversehrt bewahren: die Dinge, von denen man unmittelbar weiß, daß sie einzigartig sind, sich noch nie wiederholt haben und sich nie wiederholen werden. Daher interessiert sich die jüngere Geschichtsschreibung besonders für wirtschaftliche und soziale Phänomene: sie sind dem täglichen Leben aller Menschen am nächsten. Es sind sozusagen existentielle Tatsachen. Doch diese existentielle Eigenschaft besitzen sie nicht aus sich heraus. Wenn man sie isoliert, werden sie wie die politischen Tatsachen zu abstrakten Tatsachen, die ihren Sinn und ihre Farbigkeit verloren haben. Sie existieren ausschließlich innerhalb ihrer Struktur. Es ist wahr, daß es schwieriger ist, sie zu trennen; und dennoch hat die politische Ökonomie es sich nicht versagt: ihre unerbittlichen Schemata sind mindestens ebenso mechanisch wie die kausalen Abläufe der objektiven Historiker.

Unter den Materialien der Vergangenheit gewährt die moderne Geschichtsschreibung jenen Zeugnissen einen besonderen Kredit, deren Wert, wie man ihn heute bemißt, *ipso facto* dem Zeitgenossen entging. In den Berichten aus der Vergangenheit interessiert sich der Historiker vornehmlich für das, was dem Zeitgenossen als natürlich erschien, was der Zeitgenosse nicht ohne Kinderei hätte hervorheben können. Und dies, weil eine Welt – oder eine Struktur – sich durch kollektive Gewohnheiten auszeichnet, deren charakteristisches Merkmal ihre Spontaneität ist. Diese Gewohnheiten verschwinden, wenn ihre Spontaneität aufhört, und ihr Entschwinden kündigt das Ende der Welt an, die sie definierten. Dem Menschen einer anderen Welt, das heißt dem Historiker, erscheinen die Spontaneitäten der Vergangenheit hingegen wie Sonderbarkeiten. Es gibt also geschichtliche Gegebenheiten, die für den Zeitgenossen spontan sind und zugleich fremdartig für den Historiker. Ihre Spontaneität schützt sie vor dem Fehler so vieler Dokumente, in denen der Verfasser für die Nachwelt posiert und die Ereignisse, die er erzählt, selber anpreist. Dabei ist nur das, was er ohne sein Wissen sagt, für den Historiker interessant.

Von nun an wird es die Aufgabe dieses Historikers sein, zu erklären, inwiefern die unmittelbaren Gewohnheiten, die er rekonstruieren muß, die Lebensgewohnheiten einer Zeit charakterisieren, in der sie natürliche und unreflektierte waren. Er muß die Dokumente *psychoanalysieren*, so wie Marc Bloch und Lucien Febvre die Zeugnisse des Mittelalters und der Renaissance psychoanalysiert haben, um die eigentümliche Mentalität dieser Epochen herauszufinden, das heißt, eine von den Zeitgenossen nicht wahrgenommene, in unseren Augen aber verwunderliche Mentalität.

Diese Notwendigkeit der geschichtlichen Psychoanalyse beschränkt sich nicht auf eine bestimmte Gattung von Tatsachen. Die politischen, diplomatischen und militärischen Tatsachen entgehen ihr nicht. Eine Tatsache ist nicht länger ein Laborprodukt, sie gliedert sich wieder der Gesamtstruktur ein, wenn sie als eine spontane Gewohnheit erscheint, die aufgehört hat, spontan zu sein. So verstanden, besitzt die Tatsache einen unbestreitbaren Wert, zumindest als Arbeitswerkzeug für die geschichtliche Rekonstruktion. Sie läßt sich definieren als *Element einer vergangenen Struktur, welches in der Struktur des Beobachters, in der Gegenwart des Historikers, nicht mehr existiert.*

Daraus folgt, daß es nur eine vergleichende Geschichte geben kann. Die Geschichte ist der Vergleich zweier Strukturen, zweier für einander transzendenter Strukturen. Man steigt von der Gegenwart in die Vergangenheit hinauf. Aber man steigt auch von der Vergangenheit in die Gegenwart hinab.

Der Zeitgenosse hat eine natürliche Empfindung für seine Geschichte, aber so, wie er ein Bewußtsein seiner selbst hat: er führt sie sich nicht klar vor Augen, er verspürt nicht einmal das Bedürfnis danach. Deshalb ist die wissenschaftliche Geschichte so spät aufgetaucht; deshalb war sie in der Definition ihrer Methoden und Ziele so langsam; deshalb ist sie zunächst eine Alte Geschichte gewesen. Den anderen entdeckt man viel natürlicher, selbst wenn man sich ihn auf unbeholfene Weise vorstellt, selbst wenn man, durch eine Reaktion, die übrigens der ersten Überraschung folgt, diese Andersheit auf einen durchschnittlichen Prototyp, den klassischen Menschen reduziert.

Am Ursprung der elementarsten, der am meisten mit Moral und Politik belasteten Geschichte findet sich ein – manchmal unmerkliches und verwischtes – Element des Staunens und der Neugier. Dieses Staunen verspürt man nicht im Rahmen seiner eigenen Geschichte, wo alles selbstverständlich ist. Darum war auch die Geschichte der Zeitgenossen am spätesten reif und am wenigsten zufriedenstellend. Sie begann mit der Tatsachengeschichte. Zunächst lieferten die gebührend bemühten Tatsachen den Meinungen und Parteien politische und polemische Argumente. Schließlich ist die abstrakte und objektive Tatsache eine logische Konstruktion, die nicht von einem lebendigen Gefühl der Geschichte abhängt. Die Geschichte der Antike, des Mittelalters und der Renaissance hatte bereits mit ihrer Reform begonnen, aber die neuere Geschichte fuhr mit den erzählenden und analytischen Methoden der positivistischen Epoche fort.

Wie die anderen Geschichten kann auch die Gegenwartsgeschichte nur eine vergleichende sein. Der Historiker der Vergangenheit muß sich auf seine Gegenwart beziehen. Der Historiker der Gegenwart hingegen muß seine Gegenwart verlassen, um sich auf eine referentielle Vergangenheit zu beziehen. Der Historiker der Vergangenheit muß von seiner Gegenwart ein unmittelbares Bewußtsein des Zeitgenossen haben. Der Historiker der Gegenwart muß von seiner Gegenwart ein archäologisches Bewußtsein des Historikers gewinnen. Andernfalls ist die Struktur, die er definieren will, zu natürlich für ihn, als daß er sie deutlich wahrnehmen könnte. Der Historiker der Gegenwart, und nicht der der Vergangenheit, muß aus seiner Zeit heraustreten, nicht um ein Mensch *keiner* Zeit zu sein, sondern um der einer *anderen* Zeit zu sein.

Die Geschichte entsteht aus Beziehungen zwischen zwei unterschiedlichen Strukturen in der Zeit und im Raum, die der Historiker wahrnimmt.

So verstanden, fordert die Geschichte, um zu leben, daß es grundlegend unterschiedliche Strukturen gibt, so unterschiedlich, daß man nicht über unmerkliche Abstufungen von der einen zur anderen gelangt. Dieser Übergang konnte für die Zeitgenossen von Übergangsperioden unmerklich sein und war dies fast immer. Aber die Zeitgenossen erlebten den Übergang nicht wie eine Passage von einem Vorher zu einem Nachher. Für sie war es eine Gegenwart, die gleichzeitig Überbleibsel und Vorgriffe umfaßte, ohne daß die Teilung objektiv im Innern ihrer eigenen Struktur stattfand. Die Geschichte fordert die Transzendenz der aufeinanderfolgenden Zivilisationen, und die moderne Methode gründet auf dieser Transzendenz. Man kann also heute von der Geschichte nicht sagen, daß sie eine Wissenschaft der Evolution sei, wie man es gestern vertrat. Die Historiker werden fortfahren, diesen bequemen – und gefährlichen – Begriff der Evolution zu benutzen, um Ideen der Veränderung, der langsamen Abweichung zu übersetzen, aber sie werden ihn nach und nach seines biologischen Sinns entleeren.

So begreift sich die Geschichte, ihr wissenschaftliches Forschungsrüstzeug beibehaltend und perfektionierend, als einen Dialog, bei dem die Gegenwart niemals abwesend ist. Sie gibt die Teilnahmslosigkeit auf, die ihr aufzuerlegen die Meister von einst sich bemühten.

Der Historiker von heute erkennt ohne Scham, daß er zur modernen Welt gehört und auf seine Weise dazu beiträgt, auf die Beunruhigungen seiner Zeitgenossen – die er teilt – zu antworten. Seine Sicht der Vergangenheit bleibt an seine Gegenwart gebunden – eine Gegenwart, die nicht nur eine methodische Referenz ist. Von nun an ist die Geschichte nicht mehr eine heitere und teilnahmslose Wissenschaft. Sie öffnet sich der zeitgenössischen Sorge, von der sie ein Ausdruck ist. Sie ist nicht mehr nur eine Technik des Spezialisten, sondern wird eine Form des Daseins in der Zeit des modernen Menschen.

1949

Achtes Kapitel

Die Geschichte in der modernen Zivilisation

Nachdem ich die abgeschlossene Welt meiner Kindheit verlassen hatte, fühlte ich mich durch zwei Geschichtskonzeptionen herausgefordert. Die eine war politisch und schien die royalistischen Nostalgien, die mir so gefallen hatten, fortzusetzen: die Bainvillesche Konzeption der Geschichte Frankreichs; sie gründete auf der Idee der Wiederholung geschichtlicher Tatsachen und verwandelte das naive Bewußtsein von der Vergangenheit, so wie es sich in meiner Familie hielt, in ein System. Die andere Art, sich der Geschichte zu nähern, war die der Sorbonne: eine objektive Art, mindestens so trocken und abstrakt wie ihre Rivalin, aber losgelöst von politischen Sorgen und sich aufplusternd, um einen Platz unter den exakten Wissenschaften einzunehmen.

Im Grunde konnte kein Historiker die Wahl zwischen den beiden Geschichten – die eine wissenschaftlich, die andere politisch, konservativ oder marxistisch – vermeiden. Und kein Historiker konnte seine Wahl ein für allemal treffen. Die strengsten Gelehrten bemühten sich nur darum, in ihrem Leben für die Undurchlässigkeit zwischen objektiver Wissenschaft und politischer Interpretation der Vergangenheit zu sorgen. Aber wie desinteressiert ihre Gelehrsamkeit auch war, sie unterlagen dennoch der in ihrem Milieu herrschenden Sicht der Zeit, gemäß ihrer politischen Zugehörigkeit. Denn die politische Philosophie der Geschichte spaltete die öffentliche Meinung wie eine Kriegsfront in zwei Lager. In jedem dieser Lager gab es widerstreitende Tendenzen, aber man war doch unter Leuten, die dieselbe Sprache sprachen. Und dieser Eindruck einer Verwandtschaft kam, jenseits der Orthodoxien und Exkommunikationen von Cliquen, aus einer gemeinsamen Haltung vor der Geschichte. Je nachdem, ob man die Idee der Wiederholung oder des Werdens in den Vordergrund stellte, klassifizierte man sich als rechts oder als links. Eine sehr oberflächliche Art, die Vergangenheit zu betrachten, ordnete einen entweder dieser oder jener Seite der Front zu. Sogar professionelle Historiker, leidenschaftliche Vertreter der Objektivität, konnten eine Wahl nicht vermeiden, und zu wählen heißt schon, sich zu engagieren.

Ich für meinen Teil habe also einige Zeit geschwankt zwischen der universitären Objektivität und der zyklischen Interpretation, die damals den Intellektuellen der *Action française* teuer war. Ich ging bereits mit dem Werk von M. Bloch und L. Febvre um, doch ich hatte es mir noch nicht hinreichend angeeignet, um zu verstehen, worauf es hinauslief.

Tatsächlich hinterläßt mir dieser Abschnitt meines intellektuellen Lebens einen ziemlich unangenehmen Eindruck von Zerrissenheit. Man mußte jeden Augenblick das Register wechseln, gleichsam auch die Mentalität, je nachdem, ob der Gesprächspartner die Auseinandersetzung auf der Ebene der wissenschaftlichen Geschichte oder der politischen Philosophie der Geschichte führte. Versuche einer gegenseitigen Durchdringung der beiden Systeme waren immer glücklos. Ein Hinweis auf die traditionelle Politik der natürlichen Grenzen, die Sorel und Bainville so schätzten, war das sicherste Mittel, in einem Universitätsexamen durchzufallen. Die Professoren kämpften verbissen dagegen an, weniger weil sie es für einen wirklichen geschichtlichen Irrtum hielten als weil sie hier den Einfluß einer verabscheuten Gattung witterten. In anderer Hinsicht erinnere ich mich, einem Kreis für soziale Studien, in dem die sozialen Klassen untersucht wurden, ein Vortragsprogramm vorgestellt zu haben. Ich sah darin eine Möglichkeit, die Themen der *Action française* ein wenig aufzufrischen, unter Anwendung der Methoden der Sozialgeschichtler und unter Berufung auf gelebte und konkrete Erfahrungen. Meine Idee wurde nicht aufgegriffen, weil sie sich für praktische und durchschlagende politische Schlußfolgerungen schlecht eignete.

Um dieser Alternative zu entkommen, mußte ich erst das Trauma von 1940 und der darauffolgenden Jahre der Prüfung erleben. In unserem unruhigen Dasein fand die Geschichte plötzlich einen intimeren, mehr unsere eigene Existenz berührenden Widerhall: etwas sehr viel Näheres, als es die bisher unserer Wißbegier angebotenen Theorien waren. Dies geschah auf zwei Arten.

Zunächst erschien die Geschichte in einer massiven und fremden Gestalt: ein Augenblick der Zeit, gereift in den vorhergehenden Augenblicken der Zeit, sich dennoch gegen sie stellend mit seinen nicht reduzierbaren Besonderheiten. Diese Zeit tauchte auf wie ein Block. Unterlag ihre Bewegung Gesetzen? Sicher nicht den Gesetzen, die mechanistisch denkende Historiker vorgeschlagen hatten. Aber dieser Begriff der Gesetze war kaum wichtig: er ließ sich nicht auf Phänomene dieser Art anwenden. Wir wußten nur zu gut, daß wir nicht in der Lage waren, diesen Sturzbach der Ereignisse mit Hilfe einer Ingenieurstechnik zu bändigen. Er faszinierte uns, denn so fremd und unverständlich er erschien, betraf er doch unsere Existenz auf allen ihren Ebenen, von den oberflächlichsten bis zu den tiefsten. Von nun an konnte die Geschichte nicht länger ein einfacher Gegenstand des desinteressierten Wissens oder der zielgerichteten Spekulation sein. Sie stand ganz einfach vor uns, und wir vermochten dieser Begegnung nicht auszuweichen. Für die moderne Welt wurde sie zu einem Mittel, jedem von uns gegenwärtig zu sein. Bisher hatten die von der Dichte ihres privaten Lebens geschützten Menschen die Welt ihrer Zeit nicht mit einem derart konkreten Gefühl wahrgenommen. Von nun an aber sieht sich ein jeder einer Welt gegenüber und in eine Zeit gestellt. Die Geschichte ist das Bewußtsein, das man von dieser furchtbaren Gegenwart gewinnt.

Das Trauma von 1940 hat uns nicht nur die große, totale und massive Geschichte enthüllt. Vor uns erschien auch eine andere, für jede menschliche Gruppe besondere Geschichte.

Ch. Morazé hat beobachtet, wie die alten kleinen »Gegenden«, die verschwunden, in viel umfangreichere regionale Einheiten eingegangen zu sein schienen, während des Krieges und der deutschen Besatzung wieder auflebten. Diese Beobachtung ist sehr wichtig und weitreichend. Der Grund dafür liegt nicht allein darin, daß die Kriegsumstände die ehemaligen Bedingungen aus der Zeit der kleinen Gegenden teilweise wieder ins Leben riefen. Das zurückgezogene und verängstigte Dasein unter der Besatzung ließ bei den kleinsten menschlichen Gruppen – die einen traditionell, wie die Familie oder die Gegend, die anderen neu oder revolutionär, wie die Dienstverpflichtung in Deutschland oder die Bildung des Maquis – eigene Besonderheiten wieder aufleben. Aus vielschichtigen und mannigfachen

Gründen – die einen materieller Natur, wie die Kommunikationsschwierigkeiten, die anderen moralischer Natur, wie das Bedürfnis nach Annäherung und Einverständnis in einem verdächtigen oder feindlichen Milieu – *hat sich die soziale Existenz auf einer niedrigeren Integrationsstufe eingerichtet*. Eine ganze Welt, die uns kaum bewußt war, wurde uns nun enthüllt: *eine Welt der konkreten und einmaligen Beziehungen von Mensch zu Mensch*. Diese dichte, aber eingeschränkte Welt gründet in der Vergangenheit und verpflichtet unsere Gegenwart. Sie ist das vertraute Gesicht einer Geschichte, die uns eben noch, unter ihrem massiven Aspekt, fremd erschien. Sie ist unsere *besondere Geschichte*, unser Eigentum und grundverschieden von der besonderen Geschichte einer anderen Gruppe. Deshalb lag mir daran, an den Anfang dieses Aufsatzes die Erinnerungen zu stellen, die mir seit 1940 wichtiger und wertvoller erschienen, als ich es vorher geglaubt hatte. Im Lichte dieser Offenbarung der besonderen Geschichte habe ich den Sinn von Maurras' Begriff des Erbes besser verstanden, der so eng an die alten Erinnerungen gebunden ist, an die ehrfürchtig gesammelten Bilder aus unseren Familienvergangenheiten. Es ist seltsam, daß diese so konkrete Idee des Erbes sich lange mit einer Geschichte abfinden konnte, die als eine Mechanik der Wiederholung und eine Lektion politischer Sachverhalte betrachtet wurde.

Die besondere Geschichte ist verschieden von der totalen und kollektiven Geschichte, die wir oben »erkannt« haben. Die kollektive Geschichte ist weder die Summe noch der Durchschnitt der besonderen Geschichten. Die eine und die andere sind nicht zwei Momente ein und derselben Evolution. Sie sind zwei Arten, in der Geschichte zu sein.

Wir haben gesehen, daß die große kollektive Geschichte wie ein Augenblick der Zeit erscheint, der den anderen Augenblikken, die ihm vorausgingen oder nachfolgen werden, entgegensteht. Der Unterschied kommt in der Zeit zustande. Hingegen tut sich der Unterschied zwischen einer besonderen Geschichte und einer anderen besonderen Geschichte zwischen meiner und deiner Geschichte auf, nicht zwischen der von gestern und der von heute.

Meine Geschichte hebt sich von den anderen ab dank einer Eigenheit, die der Zeit und ihrer Macht der Erosion und Reduktion widersteht. Diese Singularität trägt in den Wandel ein Element der Trägheit und des Widerstands hinein: das Maurrassche Erbe. So versteht es der Familienvater, wenn er seinem Sohn antwortet: »Das kannst du tun, aber das ist nicht die Art der Familie, das macht man bei uns nicht.« In diesem Sinne kann von Beständigkeit gesprochen werden. Wohlverstanden: Diese Beständigkeit ist keine Unbeweglichkeit. In der Tat verändern sich die Traditionen der sozialen Gruppen gründlich in der Zeit, aber diese Veränderungen berühren nicht das Gefühl, daß man innerhalb der Gruppen seiner Vergangenheit treu bleibt. Die besondere Geschichte existiert in dem Maße, in dem *sie eine Verweigerung des Wandels im Innern des universalen Wandels ist.*

So enthüllte die Geschichte im Laufe der unruhigen Jahre ein doppeltes Gesicht, ohne daß jedoch ihre grundlegende Einheit angetastet worden wäre. Wie in allen menschlichen Dingen erscheint die Einheit, wenn sie authentisch ist, erst nach einer ersten Verschiedenheit, manchmal einem Widerspruch.

Welche sie auch sein mag, die Geschichte ist immer das Bewußtsein dessen, was einzigartig und besonders ist, und der Differenzen zwischen mehreren Besonderheiten.

Die Differenzen können in der Zeit liegen: aufeinanderfolgende Augenblicke der Geschichte, die sich einander entgegenstellen. Das ist, was ich die totale und massive Geschichte genannt habe.

Die Differenzen können außerhalb der Zeit liegen, in dem Bewußtsein, das eine Kollektivität von sich selbst hat im Gegensatz nicht zu einer anderen Epoche ihres Werdens, sondern zu der benachbarten Kollektivität, was ich die besondere Geschichte, die Geschichte des Erbes genannt habe. Sie steckt noch in den Kinderschuhen, kaum abgelöst von einer systematischen und verbalisierenden Soziologie. Das wäre zum Beispiel die Geschichte des Klassenbewußtseins, die Geschichte der Äußerungen des Nationalismus, die Geschichte der Meinungen etc., all dessen, was geschieht, wenn innerhalb einer begrenzten Gruppe ein schützender Mythos entsteht, bei dem jeder in der untilgbaren Hoffnung, dem Werden widerstehen zu können, Zuflucht sucht.

Zwei Geschichten: zwei Aspekte ein und desselben Problems, das uns jeden Tag etwas weniger Ruhe läßt, des Problems der *unterschiedlichen Besonderheiten*.

In diesem Zusammenhang ist es sehr aufschlußreich, gewisse Veränderungen des Sinns der Besonderheit in der Gesellschaft und in der Geschichte zu verfolgen. Besser als eine abstrakte Analyse erläutern sie, was wir meinen.

Es gab eine Zeit, die längste Dauer in der Geschichte, als die Besonderheit in den Dingen und in den unmittelbaren Repräsentationen der Dinge steckte. Die Objekte waren nicht durch ihre Funktion definiert. Eine Axt war nicht einfach ein Schneidewerkzeug. Tatsächlich kannte das Bewußtsein die derart technisch definierte Axt nicht. Es gab eine bestimmte Form der Axt, ausgebaucht, auf bestimmte Art verziert, nach einem bestimmten Typus. Innerhalb ein und derselben Zivilisation hing man an dieser Form mindestens ebenso wie an der Funktion. Eine andere Axt, mit der man die gleichen technischen Schwierigkeiten hätte lösen können, war mit der traditionellen Axt nicht austauschbar. Auch wenn sie technische Vorteile bot, setzte sie sich nicht sofort durch. Das Milieu widerstand ihr. Um es zu durchdringen, mußte die höher entwickelte Technik die Form des weitaus weniger entwickelten Werkzeugs, das sie ersetzen sollte, annehmen. Ein Objekt war zugleich Technik und Form – die Form war im Objekt. Eine Zivilisation definierte sich über ihr Festhalten an einer Form, die den Änderungen der Techniken einen beständigen Stil aufzwang – und folglich über ihren Widerstand gegen unterschiedliche Formen, die für andere Zivilisationen charakteristisch waren.

Die Menschen lebten also jeden Tag in einer Welt der Differenzen. Deshalb waren sie ohne Geschichte, außer dem Memorieren der Annalen und Epen in oft liturgischer und sakraler Absicht. Sie kannten nicht das Bedürfnis, sich die Differenzen, in die sie getaucht waren, bewußt zu machen. Diese Mentalität prähistorischen Ursprungs dauerte in den historischen Epochen fort, allerdings unter dem Schweigen der Texte oder zumindest der höheren Ausdrucksformen. Tatsächlich haben die Schriftsteller und Künstler dieser Zeitalter im Gegenteil versucht, jenen Unterschieden zu entkommen, um eines allgemeinen Menschheitstyps willen, der sie transzendierte, was wir Klassizismus nennen. Ich glaube nicht, daß dies nur ein abendländisches Phänomen ist; es gibt auch einen orientalischen Klassizismus. In einer Welt der Differenzen suchte man die Bestätigung einer Einheit jenseits dieser Differenzen. Bis zur geistigen Revolution des 18. und 19. Jahrhunderts erscheinen die Kunst und das Denken mit ihrer stets mehr oder weniger klassischen Tendenz von der Geschichte getrennt und unempfindlich für das volkstümliche Empfinden der Differenzen. In gewissen Perioden gelang es diesem Empfinden, die Allgemeingültigkeit der Klassizismen zu durchbrechen. Es wurde schnell wieder unterdrückt, wie ein Auswuchs barbarischer Emotion.

Der Klassizismus ist der literarische und künstlerische Kanon von Gesellschaften, die ihre tägliche Existenz in einer Welt der Differenzen leben.

Nun ist diese Welt der Differenzen aber im 19. Jahrhundert untergegangen, oder sie ist zumindest nicht länger eine Welt der einzigartigen und vertrauten Formen. Von nun an gibt es keine Axt einer bestimmten Form mehr, die wirklich ein anderes Objekt ist als die in einem anderen Stil gefertigte Axtnachahmung. Es gibt nur noch eine einzige Axt, die durch ihre Funktion als Schneidewerkzeug definiert ist. Es kann mehrere Axttypen geben, je nach ihrer technischen Spezialisierung. Aber die Formunterschiede sind zu zweitrangigen Dekorationsvarianten geworden. Die Axt ist mehr oder weniger schön; sie bleibt immer eine Axt. In diesem Augenblick der Zivilisation ist die Form, die einst *im* Objekt war, *daneben, außen vor*, ein Oberflächenwert, der an der Natur des Objekts nichts ändert; die Objekte sind nur an Hand ihrer technischen Bestimmung zu erkennen. Wir sind derart an diese Sicht der Dinge gewöhnt, daß wir die unerhörte Wichtigkeit dieser geistigen Revolution schwer erfassen können. Die große Veränderung, die die moderne Welt kennzeichnet, liegt nicht in der Entwicklung der Techniken, sondern in der entscheidenden und absoluten Rolle der Technik bei der Bezeichnung der Objekte. Im Grunde gibt es keine Objekte mehr, nur noch Reproduktionen eines idealen, durch seine Bestimmung definierten Prototyps. Keine Objekte mehr, aber technische Funktionen. Keine Äxte mehr, aber ein Schneidewerkzeug. Am Ende ersetzt ein neues und abstraktes technologisches Vokabular die lebendigen Namen der konkreten Objekte.

Unsere Zivilisation gründet nicht, wie die einstigen Zivilisationen, auf grundlegenden Besonderheiten. Sie ist diesen alten Zivilisationen, die mit unterschiedlichen Stilen nebeneinander bestanden, nicht einmal vergleichbar. Wir sprechen heute nicht mehr von *den* Zivilisationen, sondern zielen auf *einen* allgemeinen und abstrakten Typ der Zivilisation, was man gemeinhin *die* moderne Zivilisation nennt, die in Tokyo, in San Franzisko, in Paris von der Uniformität der Techniken gezeichnet ist. Es kann geschehen, es kommt immer noch vor, daß es dieser Uniformität nicht gelingt, sich den Lebensgewohnheiten aufzudrängen und alle traditionellen Unterscheidungselemente beiseite zu räumen. Die Gegenwartsgeschichte besteht aus Reaktionen dieser tradierten Unbeweglichkeiten auf die technokratische Standardisierung. Das hindert dieses technokratische Ideal allerdings nicht daran, sich über die geläufigsten Repräsentationen des Lebens einzuschleichen. Wie auch immer unsere persönlichen Reaktionen, unser Heimweh nach einer konkreteren und einzigartigeren Vergangenheit geartet sein mögen, wir können uns von der tief verwurzelten Gewohnheit, in den Objekten die Funktion vor der Form zu sehen, nicht freimachen. Und es ist diese Sicht der Dinge, die wichtig ist.

Den Zivilisationen der Differenzen steht die sich immer gleichbleibende technische Zivilisation gegenüber. Aber in dem Maße, wie die Technik sich den Lebensgewohnheiten aufdrängte, griffen die aus dem vertrauten Universum der Objekte vertriebenen Besonderheiten auf die Welt der Ideen und Bilder, des Denkens und der Kunst über und ersetzten nach und nach den konstanten und universalen Menschentypus des Klassizismus.

Es ist so, als hätte das Verblassen der Besonderheiten den Klassizismus in seinen höheren Erscheinungsformen zerstört. Man hatte sie gebraucht, ohne daß man sich dessen klar geworden wäre, und jetzt fehlten sie also. Die Menschen schwankten zwischen der doppelten Uniformität der Technik und des Klassizismus. Sie liefen Gefahr, zugrunde zu gehen. Da rächten sich die unterdrückten Partikularismen auf dem Gebiet, das bisher den Verallgemeinerungen eines einheitlichen Klassizismus vorbehalten war. Sie fielen in die Literatur und in die Ideenwelt ein.

Bei dieser Durchdringung hat die Geschichte eine seltsame Rolle gespielt. Durch ein erstaunliches Paradoxon war sie zunächst zur Zufluchtsstätte für den durch den Roman aus der Literatur verdrängten Klassizismus geworden. Der Roman sicherte im 19. Jahrhundert den Triumph der durch Zeit, Ort und Lebensbedingung differenzierten sozialen Gestalten. Dagegen bewahrte die Geschichte, wenigstens in ihrer literarischen, akademischen und konservativen Form, die Fiktion des klassischen Menschen. Sie erhob die Beständigkeit der menschlichen Natur, die die vorübergehenden Modifikationen des Werdens unverändert übersteht, zum Prinzip. Diese Idee der Beständigkeit des Menschen wurde ein Gemeinplatz im Denken und der Unterhaltung der bürgerlichen Gesellschaft. Sie überlebt bis heute im Salon gebildeter Konservativer. Versuchen Sie dort einmal, in der Konversation zu behaupten, daß die Kenntnis der Vergangenheit kaum dazu berechtige, die Zukunft zu antizipieren; daß die Zeiten, die aufeinander folgen, jeweils unterschiedlich seien und sich einer planen Verallgemeinerung entzögen: Sofort wird man sich über den Esel entrüsten! Derselbe konservative Kreis würde leichthin und weniger gereizt über den marxistischen Standpunkt diskutieren. Man würde ihn nicht teilen, aber ihn verstehen. Sicher deshalb, weil auch er der systematisierenden Verfahrensweise genügt. Dagegen sträubt sich die Bourgeoisie gegen eine differentielle Interpretation der Geschichte wie vor dem Absurden.

Das Überleben des Klassizismus in der Geschichte gehört von nun an zum bürgerlichen Klassenbewußtsein. Es liefert der Bourgeoisie eine moralische Rechtfertigung. Wenn das Volk sich immer gleich bleibt, bedeutet das, daß es immer noch niedriger ist, denselben Gefahren ausgesetzt, denselben Versuchungen erliegend. Es bedarf also der Führung durch eine aufgeklärte Klasse. Außerdem gibt es in dieser Vorliebe für die Idee des klassischen Menschen noch etwas anderes als ein Argument, nämlich ein Festhalten an einer Sicht der Welt, bei der die Bourgeoisie sich wohlfühlt und die sie in dem einzigen noch geschützten Bereich aufrechthält.

Es ist trotzdem eine überholte Haltung, die an »viktorianische« Meinungen und Sitten gebunden bleibt. Dieser Rückzug des Klassizismus war noch möglich vor der Invasion der Technik in die Sensibilität. Die klassische Bourgeoisie bediente sich der Technik, aber ihr geistiges, von den »Schönen Wissenschaften« geprägtes Universum bewahrte einige der Ansichten, die älter waren als das technische Zeitalter. Dagegen wurden seit 1914 die Zivilisationsunterschiede viel schneller auf den Durchschnittstyp reduziert, der die moderne Welt auszeichnet. Und in eben dieser auf die Uniformität der Funktionen und Techniken gegründeten Zivilisation wurde die Geschichte als die Wissenschaft von den Differenzen begriffen. Nicht nur von einigen Spezialisten. Ein Bewußtsein der Geschichte, die erfaßt wird als die Differenz der Zeiten und Besonderheiten, übersteigt die spärlichen Gruppen der Fachleute. Es fließt zusammen mit den Gedankenströmungen, die heute beherrschend sind, und es droht die letzten Festungen der konservativen oder marxistischen Orthodoxien zu durchbrechen.

Einer Zivilisation, die die Differenzen ausschließt, muß die Geschichte die verlorene Bedeutung der Besonderheiten zurückerstatten.

1949

Es werden hier Autoren und Titel erwähnt, auf die sich Philippe Ariès in ›Zeit und Geschichte‹ bezieht, mit Ausnahme von jenen Dokumenten und Büchern, die selber Gegenstand seiner Analysen in den zwei zentralen der Geschichte des Mittelalters bis zum 17. Jahrhundert gewidmeten Kapiteln sind.

Es war nicht beabsichtigt, einen Gesamtindex des Buches zu erstellen, sondern den Horizont von Philippe Ariès' Beschäftigung sowohl mit älteren Quellen als auch mit Gegenwartsliteratur in den Nachkriegsjahren zu beleuchten. Man wird hier daher nicht eine Liste von jenen Texten vorfinden, auf die sich seine Arbeit als Historiker bezieht, sondern Werke und Autoren, die ihn bei seiner Arbeit begleitet haben.

Albert Soboul
Die Große Französische Revolution
Ein Abriß Ihrer Geschichte (1789–1799)

»Das französische Bürgertum des 18. Jahrhunderts hatte eine Philosophie entwickelt, die seiner Geschichte, seiner gesellschaftlichen Rolle und seinen Interessen entsprach, allerdings mit so viel Weitblick und Rationalität, daß diese Philosophie, die das Ancien Régime kritisierte und zu seiner Zerstörung beitrug, sich an [...] alle Menschen richtete, indem sie die Gestalt einer universellen Weltordnung annahm.«

Albert Soboul

athenäum